生命保険の法律相談

出口正義［監著］
福田弥夫・矢作健太郎・平澤宗夫［編著］

学陽書房

装幀／川畑博昭

はじめに

　2002年版生命保険ファクトブック（（財）生命保険文化センター）によると、生命保険の加入率は、20歳以上の男性が80.1％、女性が75.6％で、生命保険が広く国民に普及していることがわかります。また、生命保険は、遺族等のための死亡保障はもちろんですが、わが国が高齢化社会を迎えて医療保障、老後保障、そして介護保障等、人が生きるための保障を提供するものとして、ますます大きな役割を果たしています。今日、生命保険は、わたしたちが安心して元気に生活し、長い人生を健康で健全に生きてゆくための必要不可欠な商品（生活必需品）となっています。

　生命保険は、生命保険会社と消費者とが生命保険契約を締結することによって販売され購入される商品です。しかし、残念なことに、生命保険商品に関してはとくに保険金の請求（支払い）をめぐり苦情・相談・訴訟が年々増えているのが実情です。その原因はいろいろ考えられますが、とくに生命保険の取引が附合契約であること（約款による取引）、また生命保険の販売が募集活動によって行われること（募集取引）、さらに生命保険の保険給付が、損害保険（実損てん補）と違って、定額金銭給付であること（定額保険）にあるように思われます。

　保険約款は多数の契約条項で作られ、その各条項の多くが法律的な文章で記述されています。そのため約款全体（商品）の仕組みや内容が非常に複雑で法律の専門家・実務家でさえ、一見しただけではその理解は容易ではありません。生活必需品でありながら保険商品の仕組みや内容を正確に理解して購入している消費者がどれだけいるのか疑問です。生命保険の募集（販売）活動は生命保険募集人という有資格者によって行われるのが普通ですが、たとえば販売実績向上のために、時として説明不足（例、消費者に利点だけを説明し不利なことは説明しない）

や、病歴の告知をさせない等の不適切な募集が行われやすいものです。そして、生命保険が定額保険であることから、保険金取得目的のために不正に利用される危険（モラルリスク）が常につきまといます。

　本書は、生命保険の理解にとって重要と思われる事項を100項目選定して、各項目について消費者からの相談という質問形式で回答する方法をとっています。また、本書は、法律学者、弁護士そして保険実務担当者によって、複雑な生命保険の仕組み・内容から生ずる法的問題を豊富な裁判例を取り込んで、平易な文章で、わかりやすく解説しています。さらに、生命保険の多様な商品の仕組みや保険会社の実務処理の対応、さらには生命保険と税制等についても実務担当者による解説がなされています。

　今までに本書に類する書物は見られません。本書が、法律の専門家である弁護士、保険会社で保険の販売・保険金の支払業務に従事する社員、生命保険募集人、そしてこれから保険に加入しようと考えている方、すでに加入している方など、広く保険にかかわる方々に活用されて生命保険の理解に少しでもお役に立つことができれば、わたくしども執筆者一同の喜びとするところであります。

　最後に、ご多忙の中、短期間のうちに執筆いただきました担当者全員に対し感謝申し上げますとともに、頻繁な編集会議に参加いただいた編者の方々（福田弥夫日本大学教授、矢作健太郎弁護士、平澤宗夫第一生命保険（相）支配人）にも厚くお礼を申し上げます。とくに、本書の編纂と刊行は、編者でもある平澤氏、同社法務部課長輿石進氏のご支援・ご協力なくしては相当に困難であったと思われます。お二人に対しては深甚の謝意を表する次第です。

　また、学陽書房編集部の皆様方、とくに齋藤岳大氏には本書の刊行にあたり多大なご尽力をいただき、厚くお礼を申し上げる次第です。

　　　平成18年6月15日
　　　　　　　　　　　　　筑波大学大学院人文社会科学研究科教授
　　　　　　　　　　　　　　　　　　　　　　　　出 口 正 義

凡　例

- 本書は生命保険の法律問題を数多くのケースを取り上げ、Q＆A形式でわかりやすく解説したものです。
- 本文中［⇨］のある箇所については、関連事項が矢印の項目番号に詳述してあります。
- 本文中、法令は（　）内に、判例は【　】内に略記してあります。つぎの「略記表」を参照してください。

略　記　表

1、法令

商	商法
保険	保険業法
民	民法
会社	会社法
証取	証券取引法
消費契約	消費者契約法
金販	金融商品の販売等に関する法律
破産	破産法
会更	会社更生法
民執	民事執行法
更特	金融機関等の更生手続の特例等に関する法律
保護令	保険契約者等の保護のための特別の措置等に関する命令
戸籍	戸籍法
個人情報	個人情報の保護に関する法律
本人確認	金融機関等による顧客等の本人確認等及び預金口座等の不正な利用の防止に関する法律
独禁	私的独占の禁止及び公正取引の確保に関する法律
令	＝施行令
規	＝施行規則
（例）保険令	＝保険業法施行令

2、裁判例

大判	＝大審院判決
控判	＝控訴院判決
最判（決）	＝最高裁判所判決（決定）
高判（決）	＝高等裁判所判決（決定）
地判（決）	＝地方裁判所判決（決定）
支判（決）	＝支部判決（決定）
簡判（決）	＝簡易裁判所判決（決定）
家審	＝家庭裁判所審判

v

3、資料

民録	大審院民事判決録
民集	大審院民事判例集
新聞	法律新聞
評論全集	法律学説判例評論全集

民集	最高裁判所民事判例集
高民	高等裁判所民事判例集
下民集	下級裁判所民事裁判例集
家月	家庭裁判月報
裁判集民	最高裁判所裁判集民事
判時	判例時報
判タ	判例タイムズ
金商	金融・商事判例

ジュリ	ジュリスト
金法	旬刊金融法務事情

石田・商法Ⅳ	石田満『商法Ⅳ（保険法）[改訂版]』（青林書院、1997）
江頭・商取引法	江頭憲治郎『商取引法第3版』（弘文堂、2002）
大森・保険法	大森忠夫『保険法[補訂版]』（有斐閣、1985）
西島・保険法	西島梅治『保険法[第三版]』（悠々社、1998）
山下・保険法	山下友信『保険法』（有斐閣、2005）

生命保険の法律相談

目次

はじめに
凡例

1 生命保険と法

1 生命保険とはなにか　2
生命保険と損害保険の違い、第三分野の保険、生命保険の種類

2 生命保険と商法・保険業法　5
生命保険を規整する法律

3 生命保険契約と保険約款　8
保険取引が約款によるのはなぜか

4 保険約款の効力　11
保険約款を知らずに契約しても約款の効力は認められるか

5 保険証券の法的意義　13
保険証券とはどのような性質のものか

6 生命保険契約と消費者契約法　17
消費者契約法における生命保険契約の規整

7 生命保険契約と金融商品販売法　20
金融商品販売法における生命保険契約の規整

8 生命保険契約と個人情報保護法　24
保険会社では個人情報の保護にどんな対策を講じているか

| 9 | 生命保険契約と本人確認法 | 29 |

生命保険契約は本人確認法でどのように規整されているか

| 10 | 生命保険事業の運営主体 | 32 |

どのような者が生命保険事業者となれるか

| 11 | 生命保険と生命共済 | 35 |

生命保険と生命共済の違い

| 12 | 生命保険契約と生命保険会社の倒産 | 39 |

生命保険会社が倒産した場合、生命保険契約はどうなるのか

2 生命保険の募集

| 13 | 保険募集の概念 | 46 |

保険募集とはどのような行為か

| 14 | 生命保険募集人の種類と権限 | 49 |

生命保険の募集行為ができるのは誰か

| 15 | 募集主体規制（金融機関による生命保険の募集） | 52 |

金融機関が募集する場合、どのような規制があるか

| 16 | 保険仲立人 | 55 |

保険仲立人と生命保険募集人の違いは何か

| 17 | 募集行為規制 | 58 |

どのような募集行為が禁止行為とされるか

| 18 | 生命保険募集と適合性 | 63 |

生命保険募集に適合性の原則は適用されるか

| 19 | 所属保険会社の損害賠償責任 | 66 |

募集人が損害を与えた場合に所属保険会社はどのような責任を負うか

3 生命保険の加入

20 生命保険の加入方法 ... 70
生命保険に加入するにはどのような方法があるか

21 加入時の選択とモラルリスク対策 ... 74
保険会社はモラルリスク対策にどのような制度を設けているか

22 生命保険契約の成立と責任開始、特別条件の付加 ... 79
保障はいつから開始するか。保険会社が申込み承諾前に被保険者が死亡した場合、保険金は支払われるか。保険会社が特別条件をつけて保険契約を引き受けるのはどのような場合か

23 生命保険契約と被保険者の同意 ... 85
被保険者の同意があれば誰でも生命保険を契約できるのか

24 役員・従業員を被保険者とする保険契約の加入 ... 89
事業保険とは何か

25 保険契約の無効 ... 92
詐欺による契約の無効と保険金不法取得目的による契約の無効

26 生命保険契約とクーリングオフ ... 96
生命保険契約にクーリングオフは適用されるか

27 生命保険契約の解約 ... 99
解約はいつでもできるのか

4 生命保険と告知義務

28 生命保険契約と告知義務 ... 102
告知義務制度はなぜ必要か。これに違反したらどうなるのか

29	告知義務と遺伝子情報	106

保険会社は遺伝子情報の告知を求めることができるか

30	告知義務と病名不知	108

病名不知でも告知義務違反となるか

31	告知受領権	111

診査医・生命保険面接士・営業職員に対する告知

32	診査医の過失	114

診査医の過失の判断基準はどこに求められるか

33	告知義務と保険会社の解除権	117

どのような場合に保険会社の解除権が制限されるか

34	契約解除の意思表示の相手方	120

告知義務違反による契約解除の意思表示の相手方は、保険契約者でなければならないか

35	告知義務違反と詐欺・錯誤	123

告知義務違反は詐欺または錯誤にあたるか

5 保険料の支払い

36	保険料の払込方法	128

保険料の支払方法、払い方にはどのような種類があるか

37	保険料の受領権者および立替払い	132

営業職員への保険料支払いは有効か。募集人による保険料の立替払いの問題点

38	保険契約の失効および復活	135

催告がなくても失効するか。失効した場合の契約を復活できるか

39	口座振替による保険料支払い	138

口座振替による保険料支払いをめぐる諸問題

40 保険料の支払い　　　　　　　　　　　　　141
小切手・手形による保険料支払いは有効か

41 保険料のクレジットカード払い　　　　　144
クレジットカードによる保険料支払いの注意点

42 保険料の自動貸付　　　　　　　　　　　148
保険料の自動貸付とはどのような取扱いか

43 保険料払込免除　　　　　　　　　　　　151
どのような場合に保険料の払込みが免除されるか

6 保険金受取人の指定・変更

44 保険金受取人の指定　　　　　　　　　　156
保険金の受取人は自由に指定できるか

45 保険金受取人指定の解釈①　　　　　　　159
妻を保険金受取人として指定した保険金契約で、その後離婚し、別人と再婚した場合の受取人

46 保険金受取人指定の解釈②　　　　　　　163
受取人を保険契約者の相続人とした場合の保険金請求権の相続割合

47 保険金受取人死亡後の保険金受取人の解釈　166
保険金受取人が死亡した後に新たな受取人の指定がない場合、誰が保険金受取人となるのか

48 保険金受取人の変更　　　　　　　　　　169
保険契約者の意思でいつでもできるか。念書あるいは遺言による指定変更は認められるか

49 保険金受取人の変更と利益相反取引　　　171
法人契約の保険金受取人変更が利益相反取引とされることがあるか

| 50 | 保険金受取人の変更と遺留分減殺請求 | 173 |

保険金受取人変更は、遺留分減殺請求の対象となる遺贈または贈与にあたるか

| 51 | 保険金受取人の変更と詐害行為取消 | 175 |

保険契約者の債権者にとって詐害的な保険金受取人変更を取り消すことができるか

7 生命保険の諸変更

| 52 | 生命保険の年齢・性別の訂正 | 180 |

加入時申込書の記載に誤記があった場合

| 53 | 加入後の性別変更 | 183 |

生命保険加入後に性転換した場合

| 54 | 生命保険契約の変更 | 186 |

保険料負担の軽減とその方法

| 55 | 生命保険契約の転換 | 188 |

保険契約の乗換えと転換の違いは何か

8 生命保険の財産的価値

| 56 | 保険契約者の破産 | 192 |

保険契約者が破産すると保険契約はどうなるか

| 57 | 債権者による解約返戻金請求権の差押えと解約権行使 | 196 |

保険金請求権の差押えは可能か

| 58 | 生命保険契約の質入れ | 199 |

生命保険契約上の権利に質権を設定することができるか

| 59 | 生命保険の買取り | 202 |

生命保険の買取りは認められるか

60	保険契約者貸付	205
	保険契約者貸付の法的性質	

61	保険契約者配当の内容	208
	保険契約者配当の仕組みはどのようなものか	

9 保険金の支払いとモラルリスク

62	生命保険契約とモラルリスク	214
	モラルリスクを防止するためにどのような対策がとられているか	

63	保険契約者の事情変更と危険の著増	218
	職業変更、住居変更、海外渡航などは保険契約に影響を与えるか。道徳的危険の著増による生命保険契約の失効は認められるか	

64	生命保険と保険会社の免責	222
	保険金が支払われないのはどのような場合か	

65	自殺免責	225
	自殺でも保険金は支払われるか	

66	嘱託殺人	229
	自分の殺害を嘱託して被保険者が死亡した場合、保険金は支払われるか	

67	免責期間経過後の自殺	231
	免責期間経過後の自殺でも免責とされることはあるか	

68	保険金受取人の故殺免責	233
	保険金受取人である夫が被保険者である妻と無理心中した場合に、保険金受取人の相続人である子は保険金を受け取ることができるか	

69	法人契約と故殺免責	235
	株式会社の取締役が被保険者である社長を殺害した場合に、保険金が支払われるか	

| 70 | 重大事由に基づく解除 | 238 |

重大事由による解除とは何か

| 71 | 給付金過大による解除 | 241 |

保険会社は他の保険契約と通算した場合に給付金が著しく過大となることを理由に、保険契約を解除することができるか

| 72 | 高度障害保険金と免責事由 | 244 |

高度障害保険金はどのような場合に支払われるのか

10 第三分野の保険（傷害保険・疾病保険等）

| 73 | 傷害特約の内容 | 248 |

傷害特約とはどのような保険か

| 74 | 災害関係特約の内容 | 253 |

傷害特約以外の災害関係特約とは

| 75 | 傷害特約における「不慮の事故」の概念 | 255 |

傷害特約における「不慮の事故」とはどのようなものか、また偶然性の立証責任は保険金請求者が負うのか

| 76 | 傷害特約の給付金受領と加害者の損害賠償責任 | 258 |

傷害特約の給付金を被害者が受領したことにより、加害者の不法行為による損害賠償責任は減少するか

| 77 | 疾病入院関係特約の内容 | 260 |

疾病入院関係特約（医療特約）にはどのようなものがあるか

| 78 | 三大疾病保険（特約）の内容 | 264 |

三大疾病保険（特約）の仕組みはどのようなものか

| 79 | リビングニーズ商品（特約） | 267 |

リビングニーズ商品（特約）の商品内容、仕組み

80	医療保険の内容	269

医療保険の仕組み、給付金が支払われない場合

81	がん保険の内容	272

がん保険の仕組み、給付金が支払われない場合

82	介護保険・介護年金の内容	275

生命保険会社が取り扱う介護保険・介護年金にはどのようなものがあるか

11 その他の保険

83	アカウント型保険の内容	278

アカウント型（口座型）保険の仕組み

84	個人年金保険の内容	281

個人年金保険にはどのようなものがあるか

85	変額保険・変額年金保険の内容・仕組みと説明義務	284

変額保険・変額年金の内容・仕組みはどのようなものか

12 保険金の請求

86	死亡保険金請求権と相続	288

死亡保険金請求権は相続財産に含まれるか

87	保険金請求権と特別受益	290

保険金請求権は相続における特別受益の持戻しの対象となるか

88	保険金請求権の消滅時効の起算点	293

約款に定める時効期間が経過した後に保険金請求が認められることはあるか

89	保険金請求権の放棄	295

保険金の請求権を放棄することはできるか

90 保険金・給付金の請求手続 　297
死亡・満期・高度障害保険金、災害・疾病・介護関係給付金の請求手続はどのようにすればよいか

91 保険金・給付金の請求と事実の確認 　300
保険会社は事実の確認が必要であるとの理由で保険金・給付金の支払いを拒めるか

92 生命保険をめぐる紛争解決方法 　303
紛争を解決するにはどのような手段があるか

93 失踪宣告と認定死亡 　307
被保険者が生死不明の場合、死亡保険金を請求できるか

94 指定代理人による請求 　310
被保険者に意思能力がない場合の高度障害保険金請求

13 団体保険・団体年金

95 総合福祉団体定期保険の内容と被保険者同意 　314
総合福祉団体定期保険の内容と仕組み、被保険者の同意

96 団体信用生命保険 　317
団体信用生命保険の仕組みと内容

97 団体年金保険と年金の差押え 　319
団体年金保険の仕組みと種類、差押えの可否

98 団体保険・団体年金における保険金等の請求手続 　323
団体保険・団体年金における保険金等を請求するには

99 財形保険・年金の内容と請求手続 　326
財形保険・年金の内容および仕組みはどのようなものか。財形保険・年金の請求手続はどうしたらよいか

14 生命保険と税金

100 生命保険と税金 332
生命保険料控除・生命保険金等への課税

COLUMN

- 郵政事業の民営化 　　　　　　　　　　38
- 「契約内容の変更」と「保険契約の転換」 182
- 契約者配当の分配方法 　　　　　　　　211
- ADRについて 　　　　　　　　　　　306

参考文献 341
判例索引 342
事項索引 348

第1章 生命保険と法

1 生命保険とはなにか

生命保険と損害保険の違い、第三分野の保険、生命保険の種類

Q 保険は、一般に、生命保険、損害保険そして第三分野の保険の3種類に分類されますが、どのような違いがあるのでしょうか。また生命保険にはどのような種類のものがありますか。

1 保険の種類とその違い

1 生命保険と損害保険 保険には、生命保険、損害保険、いわゆる第三分野の保険（傷害・疾病・介護保険等）があり、商法と保険業法で規整されています。商法では、保険契約法の観点から損害保険（629条以下）と生命保険（673条以下）が規整され、保険業法では、保険事業に対する監督法の観点から上記3種類の保険すべてが規整されています（3条）。

これらの法律によれば、生命保険とは、「人の生存・死亡に関して一定額の保険金の支払いを約束して保険料を収受する保険」であるといえます（商673条、保険3条4項1号）。損害保険とは、「一定の偶然な事故により生ずべき損害のてん補を約束して保険料を収受する保険」であるといえます（商629条、保険3条5項1号）。損害保険は、実際に生じた損害をてん補するものですが（実損てん補）、生命保険は、人の生命に値段がつけられないこともあって、一定の金額を給付すること（定額給付）に特色があります。生命保険とは、「人の生死に関する定額給付の保険」ともいえます。

2 第三分野の保険 「第三分野の保険」とは、「人の傷害・疾病等に関して一定額の保険金の支払またはそれにより生ずべき当該人の損害をてん補することを約束して保険料を収受する保険」であるといえます（保険3条4

項2号)。傷害保険、疾病保険、介護保険等は、保険事故が人の生死でなく傷害・疾病等という特殊な事故である点で生命保険でなく、むしろ損害保険的な性格のものですが、保険給付が定額的になされる点で損害保険でなく、むしろ生命保険的な性格のものであるといえます。このように生命保険にも損害保険にも属しない第三種の保険であることから、一般に「第三分野の保険」と呼ばれています。

3 保険の販売 生命保険は、生命保険業の免許を受けた生命保険会社で販売され、損害保険は、損害保険業の免許を受けた損害保険会社で販売されます(保険3条1項・2項。なお、少額短期保険業者については[⇨10,11])。生命保険会社が損害保険を販売したり、損害保険会社が生命保険を販売することは禁止されています(保険3条3項。生損保兼営禁止)。第三分野の保険は、生命保険会社でも損害保険会社でも販売することができます(保険3条4項2号・5項2号)。なお、生命保険・損害保険の両分野における競争の促進を通じた保険業の効率化や利用者ニーズへの的確な対応を図る観点から、生命保険会社が損害保険会社を、損害保険会社が生命保険会社を子会社とすることができるようになり(保険106条1項1号・2号)、また保険持株会社(保険会社を子会社とする持株会社)も認められています(同法2条16項、271条の18)。このような規制緩和により、現在は、子会社・持株会社を通じた実質的兼営が可能とされています。

2 生命保険の種類

生命保険には基本的につぎの4種類があります。

① **定期保険(死亡保険)** 定期保険とは、一定の保険期間内に被保険者(その者の生死が保険事故とされている者)が死亡した場合にかぎり、保険金が支払われる保険です。安い保険料で高額の死亡保障が得られる点が特徴です。団体保険の形で(団体定期保険[⇨95])、終身保険または養老保険に付加する形で(定期付終身保険、定期付養老保険)もしくは生存給付金付で(生存給付金付定期保険)行われることも多くみられます。

② **終身保険(死亡保険)** 終身保険とは、保険期間の終期の定めがない保険です。人はいつか必ず死亡しますので、終身保険の保険金は必ず支払われます。最終的には全加入者に保険金が支払われる必要から、保険期間中保険料積立金を累増させていき、当該蓄積と死亡保険金の差額部分だけを危険

保険金（一種の定期保険金）で補う方法がとられます。終身保険の保険料積立金は貯蓄的性格が強いため、保険事故発生（死亡）前に解約すると、相応額の解約返戻金を受け取ることができます。これを老後の生活資金にあてることもできます。

　③　**養老保険（生死混合保険）**　養老保険とは、被保険者が一定の保険期間内に死亡した場合には死亡保険金が支払われ、保険期間満了時に生存していた場合には満期保険金が支払われるもので、死亡保険金額と満期保険金額が同額である保険です。保険料の払込みが契約時に一括して行われるものが一時払養老保険です。養老保険は満期保険金の原資を形成する必要があるため、終身保険よりも急速に蓄積が行われ、保険期間が短期のものは貯蓄としての性格が強いといえます。

　④　**年金保険（生存保険）**　年金保険とは、約定の年金支払開始時までに保険料の払込み（年金原資の積立て）が行われ、以後、年金の支払いが行われる保険です。年金保険には、被保険者が生存している間年金が支払われる「終身年金」や、保険期間の定めがありますが、保険期間の中途で被保険者が死亡すると残りの保険期間の未払年金の現価が遺族に支払われる「確定年金」等があります。個人が保険契約者になる個人年金保険［⇨**84**］のほか、企業の年金制度の円滑な実施を目的に団体保険として行われる企業年金保険［⇨**97**］、企業の年金制度と公的年金制度（厚生年金保険）とによる企業の二重負担を調整する目的で団体保険として行われる「厚生年金基金保険」等の形で行われています（詳細は江頭・商取引法444頁参照）。

3　質問の回答

　生命保険は人の生死に関する定額給付の保険です。損害保険は一定の偶然な事故により実際に生じた損害をてん補する保険です。第三分野の保険は、保険事故が人の生死でなく、また保険給付が定額的になされる点で、生命保険にも損害保険にも属しない第三種の保険です。

　生命保険の種類には、基本的に、定期保険、終身保険、養老保険、年金保険の4種類があります。

（出口正義）

2 生命保険と商法・保険業法

生命保険を規整する法律

Q 生命保険はどのような法律によって規整されていますか。

1 生命保険契約と商法

　保険契約は営業的商行為であり（商502条9号）、商法の規定が適用され、商法に規定がないときは商慣習法が適用されます（【大判昭和15・2・21民集19・273】参照）。商慣習法もないときは民法の規定が適用されることになります（商1条）。保険契約を規整する法源（法の存在形式。法の解釈適用に当たり援用できる規範）として、最も主要なものは商法第2編「商行為」第10章「保険」および第3編「海商」第6章「保険」の規定です。前者の部分において、損害保険契約（商629条〜672条）と生命保険契約（同673条〜683条）に関する規定があります。

　一般に、商行為に関する規定は原則として任意規定であり、契約当事者間でこれと異なる特約がある場合にはその特約が当事者を拘束する、と考えられています。判例もまた、保険契約に関する商法の規定は、公益に関するものを除いて原則として任意法規であり、当事者間の契約でこれと異なる定めができるとしています【大判大正5・11・21民録22・2105】。これに対し、保険制度の技術性・社会性を理由に、立法論として、商法のある種の規定は加入者の不利益に変更することを許さない片面的強行規定とし、ある種の規定は契約当事者のいずれの利益にも変更を許さない全面的強行規定とすることが必要であるが、解釈論としてもそれが可能であるとの見解が主張されています（大森・保険法44頁以下）。また今日、保険契約法に関する立法論として、片面的強行規定を含む改正試案が公表されています（損害保険法制研究

会『損害保険契約法改正試案・傷害保険契約法（新設）試案・1995年確定版』（損害保険事業総合研究所 1995）663条の3～664条、683条の3参照、生命保険法制研究会『生命保険契約法改正試案・疾病保険契約法試案（2005年確定版）』（生命保険協会 2005）生命保険契約法改正試案683条、疾病保険契約法試案44条参照）。

このような動向に対し、近時、消費者契約法10条等による不当条項規制が確立しつつある現在では、強行規定と解する必要性を疑問視する見解がみられます（山下・保険法89頁、123頁以下）。

2　生命保険契約と保険業法

保険業法は、保険業の「公共性」を考慮して、保険事業を営む保険会社を国が監督することによって、保険契約者等を保護することを目的とした法律です（保険1条）。一般に、保険は、電気・ガス・水道と同じく、国民が安心して暮らしていくためのいわば生活必需品であり、国民の社会生活・生存に不可欠なものとなっています。

また、保険商品には他の商品とは違う特徴があります。

① 契約書の文言（約款）でできているいわば無形の商品です。保険会社が一方的に作るため、不公正・不健全な商品が売られる可能性があります。

② 保険は万一の場合に備えてあらかじめ保険料を支払っておく、いわば前払い商品です。経済需要が生じたときに約束の給付が得られないことになると、保険契約者にとって深刻な事態が生じます。とくに生命保険は長期の契約が普通ですから、保険会社の財務の健全性（支払能力）の確保が強く要請されます。

③ 保険取引は附合契約（約款による取引）であるため、一般に、加入者には契約内容について保険会社と交渉する余地がなく、約款を一括して受け入れるかどうか二者択一を迫られます。約款の内容も高度に専門的であるため、加入者にはその理解は容易ではありません。

④ 保険取引は募集というプロセスを伴うため、保険の知識や理解力に乏しい加入者を相手に不適正な募集が行われやすく、保険契約者に不測の損害を与える可能性があります。

以上のような保険の果たす社会的役割と保険商品の特徴から、保険業法は、保険契約者等を保護することを目的として、主として保険会社の財務の健全

性と保険取引の公正を確保するためにさまざまな規制をしています。具体的には、財務の健全性に関しては、

- 保険会社の事業経営の基本となる基礎書類の認可（保険4条2項、123条1項）、
- 生損保兼営の禁止（同3条3項）、
- 最低資本金額・基金額（同6条）、
- 他業の制限（同100条）、
- 責任準備金の積立（同116条1項）、
- 保険計理人（同121条1項）および健全性の基準（ソルベンシー・マージン。同130条）

等が挙げられます。

保険取引の公正に関しては、募集主体の規制（保険2条19項・20項・22項・23項、275条1項・2項［⇨15］）、募集行為の規制（同300条1項、100条の2［⇨17］）および募集規制の実効性を確保するための規制（同283条、306条、307条、308条、317条の2）等が挙げられます。

3　質問の回答

生命保険契約は商法とくに商行為法の一部門として規整され、原則として任意法規であるといえますが、上述のように保険契約者等の保護のために、約款によりそれらの者の不利に変更することを許さない片面的強行規定を含む改正試案が公表されています。また、保険業法は、生命保険の果たす社会的意義および商品としての特徴を考慮して、保険会社の財務の健全性と保険取引の公正を確保することにより、保険契約者の利益を守るための法律です。基本的には公法に属するといえます。生命保険会社は、保険業法に基づく国の監督の下で保険事業を行っています。

（出口正義）

3 生命保険契約と保険約款

保険取引が約款によるのはなぜか

> **Q** 生命保険会社と生命保険契約を締結する際には、必ず約款を利用しなければならないのでしょうか。その約款とはどのようなものなのでしょうか。また、契約内容の個々の点について、生命保険会社と話し合いをしたうえで保険契約者の希望通りに変更してもらうことは可能なのでしょうか。

1　保険取引が約款による理由

　保険とは、大数の法則を応用して作られた制度です。大数の法則とは、たとえばサイコロを振って1の目の出る確率が、サイコロの振る回数を増やせば増やすほど6分の1に近づいていくというように、個々の人々にとってはまったく偶然に起こるいろいろな不測の出来事も、多数の人々を集めた中でみてみると、その出来事の発生する確率はそれぞれほぼ一定しているという法則です。保険は、このようなある出来事のある一定の人々の間での危険発生率を計算し、それに相応した金銭的支出を全員で行うことによって備蓄を形成し、その出来事が実際に発生した場合には、そこから支払いをしていくという制度です。したがって、このような危険発生率の計算に基づいて人々を集団的・計画的に保護することを目的としている保険制度の趣旨からすれば、保険契約の内容は定型化される必要があることになります。また他方では、現代における大企業の取引においては、多数の相手方との集団的取引の許諾の便宜のためや企業経営の合理化に資するという理由で、企業側があらかじめ一方的・定型的に定めた契約条項である約款が用いられることが多いのです。そもそも契約は当事者双方の意思表示の合致によって成立するもの

ですが、人々の多くが日常経験する契約のほとんどは契約条件について細かな交渉なしに企業の作成した契約条件をそのまま受け入れるか、それとも受け入れないかという自由しかない、いわゆる附合契約となっており、そこで使われる契約条項が約款という名称で呼ばれています。保険契約に関しては、契約を規制している商法第2編中の629条から683条までの規定ならびに第3編中の815条から841条までの規定は一部の規定を除き任意規定と解されているため、保険会社では実務上保険約款（普通保険約款、特約条項）を使用して契約を締結しているのです。

2　保険業法による約款の規制内容

　このような理由から、保険契約では保険約款によって契約内容が定められることが原則となります。通常、約款については企業の取引相手方である公衆の利益を保護するために主務官庁の認可を必要とし、その認可された約款によって契約を締結すべきとしている例が多く、保険約款についても、保険業法によって保険事業の免許を申請する際に普通保険約款の添付が求められています（保険4条2項3号、なお、業法上の特約条項については4条2項2号によって添付が義務づけられている事業方法書のひとつとして保険規8条1項9号の規定によって記載が義務づけられています）。そして、そこに記載された事項については、①保険契約の内容が保険契約者、被保険者、保険金受取人らの保護に欠けるおそれのないものであること、②保険契約の内容に関し、特定の者に対して不当な差別的取扱いをするものでないこと、③保険契約の内容が、公の秩序または善良の風俗を害する行為を助長し、または誘発するおそれのないものであること、④保険契約者等の権利義務その他保険契約の内容が、保険契約者等にとって明確かつ平易に定められたものであること、等の基準に適合するものであることが求められており（保険5条1項3号等参照）、これに違反した場合には免許の取消し等の行政処分が定められています（同法133条1号等）。また、普通保険約款の変更についても内閣総理大臣の認可を受けなければならないものとされています（同法123条1項）。

3　質問の回答

　生命保険契約では、保険契約者としては生命保険会社が作成した普通保険約款に基づいて契約を締結することが原則であり、特約条項についてのみ個

別に選択することが可能となるにすぎません。したがって、生命保険の契約内容の個々について保険契約者が生命保険会社との間で話し合いに基づいて変更したり修正を行うことは原則としてできないことになります。なお、個人が保険契約者になる場合には、実務上「ご契約のしおり」が契約申込時までに交付されるのが通例ですので、契約内容をよく確認して締結するか否かを判断することが大変重要と思われます。

（石田清彦）

4 保険約款の効力

保険約款を知らずに契約しても約款の効力は認められるか

Q 私が、生命保険契約を締結する際には約款が事前に提示されておらず、しかも約款内容について十分な説明を受けることもありませんでした。このように契約締結時に約款の内容を認識していないような場合でも、保険契約者としてはその内容に拘束されるのでしょうか。

1 保険約款の拘束力の根拠

　この問題はいわゆる約款の拘束力の問題として長い間多くの議論がなされてきました。[3]で説明したように、保険契約では実務上約款によって契約内容が定められています。仮に、法律によって契約内容が定められているのであれば、契約当事者はその法律を知らなくても拘束されることになります。しかし、約款によって契約内容が定められた場合でも法律の場合と同様に解することができるのでしょうか。この点に関する裁判例としては、【大判大正4・12・24民録21・2182】がリーディング・ケースとして挙げられます。この事案は、外国保険会社の火災保険の約款中に樹林火災または森林火災の燃焼によって発生した損害についての免責条項があったところ、保険契約成立前に保険契約者に保険約款を交付したこともなく、当該免責条項の存在することを告知したこともなく、また、申込書には約款を承認し申し込む旨の記載があったものの、申込み前に交付された営業案内書には約款の条項を提示しておらず、さらには、この条項が当時の日本の火災保険会社の約款にはなかったという場合に、その拘束力の有無が争われたものです。大審院は、①当事者双方がとくに普通保険約款によらない旨の意思表示をしないで契約

したときは、反証なきかぎりその約款によるとの意思をもって契約したものと推定する、②普通保険約款による旨が記載されている申込書に保険契約者が任意調印して契約をした場合には、たとえ契約当時に約款内容を十分に理解していなくとも、これによるとの意思をもって契約をしたものと推定する、として保険約款による旨の申込書に調印したことに意思推定の根拠を求めており、その後の生命保険に関する下級審裁判例でもこの点を理由にして保険約款の拘束力を認めているものがあります（【東京地判昭和56・4・30判時1004・115】参照）。

2　行政官庁の認可と拘束力との関係

　保険約款の拘束力に関しては、行政官庁の認可というものが約款の拘束力の根拠となりうるのかという問題も生じています。この点に関しては、海上保険契約で免責条項の変更に関して認可を得ていなかったためにその拘束力が争われた【最判昭和45・12・24民集24・13・2187】において、海上保険における保険契約者が企業者であって保険会社に比して必ずしも経済的に著しく劣弱な地位にあるとはいえず、保険会社も保険契約者の意思と利益を無視して契約内容を一方的に自己に有利に定めることはできないことを理由に、行政的監督は補充的なものに過ぎず認可を受けなくても直ちに約款が無効とされるものではなく、当該条項が強行法規や公序良俗に違反するなどしないかぎり拘束力はあるとの判断が示されています。したがって、この考え方からすると、生命保険契約での保険契約者が個人のいわゆる家計保険などで認可を受けていない場合には拘束力が肯定されるか否かは必ずしも明らかではありませんが、学説でも行政的監督は補充的なものにすぎないとしてこれを肯定する考えが通説となっています（石田・商法Ⅳ 25頁等参照）。

3　質問の回答

　以上のことから、質問のような状況があったとしても、約款を承認して生命保険契約を申し込む旨の記載のある申込書に署名捺印して保険会社に交付した場合には、約款の条項を内容とする生命保険契約が成立することになりますので、約款の事前開示を求めかつ内容の公正妥当性についても確認をしていくことが重要と考えます。

（石田清彦）

5 保険証券の法的意義

保険証券とはどのような性質のものか

Q 私はある生命保険に加入しているのですが、先日、保険証券を紛失してしまいました。この場合、生命保険契約はどうなるのでしょうか。

1 保険証券とは

　保険証券とは、保険契約の成立およびその内容を証するため、保険会社が契約の内容を記載し、署名して保険契約者に交付する証券のことをいいます。生命保険契約は保険申込みとこれに対する承諾によって有効に成立するものであり、書面の作成は契約の効力を発生させる要件ではありませんが、商法は、保険契約者側の便宜を考慮し、生命保険契約の成立後、保険会社が保険契約者の請求により保険証券を作成し、これを交付することを義務づけています（商683条1項、649条1項）。生命保険会社の実務においては、保険契約者からの請求を待たず、保険引受けの承諾通知に代えて保険証券を交付することが一般的です。

　保険証券に記載しなければならない事項は商法により定められています（同法649条2項・679条）。生命保険の保険証券については、①「保険契約の種類」、②「被保険者の氏名」、③「保険金受取人の氏名」（保険金受取人を定めた場合）、④「保険金額」、⑤「保険料およびその支払方法」、⑥「保険期間の始期および終期」（保険期間を定めた場合）、⑦「保険契約者の氏名または商号」、⑧「契約年月日」、⑨「保険証券の作成地および作成年月日」が必要な記載事項（保険証券の記載事項）となります。

　なお、商法679条により準用される同法649条2項は、このほかに「保険

の目的」、「保険者の負担した危険」、「保険価額」を証券記載事項としています。しかし、「保険の目的」は生命保険においては被保険者がこれに当たり、その氏名は証券記載事項とされています。「保険者の負担した危険」（対象となる保険事故）についても、生命保険においては証券記載事項である「保険契約の種類」により明らかとなります。また、「保険価額」は、生命保険においては人の生命の価額がこれに該当しますが、その客観的な価値評価は不可能です。したがって、生命保険の場合、これら3つの事項は記載不要と解されています（山本爲三郎「生命保険証券」金商1135・104参照）。

2　保険証券の性質

　生命保険の保険証券はいわゆる有価証券ではありません。したがって、たとえば保険証券が作成、交付されなかったり、交付された保険証券に法定記載事項が欠けていたとしても、生命保険契約の有効性には影響を及ぼしません。また、保険証券の占有、交付は権利の行使、移転の要件ではありません。ちなみに、通常、生命保険約款は保険証券を保険金支払請求の際の提出書類としていますが、保険証券との引換えは絶対的なものではなく、保険証券の提出が不可能な場合には、請求者が他の方法で自己の権利を証明することにより支払いを求めることが可能であると思われます。

　もっとも、保険証券は保険契約の成立やその内容を明確にするため保険会社自身が署名、交付した書面ですので、その記載内容は生命保険契約を巡る争いが生じた場合の有力な証拠となります（証拠証券）。そのため、たとえば保険証券に記載されている内容が真実に反することを主張する場合、主張者の側において立証を行う必要があります。また、保険証券は免責証券としての性質を有しており、生命保険会社が保険証券を呈示する者に善意無重過失で保険金を支払った場合、当該保険会社は免責されると解されています。

3　質問の回答

　前述のとおり、生命保険契約の成立やその内容の有効性は保険証券の有無に左右されるものではありませんので、質問のように保険証券を失くしたとしても、それによって加入された生命保険契約が失効するといった不利益が生じるわけではありません。

　なお、生命保険の実務では、請求があった場合、生命保険会社所定の請求

書、印鑑証明書、本人確認書類などの提出を求めたうえで保険証券の再発行を行っているのが通常です。保険証券は加入内容の確認や証明のための重要な書類ですので、質問のケースにおいては早急に保険証券の再発行を請求されるのがよいでしょう。

（豊田泰徳）

生命保険証券の見本＜表＞

生命保険証券

当会社は、定款・普通保険約款および各該当の特約条項にもとづいて、保険契約者とこの保険契約を締結いたしました。

東京都千代田区有楽町1丁目13番1号
第一生命保険相互会社
代表取締役社長
斎藤勝利

ご説明　ご契約内容の詳細については、普通保険約款および該当の特約条項をご参照ください。

1. 更新を取り扱う主契約である場合および主契約に更新を取り扱う特約が付加されている場合
   - ・保険期間の満了日または特約保険期間の満了日の2か月前までに更新しない旨のお申出がない限り、会社の定める範囲内で自動的に更新します。（被保険者の年齢等によっては更新できない場合があります。）
   - ・更新後の保険料は更新日現在の被保険者の年齢および保険料率によって計算します。
   - ・特別条件（特別保険料領収法）が付加された主契約および特約の更新は取り扱いません。

2. 主契約に保険期間を終身または歳満期で定めた特約が付加されている場合
   - ・特約の保険料払込期間は、主契約の保険料払込期間満了日（または主契約の指定年齢到達日の前日）までとなります。（主契約が一時払の場合は被保険者が８０歳となる年単位の契約応当日の前日まで、主契約が終身払の場合は終身または被保険者が８０歳となる年単位の契約応当日の前日までのいずれかとなります。）
   - ・更新または終身保障への移行を取り扱う主契約を更新されない場合または終身保障に移行されない場合は、各特約は主契約の保険期間の満了日に消滅します。

3. 主契約の保険料払込期間経過後等に払い込むべき特約保険料がある場合
   - ・主契約の保険料払込期間経過後（または指定年齢到達時に特約を更新後）、特約保険期間の終期（または更新後の特約保険期間の満了日）までの特約保険料は、特約条項の規定により、主契約の保険料払込期間の満了日（または特約の更新日）の属する月の末日までに、会社所定の方法で払い込むことが必要です。特約保険料の払込がない場合、本保険証券に記載された内容にかかわらず、主契約の保険料払込期間満了時（または指定年齢到達時）をもって特約は解約されたものとします。

4. 契約内容の変更、主契約の終身保障への移行または定期保険特約等の保険期間満了等により、各特約の保険金額、給付金額が会社の定める限度をこえることとなる場合
   - ・各特約の保険金額、給付金額は減額されるか、もしくは各特約は消滅します。

お願い

1. あらゆる手続きに保険証券はかかせないものです。ご契約内容をご確認のうえ、大切にご保存ください。また、ご契約お申込みの際にお渡しいたしました「ご契約のしおり－定款・約款」には、ご契約についての大切なことがらが記載されております。ご一読のうえご保存、ご活用ください。
2. 転居、町名変更、集金先、その他契約内容変更（名義変更、改姓、保険証券の紛失、改印、印鑑の紛失など）の場合は、お手数でもお伺いしている担当の当社職員、または、もよりの支部、支社へお知らせください。
3. ご契約に関するご照会の際には証券番号、保険契約者と被保険者のお名前、ご住所をお知らせください。
4. 当社は、みなさまのご意見をできるだけ会社経営に反映させるよう努めておりますので、お気づきの点などございましたら、ご契約の証券番号をお書き添えのうえ、本社あてお知らせくださいますようお願いいたします。

印紙税申告納
付につき麹町
税務署承認済

裏書事項

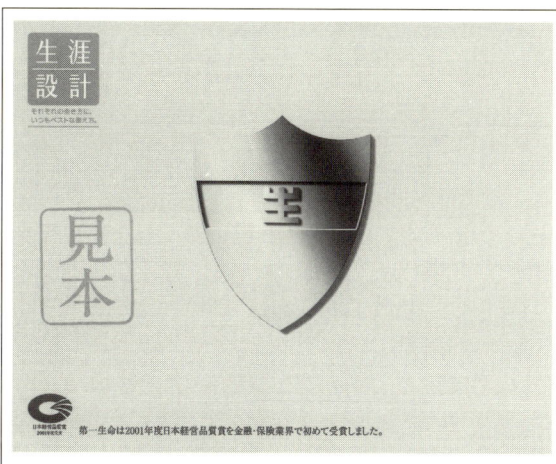

生命保険証券の見本＜裏＞

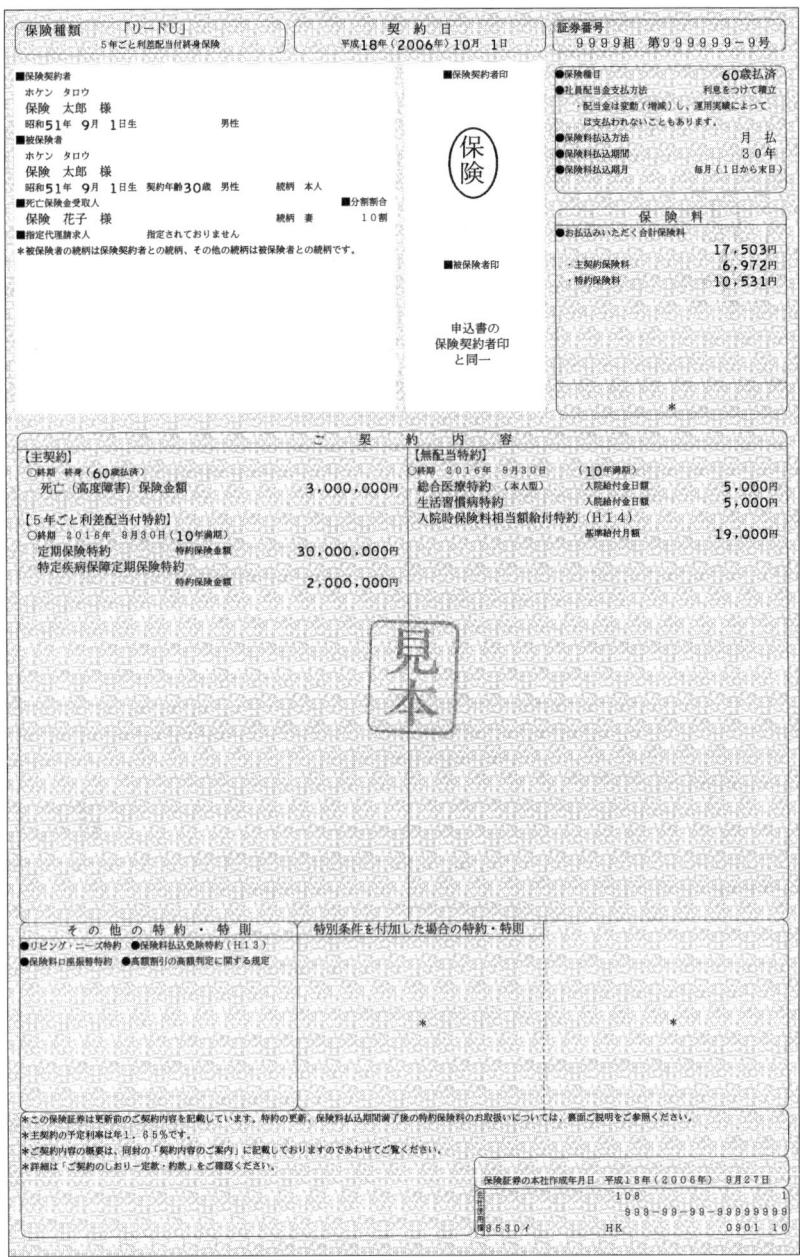

6 生命保険契約と消費者契約法

消費者契約法における生命保険契約の規整

Q 消費者契約法は、どのような法律ですか。この法律は、生命保険契約の締結等について、どのように規整していますか。

1 消費者契約法とは

　消費者契約法は、契約の締結過程および契約の条項について消費者契約に特有の民法ルールを定めたものです。

　すなわち、消費者取引の分野においては、一般の消費者と事業者との間に、情報の量・質および交渉力において大きな格差が存在しています。そして、それが消費者契約をめぐる種々のトラブルの原因となっていることが少なくありません。そこで消費者契約法は、契約締結の意思表示の取消しに関して、民法における詐欺や強迫の要件を緩和し、事業者の不当な勧誘によって締結した契約から、消費者が容易に離脱できるようにしました。

　具体的には、事業者が消費者契約の締結について勧誘をするに際し、消費者に対し、①重要事項について事実と異なることを告げること、②将来における変動が不確実な事項について断定的判断を提供すること、③重要事項について利益となる旨を告げ、その不利益となる事項を故意に告げなかったことによって消費者が誤認をし、それによって当該消費者契約の申込みまたはその承諾の意思表示をしたときは、消費者は、これを取り消すことができます（消費契約4条1項・2項）。また、消費者が事業者に対し、退去すべき旨の意思を示したにもかかわらず、退去しなかったり、事業者が勧誘している場所から消費者が退去する旨の意思を示したにもかかわらず、消費者を退去

させなかったりすることによって、消費者が困惑し、それによって契約の申込みまたはその承諾の意思表示をしたときも、消費者はこれを取り消すことができます（同条3項）。

　また、消費者契約法は、不当な契約条項からの消費者の利益の擁護を図るために、事業者の損害賠償責任を免除する条項など、消費者の利益を不当に害するような契約条項を無効としています（8条・9条・10条）。

2　消費者契約法と生命保険契約

　消費者契約法における事業者とは、法人その他の団体および事業として、または事業のために契約の当事者となる場合における個人をいいますが（2条2項）、生命保険事業を営む生命保険会社は、当然にこの中に含まれます。したがって、消費者が生命保険会社と締結する生命保険契約は、消費者契約として本法の適用を受けることになります。

　そこで、生命保険会社の営業職員が、生命保険契約の締結について勧誘をする際、①不実告知（たとえば変額保険を定額保険と説明すること）や、②断定的判断の提供（たとえば、積立保険で一定の利率の契約者配当金が支払われるのが確実であると説明すること）、③不利益事実の不告知（たとえば、生命保険契約の転換の勧誘に際し、契約の保障内容の拡大の面だけを強調し、縮小される保障内容や保険料の増額などの不利益な面を説明しないこと）などの行為をした場合には、保険契約者に契約の取消権が生じることになります（山下・保険法234頁以下）。もちろん、保険会社のこれらの行為は、保険業法300条1項も禁止しています。しかし、取締法規違反の行為は、私法上当然無効となるわけではありませんから、従来は、これらの場合について民法上の詐欺の規定によって処理するほかありませんでした。これに対し、消費者契約法においては、とくに前記①と②の場合に関して、事業者の故意・過失の有無が問われないなど、取消しの要件が緩和されているため、保険契約者による契約の取消しが容易となります。

　また、生命保険募集人が、見込み客の自宅等におもむいて、執拗に契約の締結の勧誘を行い、不退去による困惑を生じさせることがありえます。仮に、このような状況下で保険契約が締結された場合には、取消事由が存在するので、保険契約者は当該契約を取り消すことが可能となります。もっとも、消費者の取消権は、保険契約者が追認をすることができる時から6か月間行使

しないときは時効によって消滅し、また、契約の締結の時から5年を経過したときも同様です（消費契約7条1項）。

　他方、生命保険の約款条項も、消費者契約法の規制の対象となります。このため、仮に、生命保険会社の債務不履行により保険契約者に生じた損害を賠償する責任の全部または一部を免除するような条項が定められている場合には、このような条項は不当な契約条項として無効となりましょう。しかし、実際には、普通保険約款は、保険業の免許申請の添付書類として内閣総理大臣の審査の対象とされており（保険4条2項3号）、またその内容の変更の際にも、原則として認可を受けなければなりませんので（同法123条1項）、約款の条項の合理性は一応担保されているといえます。したがって、前記消費者契約法上の規制が発動する場面は、ほとんどないと考えられます。ただ、消費者契約の条項は、それが民法、商法その他の法律の公の秩序に関しない規定の適用による場合に比し、消費者の権利を制限し、または消費者の義務を加重する消費者契約の条項であって、民法1条2項に規定する基本原則に反して消費者の利益を一方的に害する場合も無効とされています（消費契約10条）。もし、生命保険約款の条項が任意規定から乖離し、かつその乖離について合理的な理由がないときは、信義則違反として、約款条項が無効とされることはありえます（山下・保険法124頁参照）。

3　質問の回答

　以上のように、一般の消費者が生命保険会社との間で締結する生命保険契約は、消費者契約として同法の適用を受けることになります。したがって、生命保険会社の営業職員が保険契約の勧誘に際し、不実告知や不利益事実の不告知などの行為をした場合には、保険契約者は、当該保険契約を取り消すことができますし、執拗に勧誘されて締結した保険契約についてもこれを取り消すことが可能となります。同法によって、一般消費者としての保険契約者の利益保護は大きく図られることになります。

（潘　阿憲）

7

生命保険契約と金融商品販売法

金融商品販売法における生命保険契約の規整

Q 金融商品販売法は、どのような法律ですか。この法律は、生命保険契約の締結等について、どのように規整していますか。

1　金融商品販売法とは

　金融商品の販売等に関する法律（以下「金融商品販売法」）は、金融商品の販売・勧誘に関する横断的、包括的な民事法です。その内容は、金融商品販売業者等の説明義務と、金融商品の販売等にかかる勧誘の適正な確保のための措置という2つの部分からなっています。

　同法によれば、金融商品販売業者等（金融商品の販売またはその代理もしくは媒介を業として行う者。2条2項・3項）は、金融商品の販売等を業として行おうとするときは、当該金融商品の販売等が行われるまでの間に、顧客（金融商品の販売の相手方。同条4項）に対し、次の①～③の事項を直接の原因として元本欠損が生ずるおそれがある場合はその旨および当該事由、ならびに④の事項の定めがある場合はその旨を説明しなければなりません（3条1項）。すなわち、①金利、通貨の価格、有価証券市場における相場その他の指標にかかる変動（価格変動リスク）、②金融商品販売業者等の業務または財産の状況の変化（信用リスク）、③前記①②以外に顧客の判断に影響を及ぼすこととなる重要なものとして政令で定める事由（新リスク商品）、④権利行使期間または契約解除期間の制限です。

　そして、金融商品販売業者等が顧客に対し、前記のような重要事項について説明をしなければならない場合において、当該重要事項について説明をし

なかったときは、これによって生じた顧客の損害を賠償する責任を負います（4条）。この損害賠償責任は、金融商品販売業者等の故意・過失の有無を問わない特別の不法行為責任です。また、具体的な損害の額についても、元本欠損額が、説明義務の不履行により当該顧客に生じた損害の額と推定されます（5条）。

2　金融商品販売法と生命保険契約

　金融商品販売法上の説明義務は、金融商品の販売等を業とするすべての者に課されます。保険会社が保険契約者との間で保険契約を締結することも金融商品の販売にあたり、同法の適用の対象となります（2条1項4号）。このため、生命保険会社は、生命保険商品の販売、すなわち生命保険契約の締結に際して、同法の定める説明義務を履行しなければなりません。具体的にいえば、前記価格変動リスクに関しては、とくに外貨建て保険や変額保険の場合においては、このリスクを説明する必要があります。また、この価格変動リスクにより、保険契約者等が受け取ることとなる保険金等の合計額が、保険契約者の支払う保険料の合計額を下回るおそれがある場合にも、やはり説明を行う必要があると考えられます。

　そして、信用リスクは、すべての生命保険会社について存在しうるので、当然すべての保険商品について説明することが必要だと考えられます。また、保険約款上、保険契約者による契約解除期間の制限が設けられるような場合には、当然、これについての説明も必要でしょう。

　説明の方法については、法律上特段の定めはありません。これは形式を問わず、説明が実質的に行われるべきであるとの趣旨です。したがって、形式的に生命保険の設計書などの書面を交付しただけでは足りない場合には、内容の説明とともに、保険契約者からの質問に答えるなどの方法をとる必要があります。

　説明の程度は、基本的に、平均的な顧客にとってリスクを理解できる程度の説明で足りるとされています。ただ、判例上は、当該顧客の属性（職業や知識、経験など）を考慮し、当該顧客が重要事項について理解しうるように説明をつくすことが要求されています（たとえば、変額保険に関する【東京地判平成8・7・10判時1576・61】【大阪高判平成8・12・5金法1471・86】など）。

　説明義務の履行の時期に関しては、法文上は単に、「金融商品の販売が行

われるまでの間」となっており、必ずしも明確ではありません。しかし、新規契約の場合には、契約の締結が行われるときまでに、この説明義務を履行しなければならないことはいうまでもありません。また、生命保険契約の転換は既契約を利用しての新契約への加入という制度ですので、やはり契約締結時までに説明義務の履行が求められます。

　以上のような説明義務に違反した場合には、生命保険会社は損害賠償責任を負うことになります。金融商品販売法上、元本欠損額が説明義務の不履行により当該顧客に生じた損害の額と推定されるので、保険契約者による損害賠償請求が民法上の不法行為責任を追及する場合よりも容易になります。

3　金融商品取引法

　金融商品やサービスについてはこれまで、前述した金融商品販売法のほか、証券取引法、金融先物取引法などの関係法で個別的に規制されてきました。しかし、このような個別的・縦割り的な規制は、利用者保護を図るうえでは必ずしも十分ではありません。既存の利用者保護法制の対象となっていないすき間を埋めるとともに、これまでの縦割り業法を見直し、同じ経済的機能を有する金融商品には同じルールを適用する必要があります。このような観点から、証券取引法の題名を変更したうえで、幅広い金融商品について包括的・横断的な規制を行うことを内容とする「金融商品取引法」(「投資サービス法」とも呼ばれる) が制定され、平成18年6月に成立しました。

　同法の規制の対象となる金融商品とは、有価証券のほか、預金契約等に基づく権利、通貨などを指すものとされています（2条24項）。保険商品に関しては、変額保険・年金や外貨建て保険など、投資性の強い保険商品も対象となります。

　金融商品取引業の対象範囲は、投資商品に関する「販売・勧誘」、「資産運用・助言」および「資産管理」が含まれます（2条8項参照）。そして、金融商品取引業を営むためには、内閣総理大臣の登録を受ける必要があります（2条9項・29条）。もっとも、保険業や銀行業等については、保険業法や銀行法等において免許制のより高度な業規制が課されており、投資性のない商品（掛け捨て保険等）も規制対象とされていることなどから、金融商品取引業の業登録の範囲には含めないとされます。損害保険代理店、生命保険募集人などについても同様です。

金融商品取引業の行為規制に関しては、まず、適合性原則が適用され、金融商品取引業者は、金融商品取引行為について、顧客の知識、経験、財産の状況および金融商品取引契約を締結する目的に照らして不適当と認められる勧誘を行って投資者の保護に欠ける行為をしてはならない（40条）。これは、従来の判例などを参考に、顧客の「知識、経験、財産」に加え、「投資の目的」または「投資の意向」も考慮要素として追加したものです。また、契約前の書面交付義務が定められ、当該金融商品の価格変動リスクなどについて金融商品販売法とほぼ同様の説明義務が課されます（37条の3）。この義務に違反した場合に、監督官庁は直接的に監督処分を発動できることになります。さらに、金融商品取引に際し、顧客に対し不実告知や断定的判断の提供などの行為が禁止されます（38条）。

　一方、金融商品販売法上の説明義務についても、見直しが行われました。すなわち、金融商品販売業者等は、金利、通貨の価格などの変動を直接の原因として元本欠損が生ずるおそれがある場合だけでなく、当初元本を上回る損失が生ずるおそれがある場合にも、その旨を説明しなければならず、また、元本欠損等のおそれを生じさせる当該金融商品の販売にかかる取引の仕組みのうちの重要な部分についても説明しなければならないなど、説明義務の内容が大幅に拡充されました（平成18年改正後金販3条1項参照）。また、この説明義務は、適合性原則にしたがい、当該顧客に理解されるために必要な方法および程度によって履行することが新たに要求されました（同法3条2項）。

4　質問の回答

　以上説明したように、金融商品販売法は、金融商品の販売・勧誘を規制する法律であり、とくに金融商品販売業者等に対して説明義務を課したものです。生命保険契約も同法の適用を受けますので、生命保険会社は、外貨建て保険や変額保険などの保険契約の締結に際しては、価格変動リスクや元本割れのリスクなどについて説明をする必要があります。また、金融商品取引法は、幅広い金融商品について包括的・横断的な規制を行う法律であります。この法律によれば、保険会社も金融商品取引業者として、外貨建て保険や変額保険などの投資性の強い保険商品の販売に際して、適合性原則を守ることが要求されます。また、契約前の書面交付義務を履行するなど、いっそう厳しい行為規制が課されます。

（潘　阿憲）

8 生命保険契約と個人情報保護法

保険会社では個人情報の保護にどんな対策を講じているか

> **Q** 個人情報保護法が施行されましたが、どのような法律ですか。また、生命保険会社ではどのような対策を講じていますか。

1 個人情報保護法とは

　平成17年4月に「個人情報の保護に関する法律」(以下「個人情報保護法」)が全面施行されました。
　IT(情報技術)社会の進展に伴い、個人情報の不正な取扱いや漏洩事案が社会問題化したこと等を受け、個人情報保護法においては、個人情報を一定以上の規模で取り扱う事業者に対して個人情報の適正な取扱いを行うための各種義務を課すこととしています。
　具体的には、利用目的の特定、適正な取得、本人の同意のない目的外の利用や第三者提供の禁止、委託先・従業員の監督、保有個人データの開示といった義務が定められています。

2 生命保険会社と個人情報保護法

　生命保険会社も個人情報保護法2条3項に定める個人情報取扱事業者に該当するため、個人情報保護法および各種関係法令、ガイドライン等を遵守する必要があります。
　生命保険会社をはじめとする金融機関については、その取り扱う情報の性質や利用方法の特性に鑑み、金融庁が「金融分野における個人情報保護のためのガイドライン」(以下「金融庁ガイドライン」)や「金融分野における個人

情報保護のためのガイドラインの安全管理措置等についての実務指針」を定めており、これらのガイドラインにも配意した適切な個人情報の取扱いを行うことが求められています。

3　質問の回答

　生命保険会社の対策としては、㈳生命保険協会が定めた「生命保険業における個人情報保護のための取扱指針」（以下「生保指針」）等に沿って、利用目的の特定、第三者提供への対応や安全管理のための措置等が講じられています。また、後述するとおり、金融庁ガイドラインにおいて、機微（センシティブ）情報の取扱いについてとくに留意することとされており、そのための対策も講じられています。

●利用目的の特定

　個人情報保護法15条１項では、「個人情報を取り扱うにあたって、その利用目的をできる限り特定しなければならない」とされています。

　生命保険会社の取り扱う個人情報の利用目的として、生保指針では以下の内容が例示されています。

> ○生保指針における利用目的の特定例
> ・各種保険契約の引き受け、継続・維持管理、保険金・給付金等の支払い
> ・関連会社・提携会社を含む各種商品・サービスの案内・提供、契約の維持管理
> ・当社業務に関する情報提供・運営管理、商品・サービスの充実
> ・その他保険に関連・付随する業務

　各生命保険会社では、生保指針等を参考にホームページや申込書等において利用目的の公表や明示等を行うこととしています。

●第三者への提供

　個人情報保護法23条１項では、個人データを第三者に提供する場合には、委託先への提供の場合等を除き、あらかじめ本人から同意を得ることが必要

とされています。

　生命保険会社が個人データを第三者に提供する場合としては、たとえば保険料の団体扱特約（保険料を団体が給与等から引き去り、保険会社に一括して払い込む特約）の適用にあたって、勤務先に保険料データを提供する場合等が想定されますが、この場合には基本的に本人の同意に基づいて第三者への提供が行われていると考えられます。

　逆に、生命保険会社が個人データの第三者提供を受けるケースとしては、団体保険の契約締結に際して、団体から従業員の申込みデータ等の提供を受ける場合等が考えられます。この場合には、個人データの提供主体である各団体が個人情報取扱事業者として被保険者から同意を得る等の対応が必要となります。

　その他、生命保険会社が個人データを外部に提供するケースとしては、契約内容登録制度（後述）や支払査定時照会制度、募集人登録情報照会制度といった業界共同ネットワークを活用した各種情報交換制度の利用に伴う個人データの授受があります。

●機微（センシティブ）情報の取扱い

　個人情報保護法においては、事業者の義務に関して、個人情報等の性質による差異を設けておらず、機微（センシティブ）情報の取扱いに関する規定もありません。一方、金融庁ガイドライン6条1項および保険業法施行規則53条の10により、金融機関については以下の機微（センシティブ）情報の取得・利用・第三者提供が原則として禁止されています。

○金融庁ガイドラインの定める機微（センシティブ）情報
　政治的見解、信教（宗教、思想及び信条）、労働組合への加盟、人種及び民族、門地及び本籍地、保健医療及び性生活、犯罪歴に関する情報

　ただし、生命保険会社が保険契約の引受けや支払いの判断を行うにあたっては、告知内容や入院履歴といった医療情報等の利用が必要不可欠となりますので、金融庁ガイドライン6条1項では、「保険業その他金融分野の事業の適切な業務運営を確保する必要性から、本人の同意に基づき業務遂行上必要な範囲」等にかぎり、金融機関が機微（センシティブ）情報を取り扱うこ

とが認められています。

したがって、告知書等で本人から医療情報の提供を受ける場合や、医師等の第三者から被保険者の医療情報の提供を受ける場合には、必ず本人の同意を得るとともに、業務遂行に必要な範囲を超えた取得となっていないか等について、十分に留意する必要があります。

●契約内容登録制度

契約内容登録制度とは、保険金、給付金の不正取得を目的としたモラルリスクを防止するため、㈳生命保険協会により昭和55年より運営されている情報交換制度です。

本制度では、保険契約の申込みがあった場合、申込みを受けた各生命保険会社から保険契約等に関する一定の事項が㈳生命保険協会に登録される仕組みとなっており、登録された情報は、同じ被保険者についての契約申込みがあった場合や保険金等の請求があった場合に㈳生命保険協会から各生命保険会社等に提供され、各生命保険会社等が契約引受や保険金等の支払査定の判断の参考として利用します。

この制度の登録事項である氏名、生年月日等により、保険契約者、被保険者を識別することが可能ですので、これらは個人情報保護法に定める個人データに該当します。

○契約内容登録制度の登録事項
- 保険契約者、被保険者の氏名、生年月日、性別、住所（市区郡まで）
- 死亡保険金額、災害死亡保険金額
- 入院給付金の種類、日額
- 契約日、復活日、増額日、特約中途付加日
- 取扱会社名

契約内容登録制度の利用については、個人情報保護法23条4項3号に定める「特定の者との間の共同利用」として整理することができます。したがって、こうした制度の利用に伴う㈳生命保険協会および各生命保険会社の情報の授受については第三者への個人データの提供とはみなされず、本人の同意は不要となります。

ただし、「特定の者との間の共同利用」にあたっては、個人情報保護法上、共同利用する旨、共同利用する個人データの項目、共同利用する者の範囲、利用目的等をあらかじめ本人に通知するか、本人の容易に知り得る状態に置く必要があります。

　㈳生命保険協会および各生命保険会社では、ホームページに制度の概要等を掲載しているほか、㈳生命保険協会において制度に関するリーフレットを作成することにより、法令で求められている事項について、契約者、被保険者が容易に知りえる状態に置くための措置を講じています。

（河添祐司）

9 生命保険契約と本人確認法

生命保険契約は本人確認法でどのように規整されているか

Q 本人確認法では生命保険契約も対象となるようですが、具体的にはどのような場合に本人確認が必要となるのでしょうか。

1　本人確認法とは

　わが国では、金融機関等がテロ資金供与やマネー・ロンダリング（資金洗浄）に利用されることを防止する目的で「金融機関等による顧客等の本人確認等に関する法律」（平成16年の改正により「金融機関等による顧客等の本人確認等及び預金口座等の不正な利用の防止に関する法律」に題名変更。以下「本人確認法」）が制定されました（平成15年1月6日施行）。この法律が制定された背景には、アメリカの同時多発テロを受けて平成14年にわが国が批准した「テロリズムに対する資金供与の防止に関する国際条約」で国内法の整備が求められていたこと、そして麻薬や銃の取引など国際的な犯罪の取締りが課題となっていたことが挙げられます。この法律では、捜査機関が犯罪収益やテロ資金の流れを追跡するため、金融機関等は顧客が本人であるかどうかを確認したり（本人確認）、顧客との取引記録を保存するなどの顧客管理体制を整備することが求められています。

　さらに、平成15年6月、マネー・ロンダリングおよびテロ資金対策の国際標準ともいうべきＦＡＴＦ（金融活動作業部会）勧告において、措置を講ずべき事業者の範囲を金融機関等以外に拡大することが求められたことを受け、平成19年3月、本人確認および取引記録の保存義務等が課される対象事業者（特定事業者）に、ファイナンスリース業者、クレジットカード業者、宅地

建物取引業者、貴金属等取引業者、郵便物受取・電話受付サービス業者などが追加された「犯罪による収益の移転防止に関する法律」（犯罪収益移転防止法）が制定され、本人確認法は廃止されることとなりました。なお、犯罪収益移転防止法の特定事業者に係る義務規定が施行されるまでは、金融機関等には本人確認法の義務規定が適用されます。

2　本人確認の対象となる取引

　生命保険契約では、養老保険、個人年金保険、一時払終身保険など貯蓄性のある保険契約（本人確認規2条2号イ、ロ）が本人確認の対象となります。このうち以下の取引時に本人確認が必要です。

① 　保険契約の締結（本人確認令3条1項5号。）
② 　保険契約に基づく年金（人の生存を支払事由とするものに限る）・満期保険金・解約返戻金等の支払い（7号）
③ 　保険契約の契約者の変更（8号）
④ 　保険契約の契約者貸付（18号）

また、上記の貯蓄性のある保険契約にかぎらず、

⑤ 　取引の金額が200万円を超える大口現金取引の場合（21号）
⑥ 　本人確認時に本人特定事項を偽っていた疑いがある場合（28号）
⑦ 　本人になりすましている疑いがある場合（29号）

には本人確認が必要となります。
　なお、すでに顧客が別の取引で本人確認済みの場合には、⑥および⑦の場合を除き、保険証券等で確認済みであることが確認できれば再度の本人確認は不要となります（本人確認令3条1項ただし書）。

3　本人確認の方法

　本人確認の目的は、①取引の名義人の実在性の確認と、②面前にいる顧客と取引名義人との同一性の確認です。
　そこで、顧客が個人の場合は、運転免許証、健康保険証などで本人特定事項である氏名、住居および生年月日を確認します。顧客が法人の場合は、法人の登記簿謄本・抄本や印鑑登録証明書などで本人特定事項である名称および本店（主たる事務所）の所在地を確認し（本人確認3条1項）、あわせて取引担当者（現に取引の任にあたっている自然人）個人の本人確認を行います

(同法3条2項)。なお、国・地方公共団体や上場企業等はその実在性は明らかであるため、取引担当者を顧客とみなして、その個人の本人確認を行うことで足ります（同条3項）。

保険会社は、本人確認を行った場合には直ちに本人確認記録を作成し、契約が終了した等の日から7年間保存することが必要です（同法4条1項・2項）。

4 保険募集における本人確認の規制

生命保険契約は少額の保険料で多額の保険金等を得ることができるという射倖性を有しており、保険金詐取を目的とする契約等の不正な保険契約が混入するおそれがあります。このような不正な保険契約の発生を防止するため、金融庁は生命保険会社に対して、保険募集の際に運転免許証やパスポート等の本人を特定しうる書類による確認等により、保険契約者の本人確認もしくは実在確認、または保険契約者である法人の事業活動の有無の把握に関する措置を講じることを求めていますので（「保険会社向けの総合的な監督指針」Ⅱ-3-3-2(9)参照）、上記 2 3 の本人確認法に基づく本人確認以外に、監督指針の定める本人確認等の措置を行う必要があります。

5 質問の回答

保険会社の実務では、主に貯蓄性のある保険契約における契約の締結時および当該保険契約の年金・満期保険金・解約返戻金の支払時などに本人確認が必要です。また、顧客が個人の場合と法人の場合で本人確認の方法が異なりますので留意が必要です。

（中山道久）

10 生命保険事業の運営主体

どのような者が生命保険事業者となれるか

> **Q** 私は生命保険に加入したいと考えていますが、生命保険会社には株式会社だけではなく、「相互会社」という会社や外国の会社があるようです。日本で生命保険事業を営めるのはどのような事業者なのでしょうか。

1　生命保険業を行う者の種類

(1)　生命保険会社

　生命保険会社は、内閣総理大臣の免許を受けて生命保険事業を行う会社で、会社の形態として株式会社と相互会社の2つが用意されています。

　生命保険株式会社は、会社法に基づき設立された株式会社で、保険契約者と生命保険会社との関係は、保険契約に基づく債権債務関係ということになります。

　一方、相互会社は、保険業法に基づいて設立される保険会社特有の会社形態であり（保険2条5項）、保険契約者を社員とする法人です。相互会社における保険契約者と会社との関係をどのように理解するかについては、学説上いくつかの考え方がありますが、保険契約者が相互会社の社員たる地位を有する点が、生命保険株式会社と大きく異なる特色です。たとえば、生命保険契約の配当金の支払いは、生命保険株式会社においては、生命保険契約に基づく債務の履行としての性格を有しますが、生命保険相互会社においては、社員自治に基づく剰余金処分としての性格を有します。

　会社法においては、最低資本金額の制限はありませんが、保険会社はリスクに対処するための財務基盤を有することが必要であることから、保険株式

会社における資本金、保険相互会社における基金は政令で定める金額以上であることが必要です（同法6条1項）。

(2) 外国生命保険会社等

外国の法令に準拠して外国において保険業を行う者（外国保険業者）のうち、内閣総理大臣の免許を受けた者は、「外国生命保険会社等」として生命保険事業を営むことができます（保険2条8項・185条）。

外国保険業者が免許を受けるためには、日本に支店等を設ける必要があります（同法185条）。

(3) 少額短期保険業者

「少額短期保険業者」として内閣総理大臣の登録を受けた者は、保険業のうち、保険期間が2年以内の範囲で政令の定める期間以内で、かつ保険金額が1000万円を超えない範囲で政令の定める金額以下の保険のみの引き受けを行う事業（「少額短期保険事業」）を行うことができます（保険2条17項）。

少額短期保険業者は、株式会社あるいは相互会社である必要があり、政令で定める額以上の資本金あるいは基金を有する必要があります（同法272条の4）。

また、少額短期保険業者が収受する保険料は政令で定める範囲内でなければなりません（同法272条）。

(4) 特定法人・引受社員

資産家である複数の個人等を会員とするシンジケートにより保険を引き受ける、英国のロイズのような保険事業者が日本に参入できるように、特定法人・引受社員という概念が保険業法上設けられています（保険219条）。

英国のロイズにおいて組織運営のために設立されているロイズ保険組合に相当する法人を「特定法人」、実際に保険を引き受ける会員に相当する者を「引受社員」としています。

2 質問の回答

現在、生命保険業界には、外国の生命保険業者が参入する例が多く見られます。日本の会社法のもとで出資・設立した株式会社を引受会社とする参入形態の場合には、上述 1 (1)の「生命保険会社」であり、商号の中に「株式会社」という文字が含まれています。これに対し、日本の会社法のもとで出資・設立した株式会社を引受会社とせず、外国の生命保険業者自身が保険を

引き受け、支店を日本に創設する参入形態の場合には、上述 **1** (2)の「外国生命保険会社等」となり、商号の中に「株式会社」あるいは「相互会社」という文字は含まれていません。

　日本において生命保険業を営むことのできる事業者は、保険業法に規定されており、保険契約者保護のためにさまざまな規制がなされています。

（内田高弘）

11 生命保険と生命共済

生命保険と生命共済の違い

> **Q** 生命保険に加入しようと考えていますが、生協等の生命共済への加入も検討しています。また、無認可共済といったものも耳にしますが、これらは生命保険とどのような違いがあるのでしょうか。

1 共済の概要

　共済とは、一定の地域や職域でつながる者が団体を構成し、将来発生するおそれのある一定の偶然の災害や不幸に対して共同の基金を形成し、これら災害や不幸の発生に際し一定の給付を行うことを約する制度と考えられています。主なものに、全国共済農業協同組合連合会（JA共済：農業協同組合法）、全国労働者共済生活協同組合連合会（全労済：消費生活協同組合法）等があります。このような協同組合による共済事業は一定の資格を満たした組合員を対象として事業を行うことが原則ですが、一定の要件のもとに組合員以外の利用を認めている場合があります。たとえば、農業協同組合法では、農業協同組合の組合員資格者は農業従事者ですが、組合員以外の利用が組合員利用分の2割まで認められています。一方、消費生活協同組合法では員外の利用は原則として認められませんが、一定の地域内の住民等が組合員の有資格者となっており、区域内の住民であれば出資金を支払うことにより組合員となり、共済に加入することができます。

　これらの共済はそれぞれの根拠法に基づき事業を行っており、法に定める主務行政庁の検査・監督を受けています。保険業法の規制および金融庁の検査・監督は受けません。保険業法では、情報開示や責任準備金の積立て、募

集規制、クーリングオフ等、事業の健全性維持や契約者保護のための諸規制が事業者に課せられていますが、農業協同組合法では平成17年施行の改正法により、中小企業等協同組合法では平成19年施行の改正法により、保険業法に準じた規制が導入されています。なお、平成19年の通常国会で成立した消費生活協同組合法、水産業協同組合法の改正法でも同様の規制が導入されています。

また、生命保険に関しては、万一、生命保険会社が破綻した場合には生命保険契約者保護機構による補償が行われますが、生命共済に関しては、このような公的なセーフティネットの枠組みはないという違いもあります。

なお、共済契約にかかる法令上の規定はありませんが、判例では、必要に応じて商法の保険契約の規定の準用を認めています。

主な根拠法と共済実施団体

根拠法	主な共済実施団体
農業協同組合法	全国共済農業協同組合連合会（JA共済）
水産業協同組合法	全国共済水産業協同組合連合会（JF共水連）
消費生活協同組合法	全国労働者共済生活協同組合連合会（全労済）
	全国生活協同組合連合会（県民共済、都民共済等）
	日本生活協同組合連合会（CO-OP共済）
中小企業等協同組合法	全国中小企業共済協同組合連合会（中小企業共済）

2 無認可共済

保険業法では不特定の者を相手方として保険の引受けを行う事業が規制の対象とされ、特定の者を相手方として保険の引受けを行う事業は規制の対象外とされていました。しかし、近年、法律上の根拠に基づかずに共済事業を行う根拠法のない共済（いわゆる無認可共済）が急増し、なかには不適切な販売方法をとるものや財務基盤の脆弱なものがある等との指摘がなされ、国民生活センター等に相談が多数寄せられていました。実際、平成16年の総務省調査「根拠法のない共済に関する調査結果報告書」では、根拠法のない共済の延べ加入者数は約1,639万人、共済掛金の年間総額は784億円にのぼり、国民の間で広く利用されていることが明らかになりました。また、マルチ商法による募集を行っている団体や、責任準備金の積立てを行っていない団体も存在するという実態も明らかになりました。こうした社会的関心の高まり

を受けて平成17年の通常国会で保険業法が改正され、平成18年4月より、JA共済や生協共済のように他の法律に特別の規定のあるもの、会社等が役員・使用人等を相手方として行うもの、労働組合が組合員等を相手方として行うもの、学校が学生等を相手方として行うもの等をのぞき、原則として保険業法の規定が適用されることになりました。

3 少額短期保険業の概要

改正保険業法では、少額・短期の保険の引受けを行う事業者については、保険会社と異なる新たな規制の枠組みが導入されることになりました。既存の無認可共済事業者は、適用除外に該当しないかぎりは、平成18年4月の施行から2年間の経過措置期間中に保険会社となるか、少額短期保険業者となるか等を選択することになります。少額短期保険業者は、保険会社の免許制と異なり、参入要件が登録制となりますが、保険会社と同様に情報開示や募集規制、責任準備金の積立てが義務づけられ、金融庁による検査・監督も受けることになります。ただし、その特性を踏まえ、セーフティネットは設けられていません。

少額短期保険業の概要

	少額短期保険業者	保険会社
参入要件等	登録制	免許制
最低資本金	1,000万円（＋一定の供託）	10億円
取扱商品	少額、短期、掛捨てに限定	無限定（高額、長期、運用型も可）
保険料収入制限	年間収受保険料50億円未満	無制限
資産運用	安全資産（預金、国債）	原則自由（株式、不動産、融資等）
セーフティネット	なし	保険契約者保護機構による補償
その他	情報開示、募集規制、責任準備金の積立、検査・監督　等	

4 質問の回答

以上、説明のとおりですので、本文を参照してください。

（山田修平）

COLUMN　　　　郵政事業の民営化

　簡易生命保険事業は、大正5年に国営の生命保険事業として創設されました。簡易に利用できる生命保険として「無診査、小口、月掛」を原則としています。

　簡易保険契約にかかる保険関係は簡易生命保険法（以下、簡易保険法という）に規定されており、商法の適用はありません。簡易保険法では、簡易保険の保険金は被保険者1人につき、1,000万円以下（年金は年額90万円以下）とされています（簡易保険法20条・24条）。また、保険金、年金等の支払いを政府が保証する（同法3条）ほか、保険金、年金等を受け取る権利の譲渡禁止（同法80条）、死亡保険金等の差押え禁止（同法81条）が法定されています。平成15年に日本郵政公社（以下、公社という）が設置され、国から保険契約に伴う権利・義務を承継していますが、こうした特徴はそのまま維持されています。

　平成17年の特別国会で郵政民営化関連法案が成立し、平成19年10月1日より、郵政事業は民営化されることになりました。公社は同日解散し、持ち株会社と郵政事業の機能を引き継ぐ4つの事業会社が設立されます。生命保険事業では、保険業法に基づく保険会社として簡易生命保険事業の機能を引き継ぐ株式会社かんぽ生命保険（以下、かんぽ生命という）が事業を行うことになります。

　簡易保険法は平成19年10月1日をもって廃止され、以後新たな簡易保険の取扱いは行われません。従前の簡易保険契約については独立行政法人郵便貯金・簡易生命保険管理機構が承継し、管理を行うことになりますが、簡易保険契約に基づく保険金・年金等の支払いは政府が保証する（独立行政法人郵便貯金・簡易生命保険管理機構法20条）ほか、簡易保険法の規定が効力を有することとされています（郵政民営化法等の施行に伴う関係法律の整備等に関する法律附則16条）。

　一方、かんぽ生命は、前述のとおり、保険業法に基づく保険会社として、その他の民間保険会社と同様に金融庁の監督を受けることになります。また、保険契約には商法の保険契約に関する規定が適用されます。ただし、民営化後のかんぽ生命の業務範囲は、郵政民営化法により、移行期当初は公社と同じ範囲に制限され、民営化に関する状況に応じてその制限が緩和されることとされています（郵政民営化法9章3節）。

（山田修平）

12 生命保険契約と生命保険会社の倒産

生命保険会社が倒産した場合、生命保険契約はどうなるのか

Q 長期の生命保険に加入しようと思うのですが、保険会社が倒産したら、私の保険はどうなるのですか。また、保険契約者を保護する制度があると聞きましたが、どのような仕組みですか。

1 生命保険会社の倒産とは

　生命保険会社は、保険契約に基づく将来の債務の履行に備えるため、保険数理に基づき計算した責任準備金を積み立てなければなりません（保険116条）。合理的な予測に照らした将来の責任準備金の積立不足の要因が解消できない等、事業を継続することが困難となった場合に、生命保険会社は倒産することになります（同法241条3項、保護令1条の2）。

2 生命保険会社の破綻処理に対する基本的な考え方

　保険は広い意味での社会保障の一部としての機能を果たしています。また、将来の変化まで見通した選択を保険契約者に期待することが困難な長期の契約も多いうえ、株式や債券のように市場で売買できず、保険契約者の自己責任を問いにくい面があります。とくに生命保険については、年齢や健康状態によっては新たな保険に加入できない場合もあることから、破綻した保険会社に積み立てられた金額を単に払い戻すだけでは、保険契約者等の保護が十分に図れません。

　会社破綻時の手続は、一般に、資産を処分換価して債権者に平等に配当することを目的とする清算型の手続と、再建された事業等から生じる収益・収

入を弁済原資とする再建型の手続に大別されますが、生命保険会社の破綻手続は、保険契約の継続を図り、保険保障を確保するため、再建型の手続によることが基本とされます（平成11年金融審）。生命保険会社の再建型の破綻手続は、金融機関等の更生手続の特例等に関する法律（更生特例法）による更生手続（更特3章、4章2節）と保険業法による破綻手続（保険10章2節）が考えられます。後者の手続は行政手続であるため、多数決により一般債権者の債権を縮減させることはできませんので、前者の手続によることが基本となると思われます（後者の手続は、業務運営が著しく不適切である場合に適用する等、更生手続との使分けが考えられています（平成11年金融審））。

これまで生命保険会社が破綻した例としては、日産生命（平成9年）、東邦生命（平成11年）、第百生命（平成12年）、大正生命（平成12年）、千代田生命（平成12年）、協栄生命（平成12年）、東京生命（平成13年）があります（資料③参照）。

3 更生手続による破綻処理の概要

生命保険会社において再保険を除く保険契約にかかる権利は一般先取特権であるため（保険117条の2）、更生手続では、こうした権利は、一般の債権者の権利と比べ、優先的に取り扱われることになります（更特260条、会更168条）。しかし、生命保険会社の負債の大部分は責任準備金であるため、更生計画に基づき、責任準備金の削減、予定利率の引下げ等、保険契約の基礎率が変更されます。

保険会社における保険契約者等の数は、一般の事業会社の債権者数に比べ、きわめて膨大です。保険契約者等の個別の参加を求めると、手続の円滑・迅速な進行が困難となるばかりか、保険契約者等の負担が過大となるため、保険会社の更生手続においては、債権届出や議決権行使等、保険契約者等の更生手続に属する行為は、保険契約者保護機構（以下「保護機構」）が代理することを原則とします（更特4章6節1款、**4**参照）。

更生手続では、更生計画の定めるところによらなければ、更生債権者への弁済が禁じられることが原則です（会更47条）。保険会社の更生手続では、手続中の保険保障を確保するため、手続中に生じた保険事故につき、保険金の一定割合（**4**②と同様の水準）を「補償対象保険金」として弁済することが認められています（更特440条）。

4 保険契約者保護機構とは

　保護機構とは、保険業法に基づき設立された法人であり、保険会社が破綻に陥った場合に保険契約者を保護するための業務を行います（保険259条）。生命保険会社、損害保険会社は、それぞれ免許の種類ごとに設立された保護機構（生命保険契約者保護機構、損害保険契約者保護機構）に加入することが義務づけられています（同法265条の3）。

　2のとおり、保険会社の破綻においては、保険契約者等の自己責任を問いにくい面があるため、保険には、保護機構が資金援助を行うことによるセーフティネットが整備されています。生命保険の場合、再保険および運用実績連動型保険契約の特別勘定部分（同法118条）を除き、すべての元受契約がセーフティネットによる保護の対象になります。

　保護機構による資金援助は、大別すると、①保険契約の継続を重視した責任準備金の一定割合に対する補償、②破綻手続中の保険保障の確保のための保険金の一定割合に対する補償、の2つの機能を有します。補償の水準は、①②いずれも90％を原則としますが、予定利率の高い契約については、保険会社の健全性を損なう要因となったことを考慮し、他の保険会社の保険契約者の負担軽減や破綻保険会社の保険契約者間の公平性の観点から、一定の率（現行3％）を上回る利率部分を過去5年間にわたり半分とした場合の減少率に相当する率を90％から減じた率とされます（平成16・17年金融審、保護令1条の6・50条の5）。

　運用実績連動型保険契約に該当するものとしては、団体年金が挙げられます（保険規74条）。団体年金の特別勘定は、上記のとおり補償の対象ではありませんが、類似の金融商品である年金信託とのバランスを取るため、厳格な分別管理を前提として責任準備金を削減しない取扱いをすることが可能とされています（更特445条）。

資料①　生命保険契約の補償率

区　分		補償	水　準
（イ）（ロ）（ハ）以外の受再保険			
	（a）（b）以外の保険	有	90％
	（b）高予定利率保険	有	90％－（予定利率－基準利率）×1/2×5
（ロ）運用実績連動型保険の特別勘定部分		無	―
（ハ）再保険		無	―

5　生命保険契約者保護機構の財務状況

　保護機構の財源は、会員たる保険会社の納める負担金により賄われることを原則とします（保険265条の33）。

　ただし、平成21年3月31日までにかぎり、会員の収める負担金だけでは生命保険契約者保護機構の財源が賄いきれず、国民生活や金融市場にきわめて重大な支障が生じるおそれがあると認められる場合には、国会審議を経て、政府の補助が行われることが可能とされています（保険附則1条の2の14、資料②参照）。

資料②　生命保険契約者保護機構の財務状況（平成18～20年度）

| 借入残高 | 会員の負担金納付余力
（4,600億円－借入残高） | ＋ | 政府補助枠 |

　　　　　←──── 保護機構の借入限度（4,600億円）────→

6　保険会社の破産

　保険会社が破産した場合、破産手続開始決定後3か月で保険契約は失効します（商683条・651条）。保険契約者は、破産手続中においても、保険契約が失効するまでの間に生じた保険事故について、保護機構の資金援助を受け、保険金額の一定割合（上記 **4** と同様）を補償対象保険金として受け取ることができます（更特546条、保険270条の6の6）。これに対し、保護機構による責任準備金の一定割合に対する補償は、保険契約の継続を図るためのセーフ

資料③　生命保険会社の破綻事例

	日産生命	東邦生命	第百生命	大正生命	千代田生命	協栄生命	東京生命
手続	保険業法	保険業法	保険業法	保険業法	更生手続	更生手続	更生手続
破綻日	H9.4.25	H11.6.4	H12.5.31	H12.8.28	H12.10.9	H12.10.20	H13.3.23
負債額	約21,256億	約28,400億	約16,200億	約1,910億	約28,280億	約44,145億	約7,632億
債超額	約3,029億	約6,500億	約3,177億	約365億	約5,950億	約6,895億	約731億
資金援助	2,000億	約3,800億	約1,450億	約262億	ゼロ	ゼロ	ゼロ
責任準備金	ゼロ	原則90%に削減	原則90%に削減	原則90%に削減	原則90%に削減	原則92%に削減	ゼロ
予定利率	2.75%に引下げ	1.5%に引下げ	1.0%に引下げ	1.0%に引下げ	1.5%に引下げ	1.75%に引下げ	2.6%に引下げ

ティネットですので、破産手続においては補償されません（保険268条）。なお、保険会社の破産手続においても、更生手続と同様、債権届出等、保険契約者等の破産手続に属する行為は、保護機構が代理することを原則とします（更特6章4節。保険契約者等による独自の参加も可能）。

7　少額短期保険業者

　少額短期保険業者は、その取り扱う保険契約が少額かつ短期であり、また資産運用対象が流動性の高い預金や国債等に限定されることからセーフティネットによる補償制度は設けられていません。また、保険会社と同様に更生特例法による更生手続・破産手続の適用対象ですが、セーフティネットがないため、契約者代理機能はなく、少額短期保険業者の更生手続・破産手続においては、保険契約者は独自に裁判手続に参加する必要があります。

8　質問の回答

　生命保険会社が倒産した場合、保険契約の継続を図り、保険保障を確保する必要があることから、会社更生手続などの再建型の倒産手続が行われることが基本とされます。再建型の倒産手続では、会社の資産・負債の評価額に応じ、保険契約者の権利が縮減されます。ただし、再保険および運用実績連動型保険契約の特別勘定部分を除くすべての元受保険契約は、生命保険契約者保護機構の補償対象であり、高予定利率の保険契約を除き、責任準備金の90％を限度として補償が行われることから、無制限に権利が縮減されることはありません。

（田口　城）

第2章 生命保険の募集

13 保険募集の概念

保険募集とはどのような行為か

> **Q** 生命保険契約は、保険会社の募集に促されて契約することが一般的に多いと思われますが、そもそも募集とはどのような行為をいうのでしょうか。また、どのようなことに気をつければよいでしょうか。

1 保険業法上の「保険募集」概念

　生命保険契約が成立に至る過程で現在最も一般的なのは、生命保険会社の募集活動に従事する者が家庭や職場を訪問して保険商品の需要を喚起し、それに応える形で契約することだと思われます。そこで、そもそも「保険募集」あるいは募集とはどのような行為をいい、その行為の結果としてどのような法的効果が生ずるのかが問題となります。

　保険業法2条26項は、「保険募集」を「保険契約の締結の代理又は媒介を行うこと」と定義づけています。すなわち募集主体となる者が、生命保険会社（所属保険会社。保険2条24項）のために、その代理人として行動する場合が「保険契約の締結の代理」であり、生命保険会社と契約者（顧客）との間に立って両者の間に保険契約が成立するよう尽力する（仲介する、斡旋する）場合が「保険契約の締結の媒介」ということです。

　したがって、顧客に接触する募集人が特定の（あるいは複数の）生命保険会社から代理権を与えられている者である場合には、顧客の意思表示（申込の意思表示）と生命保険会社の代理人としての意思表示（承諾の意思表示）が合致するとその生命保険会社との間に生命保険契約は成立することになります（民99条）。それに対して、媒介を行うにすぎない募集人との間で顧客が

いくら意思表示を交換しても契約は成立することはありません。その点から、顧客にとってこの者は生命保険会社から代理権を与えられている代理人として「保険募集」を行っているのか、それとも単に媒介行為をする者として「保険募集」を行っている者なのか注意をする必要があります。そこで、保険業法は保険募集を行おうとする者は顧客に対して、自己が保険会社の代理人として保険契約を締結するのか、または保険契約の締結を媒介するのかの別を明示することを要求しています（保険294条）。

2　生命保険契約の募集

　生命保険契約の募集の場合には損害保険契約の場合と異なり、その募集人（生命保険募集人。保険2条19項）に対して生命保険会社は保険契約締結の代理権を与えていることはないといわれています。それは、生命保険契約の被保険者となる者について高度な医学的専門的知識や審査が必要であり、顧客と接している募集人との間で直ちに生命保険契約を成立させるわけにはいかないからです。したがって、生命保険募集人の多くは、「保険契約の締結の媒介」という募集に従事する者が多いといえます。「保険契約の締結の媒介」は、生命保険募集人が顧客になりそうな人を探し出し、当該顧客に対して一般的な生命保険契約の必要性を説き申込みを行わせるような状況を作り出すまでの行為、すなわち「間接的媒介行為」から、具体的な契約内容の説明をして顧客に契約申込書に必要事項を記載させ、第1回保険料に充当する金銭とともに、所属保険会社に提出するような「直接的媒介行為」も含まれる広い概念として捉えられています（生命保険契約の締結に至るまでの媒介行為をしないで、単に顧客を生命保険会社または募集人に紹介するだけの、いわゆる「紹介代理店」も存在するようですが、これも広い意味で媒介行為に含めて考えることができます）。

　また、生命保険募集人には、保険契約者等の告知（商678条）を受領する権限や保険料の領収権限も当然には与えられていません。ただし、生命保険商品の多様化の中で、いわゆる「無審査保険」が販売されていますから、個別の商品については募集人に契約締結の代理権が与えられている場合もあるでしょう。

3 質問の回答

　以上説明してきましたように、「保険募集」といってもその行為主体である生命保険募集人がその所属保険会社から保険契約の代理権を与えられている場合と、そうではない単なる媒介行為を行う者である場合とでは、発生する法的効果には大きな違いがあるため、顧客になる場合にはその点を注意する必要があります。生命保険契約は、募集人の勧誘行為（申込みの誘因）に促されて生命保険申込書に必要事項を記入し、第1回保険料相当額を添えて募集人に渡したとしても、通常それだけでは当該生命保険契約が成立したとはいえません。その後、募集人が所属保険会社に提出した申込書類ならびに被保険者となる者の審査を経て、その生命保険会社が承諾の意思表示をして、はじめて契約が成立することになるのです（承諾前死亡の問題［⇨22］）。

（梅津昭彦）

14 生命保険募集人の種類と権限

生命保険の募集行為ができるのは誰か

> **Q** 私は生命保険の営業の仕事をしたいと考えているのですが、どうすればいいのでしょうか。また、生命保険の募集ができるようになった場合、どのような権限が与えられるのでしょうか。

1 生命保険募集人の種類

　保険業法では、保険契約者の利益を侵害する不適切な勧誘等が行われることを防止するために、保険募集を行うことができる主体を限定し、それらの者以外が保険募集を行うこと等を禁止しています（保険275条）。その中で、所属保険会社である生命保険会社のために保険契約の締結の代理または媒介を行うものを生命保険募集人といいます。この生命保険募集人の種類は、主に以下に掲げる者になります。

① 生命保険会社の役員

　生命保険会社の役員のうち、代表権を有する役員と監査役・監査委員会の委員（以下、監査委員）は除かれます。これは、代表権を有する役員が勧誘等を行った場合、その行為が保険契約の締結行為そのものであり、保険契約の締結の代理または媒介ではないと解されているからです。また、監査役・監査委員については、それらが会計の監査を含む業務全般の監査を行う立場であるため、その職務の性格上、生命保険募集人になることは好ましくないと考えられるためです。

② 生命保険会社の使用人

　生命保険会社の使用人とは、生命保険会社と雇用関係があり、その指揮監

督下において生命保険の募集を行う者のことをいいます。いわゆる「内勤職員」や「営業職員」といわれるものがこれに該当します。

③ 生命保険会社から募集の委託を受けた者

生命保険会社のために保険契約の締結の代理または媒介を行うことの委託契約を所属保険会社と締結している者のことをいいます。いわゆる「代理店」といわれるものがこれに該当します。代理店の中には専業で行っているところもあれば、金融機関等のように兼業で行っているところもあります。

④ 生命保険会社から募集の委託を受けた者の役員および使用人

①と同様に、代表権を有する役員と監査役・監査委員は除かれます。監査役・監査委員については①と同じ理由で除かれていますが、代表権を有する役員については、その行為が保険会社から委託を受けた者の募集行為そのものと解されるため、③に含まれると考えられるからです。

なお、生命保険募集人が募集行為を行うためには、内閣総理大臣の登録を受けなければなりません（保険276条）。

2 生命保険募集人の権限

生命保険募集人は、保険契約の締結を代理する権限または保険契約の締結を媒介する権限のいずれかを有しています。保険契約の締結の媒介とは、所属保険会社のために保険契約の成立に尽力することであり、保険契約を締結することはできません。このように、両者には契約の締結権限等の有無に違いがあるため、明示しなければ生命保険募集人の権限を誤認させる可能性があるため、生命保険募集人が生命保険の募集行為を行うときは、顧客に対して、自分が保険会社の代理人として保険契約を締結するのか、保険契約の締結を媒介するのかの権限を明示しなければならないとされています（保険294条）。なお、基本的に生命保険の引受けには医学的な判断等が必要なため、生命保険募集人は保険契約の締結を媒介する権限のみを有しているのが現状です。

また、生命保険契約の締結に関連する権限として告知の受領権がありますが、保険契約の締結の代理権と同様に、現状では生命保険募集人に付与されておりません。

3 質問の回答

　生命保険の営業の仕事をしようとする場合は、生命保険会社の使用人（生命保険会社の内勤職員、営業職員）、生命保険会社から募集の委託を受けた者（代理店）、生命保険会社から募集の委託を受けた者の使用人（代理人の使用人）のいずれかになることが一般的です。もし、生命保険募集人以外が募集行為を行った場合、1年以下の懲役もしくは100万円以下の罰金に処せられ、または併科されることになりますので注意が必要です（保険317条の2第2号）。

（稲尾行宣）

15

募集主体規制
（金融機関による生命保険の募集）

金融機関が募集する場合、どのような規制があるか

> **Q** 銀行に融資を申込みに行きました。その際に融資の条件として生命保険への加入を求められました。加入しなければいけないのでしょうか。

1 保険業法上の位置づけ（弊害防止措置）

　保険業法では、銀行等の金融機関注は「保険契約者等の保護に欠けるおそれが少ない場合」にかぎり保険募集を行うことができるとされています（保険275条）。この考え方に従って、必要な弊害防止措置が講じられながら、順次、取扱商品の拡大が進められてきました。
　銀行等による保険募集には、利用者がアクセスできる保険商品の選択肢が

取扱商品の拡大（主なもの）

解禁時期	生命保険分野	損害保険分野
13年4月	・住宅ローン関連の信用生命保険	・住宅ローン関連の長期火災保険 ・債務返済支援保険 ・海外旅行傷害保険
14年10月	・個人年金保険 ・財形保険	・年金払積立傷害保険 ・財形傷害保険
17年12月	・一時払終身保険 ・保険期間10年以下の平準払養老保険（個人向け） ・一時払養老保険	・自動車保険以外の個人向け損害保険（団体契約等ではないものまたは積立保険） ・積立傷害保険
19年12月 （予定）	・すべての保険契約（弊害防止措置の実効性等に関する検証において、保険契約者等の保護の観点から問題がないと判断されることが前提条件）	

増え、利用者利便の向上につながるというメリットがある反面、融資先等に対し強い影響力を背景として圧力販売（優越的地位の濫用等）が発生するおそれや、強い販売力により保険会社の引受リスクを超えた過度な募集が行われるおそれ等、慎重に考慮すべき点があるといわれています（16年3月の金融審議会第二部会報告等）。とくに、17年2月以後に解禁される保障性の高い保険商品については、平成14年10月に解禁された個人年金等（貯蓄性または投資性商品と呼ばれる）と違い、不適切な販売が発生した際に、改めて他の保険商品に加入し直す等の救済が困難である場合があります（再加入困難性）。こうした事情から、平成17年12月、以下のような新たな弊害防止措置が設けられました。

注　銀行、信用金庫、労働金庫、信用協同組合、信用事業を行う農業協同組合等を指す（保険令38条）。

新たに設けられた弊害防止措置（主なもの）

●保障性商品（平成17年以後追加解禁されるもの）が対象
　①　事業資金の融資先への保険募集制限
　銀行等は、原則、事業資金の融資先である法人とその代表者、事業資金の融資先である個人、事業資金の融資先である小規模事業者（原則従業員数50人以下）の役員と従業員に対する保険募集を行ってはならない（保険規211条3項1号）。
　②　融資業務担当者の分離
　銀行等は、事業資金の融資業務を行う使用人が保険募集を行わないことを確保するための措置を講じなければならない（同項3号）。
　③抱き合わせ販売の禁止（の明確化）
　銀行等は、顧客が自行に融資の申し込みをしていることを知りながらその顧客に対して保険募集を行ってはならない（同規234条1項10号）。

●全商品が対象
　①　銀行等の保険募集指針
　銀行等は、販売責任の明示等に関する指針を定めて公表しなければならない（同211条2項2号）。
　②　法令順守責任者等の設置
　銀行等は、保険募集に係る法令等の遵守を確保するために営業所ごとに責任者を設置する等しなければならない（同項3号）。

2　独占禁止法上の位置づけ（公正取引委員会の指針）

　銀行による保険販売については、公正取引委員会も「不公正な取引方法」の禁止（独禁19条）の観点からチェックを強化しています。平成16年12月に公表された指針（「金融機関の業態区分の緩和及び業務範囲の拡大に伴う不公正な取引方法について」）では、たとえば、銀行等が融資先企業に対して「融資を取りやめる」旨を示唆すること等により保険申込みを事実上余儀なくさせることや、融資を行うにあたり保険加入の申込みを行うことを要請しこれに従うことを事実上余儀なくさせること等の行為が、取引強制、優越的地位の濫用、抱き合わせ販売等の観点から独占禁止法上問題となる旨が示されています。

3　質問の回答

　銀行が融資の条件として生保の加入を要求することは、保険業法や独占禁止法で禁止されている抱き合わせ販売等に該当する可能性がありますので、こうした要求に応じる必要はありません。

（竹内章二）

16 保険仲立人

保険仲立人と生命保険募集人の違いは何か

> **Q** 私は生命保険への加入を考えていましたが、生命保険会社もたくさんあり、また生命保険商品も多様で、私にあった商品を決めかねていました。そこで、複数の生命保険会社の商品を扱う代理店があると聞きましたので、その方に相談したところ、A社のBという商品を勧められたので申込みをしました。ところが後日よく調べてみましたら、この商品は私にはまったくメリットがありませんでした。納得できないので解約したいのですが、どうすればいいでしょうか。

1 保険仲立人の法的地位

　保険仲立人とは、「保険契約の締結の媒介であって生命保険募集人、損害保険募集人及び少額短期保険募集人がその所属保険会社のために行う保険契約の締結の媒介以外のものを行う者」（保険2条25項）をいいます。それに対し生命保険募集人とは、生命保険会社の代表権をもたない役員、使用人、生命保険会社から委託を受けた者で、その生命保険会社のために保険契約の締結の代理または媒介を行うものですから（同条19項）、保険仲立人は、生命保険募集人のように所属保険会社（同条24項）がなく、特定の生命保険会社に従属する者でもなく、保険会社と顧客との間に立って生命保険契約が成立するよう尽力する独立の商人です（商543条）。保険仲立人は、諸外国で一般に「保険ブローカー」と呼ばれている者に近い存在ですが、平成7年成立の保険業法の改正議論の中で、販売経路の多様化という点と、顧客にとって複

雑な商品である保険契約を締結する際に、顧客の利益に立った募集主体の存在が保険契約者の保護にも資するという観点から導入された制度です。保険仲立人は保険契約の締結の媒介を行うものにすぎませんから、生命保険契約の締結代理権や保険料の領収権限を有するものではありません。上記の保険仲立人の定義規定にありますように、保険仲立人の行う保険契約の締結の媒介は生命保険募集人が行う保険契約の締結の媒介以外の媒介ですから、保険仲立人に媒介の委任をするのは顧客ということになります。

2 保険仲立人と顧客との関係

　保険仲立人は、生命保険会社と顧客との間で中立的な立場にあって、複数の生命保険会社の多様な生命保険商品の中から、当該顧客にとって最も適切な生命保険契約を選択し、両者の間で契約が成立するよう尽力することが求められています。そのことを保険業法は、「保険仲立人は、顧客のために誠実に保険契約の締結の媒介を行わなければならない」と規定し（保険299条）、それは保険仲立人の誠実義務、あるいはベストアドバイスルールと呼ばれています。具体的には、その業務の遂行および保険会社の選択にあたって、顧客の目的財産の状況等を考慮して、自己が知りうる保険商品の中から顧客にとり最も適切と考えられるものを、理由を明らかにしてアドバイスすることが求められています。また、保険仲立人は、自己の職務から得る手数料等の多寡によりサービスの質を変えてはならないことも要請されます（金融庁「保険会社向けの総合的な監督指針」）。

　また、生命保険契約を締結しようとする場合、私たち一般契約者にとって目の前の募集人がどのような法的地位を有する者かがわからない場合があります。そこで保険仲立人は、保険契約の締結の媒介を行おうとするときには、顧客に対してつぎの事項を記載した書面を交付しなければなりません（同法296条）。それは、①保険仲立人の商号、名称または氏名および住所、②保険仲立人の権限に関する事項、③保険仲立人の損害賠償に関する事項、④その他内閣府令で定める事項です。また、保険仲立人の法的地位について商法上の仲立人（商543条）であるとの理解に立つと、結約書（同法546条）を当事者に交付した後にその報酬を当事者双方に平分して請求することができますが（同法550条）、保険契約の締結の媒介に関する手数料は顧客に請求してはならず、保険会社がこれを負担することになっています。さらに、保険仲立

人は、顧客から求められた場合には、保険契約の締結の媒介に関して受け取る手数料等の対価の額を明らかにする必要があります（保険297条）。このように保険仲立人は保険会社から手数料等の支払いを受け顧客側から何らの対価を得ることもないのが原則となっているにもかかわらず、顧客に対して誠実義務を負うことが特徴的です。また、保険仲立人は所属保険会社をもたないことから、保険仲立人が顧客にその媒介に際して損害を与えた場合には、保険仲立人自らがその賠償の責任を負わなければなりません。そこで、その責任を担保するために、保険仲立人は保証金の供託をし、保険仲立人賠償責任保険契約を締結しなければなりません（同法291条・292条）。

3　質問の回答

　以上のように、保険仲立人と生命保険募集人ではその法的地位の違いと期待されている機能が違います。ただし、生命保険の分野、とりわけ家計保険については保険仲立人が活躍することは多くありません。現在は、質問のように複数の生命保険会社を所属保険会社とするいわゆる「乗合代理店」があり（保険282条3項）、この「乗合代理店」が複数の生命保険会社の複数の生命保険商品の中から顧客が自己に適した商品を選択するという機能を担っているといえます。

　そこで、締結した生命保険に納得できなければ、クーリングオフ期間（保険契約の申込みの撤回等に関する事項を記載した書面を交付された場合には、その交付された日と申込みをした日のいずれか遅い日から8日まで）にその申込みを撤回することができます（同法309条。ただし、申込者等が保険会社または生命保険募集人の営業所、事務所その他の場所において契約の申込みをした場合等を除きます。同条1項6号、保険令45条）。あるいは、錯誤による契約の無効を主張するとともに（民95条）、生命保険募集人である代理店が自己に適さない生命保険を勧めた、あるいは十分な説明を受けずに契約を締結させられたことを理由に、それまでに支払った保険料相当額を損害として、所属保険会社に賠償請求することが考えられます（保険283条）。

（梅津昭彦）

17 募集行為規制

どのような募集行為が禁止行為とされるか

Q 先日、知り合いである生命保険会社の募集人をやっている人から保険への加入を勧められたのですが、その際にその生命保険商品がどんなときでも給付金が受けられ、他の会社の商品よりとても優れていることなど説明を受けました。そして、今なら第1回目の保険料をその人が立て替えてあげるので是非入ってほしいといわれました。このようなことは許されているのでしょうか。

1 保険業法に基づく禁止行為規制の趣旨

　保険の募集行為は、現行の保険業法の前身である「保険募集の取締に関する法律」によって規制されました。当時は、生命保険会社の募集体制ないしその組織の未発達状態を背景に、不当な募集行為が横行し保険会社間の過当競争を招いていたため、その規制の重点は文字通り取締り、あるいは不正競争の防止に置かれていました。しかし現在では、生命保険会社の募集体制がしっかり確立され、管理体制の整備が行われました。また、生命保険商品の多様化に伴い、保険契約者等に対する積極的な情報提供の要請ならびに生命保険会社間の自由競争の促進と、保険契約者等の保護とのバランスを考慮した規制が現行保険業法の募集行為規制の主眼となっているといえます。

　そこで以下では、保険業法300条1項各号が禁止している募集行為をみていくこととします。

2　各禁止規定の内容

1　保険契約者又は被保険者に対して、虚偽のことを告げ、又は保険契約の契約条項のうち重要な事項を告げない行為

　まず、募集人が顧客に対して虚偽のことを告げる行為は、一般に「不正話法」といわれます。不正話法にあたる例として、①保険料の払込み5年後にはいつでも自由に満期にして、払込み保険料の全額の払戻しを受けられる旨の虚偽の事実を告げ募集行為を行ったもの【東京高判昭和29・2・22高刑7・2・144】、②契約を締結したならば融資が受けられる旨を説明し募集行為を行ったもの【東京高判昭和38・11・5生命保険協会会報45・1・80】があります。また最近の判決例の中に③「3年たったら元本割れしない」との虚偽の事実を告げて募集行為を行った事例もあります【奈良地判平成11・4・26金商1070・34】。

　また契約条項のうち重要な事項を告げない行為も禁止されますが、告げなければならない「重要な事項」とは、一般に、顧客が保険契約の締結の際に合理的判断に影響を及ぼす事項をいい、「重要な事項」に該当するかどうかは生命保険の種類によって判断されると思われます。たとえば、保険料や保険金に関する事項、告知義務に関する事項、そしていわゆる免責条項などが重要事項にあたります。最近の裁判例として（損害保険契約ですが）は、①任意自動車保険における「26歳未満不担保特約条項」について【東京高判平成3・6・6判夕767・236】、②ドライバー保険における同居の親族から借りた自動車の運転に起因する賠償責任には適用がない旨の免責条項について【東京地判平成4・10・27金商941・26】は、その保険の適用範囲を著しく制限するものとして「重要な事項」であると認めた事例があります。

　したがって、生命保険契約ではとくに各種約款所定の保険者免責事由を告げないで募集行為を行うことが禁止されると考えられます（なお、変額保険の募集時における説明義務の問題もこの禁止規定に該当する場合があるが、それとの関係は［⇨18］）。

2　保険契約者又は被保険者が保険会社等又は外国保険会社等に対して重要な事項につき虚偽のことを告げることを勧める行為

3　保険契約者又は被保険者が保険会社等又は外国保険会社等に対して重要な事実を告げるのを妨げ、又は告げないことを勧める行為

以上2、3は、顧客（保険契約者）が告知義務を履行することを妨げる行為です。

保険契約者は、保険会社が保険事故（被保険者の生死）の危険率を測定し当該契約の申込みを承諾するか否かについて合理的に判断するうえで影響を与える事実について保険会社に告知しなければなりません。このような告知義務に違反した場合、保険会社は契約を解除し、保険金受取人が保険金を受領することができなくなることがあります（商678条）。そのような不利益を保険契約者（保険金受取人）が受ける可能性がある行為、すなわち、そのような告知義務違反を勧めるような行為を行うことが禁止されます。たとえば、最近の事例として、被保険者となる者に病歴入院歴があるにもかかわらず、それを告知しないように促した場合がこれに該当します【大阪高判平成16・12・15保険事例研究会レポート202・1】。

4 　保険契約者又は被保険者に対して、不利益となるべき事実を告げずに、既に成立している保険契約を消滅させて新たな保険契約の申込みをさせ、又は新たな保険契約の申込みをさせて既に成立している保険契約を消滅させる行為

生命保険契約の乗換募集については、それが保険契約者の利益に合致する場合にまで、あるいは乗り換える内容について契約者に十分な理解認識がある場合にまで絶対的に禁止する必要はありません。そのため「不利益となるべき事実を告げずに」乗換えを勧めるような行為が禁止されます。たとえば現在の契約を消滅させることにより配当請求権を失うことや、被保険者の健康状態の如何によっては新たな生命保険契約が締結できなくなるおそれがあること、あるいは新契約では補償範囲は広がるがその分保険料負担が増えるなどを説明せずに乗換募集を行うことがこの禁止規定に該当します。

5 　保険契約者又は被保険者に対して、保険料の割引、割戻しその他特別の利益の提供を約し、又は提供する行為

保険料の割引ないし割戻しが事業方法書等（保険4条2項）に基づいて行われる場合には問題となりませんが（たとえば、団体扱いの生命保険の保険料設定）、特定の顧客に対してのみ行われるならば平等原則に反し、また保険会社の公正な競争を害するものとして禁止されます。その他特別の利益の提供とは、たとえば、一定額以上の契約者に金品の提供をなすこと、保険料の立替え払いを行うこと、融資を条件とすることがそれに該当する場合も考え

られます。ただし、生命保険契約の締結に際して少額の物品を顧客に提供する行為は、この禁止規定の趣旨から、また一般に是認される取引慣行ないし社会常識の範囲を考慮して、この禁止規定にはあてはまらないといえます。

6 保険契約者若しくは被保険者又は不特定の者に対して、一の保険契約の契約内容につき他の保険契約の契約内容と比較した事項であって誤解させるおそれのあるものを告げ、又は表示する行為

顧客にとって、自己にとり適切な生命保険契約はなにかを検討するに際して、多数の生命保険商品を比較検討することは賢明な消費者の行う行動として合理的であると考えられます。募集行為においても的確適切な商品比較は必要なことであり、顧客に対する情報提供の点からも有益であるともいえます。しかしながら、それが客観的な数値に基づくものでない場合、あるいは自己の推奨する生命保険商品がその他の商品または他の保険会社の商品より有利であることのみを強調し、不利な部分を隠すような一部比較が行われるときには、顧客の冷静な判断を誤らせる結果となり好ましくありません。そこで、保険業法は、比較情報の提供に際しては顧客に対して誤解させるおそれのあるものを告げる行為ないし表示する行為を禁止しています。たとえば、他の生命保険会社の商品等との比較を行う場合には、保険期間、免責事由を含めた保険内容、保険金額、保険料の額等を、書面等を用いて、正確に示すことが求められています。

7 保険契約者若しくは被保険者又は不特定の者に対して、将来における契約者配当又は社員に対する剰余金の分配その他将来における金額が不確実な事項として内閣府令で定めるものについて、断定的判断を示し、又は確実であると誤解させるおそれのあることを告げ、若しくは表示する行為

生命保険契約は一般に長期の契約として、その契約者配当または社員に対する剰余金分配は顧客の関心の対象となっています。しかしながら、それらの金額は契約締結時にはその後の生命保険会社の資産運用実績による将来の出来事であって確定していないという性格を有しています。したがって、募集時に定まっているものではありません。そこで、顧客に対しそれらについての断定的判断を示したり、確実であると誤解させるようなことが禁止されています。配当等の仕組みや計算方法を明示し、あくまで予想配当額であること、あるいは配当がまったくない場合もあることを表示するよう要請され

ています。

3　質問の回答

　生命保険の募集人が募集行為を行う際には、上記**2**のような行為が禁止されていますが、実際に募集人は、口頭や書面（パンフレット、ご契約のしおり）でさまざまな情報を提供してきます。契約の際は、募集人が提供する情報のうち、その商品の（または保険契約者等にとって）有利な点にのみ捉われずに、不利な点をも客観的に総合的に判断する必要があります。したがって、質問のように募集人が保険金が支払われない場合（免責事由）を告げない場合、あるいは客観的な数値に基づかない比較情報を提供するなどの場合には、保険業法上の禁止規定に違反しているため契約を締結すると思わぬ事態に至ることがあります（募集人が禁止規定に違反し保険契約者等が損害を被った場合については［⇨**19**］）。また、募集人が保険料を立て替える行為も「特別の利益」の提供に該当し許されていません。生命保険契約の締結に際して疑問に思った点、あいまいな部分についてはこちらから積極的に募集人に対して問いかけることも必要でしょう。

（梅津昭彦）

18

生命保険募集と適合性

生命保険募集に適合性の原則は適用されるか

> **Q** 夫は、変額保険の勧誘を受け、銀行から融資を受け保険料を一括で支払う形で加入しました。ところが、支払った保険料よりも低い額でしか保険金が支払われず、多額の負債を抱えることになってしまいました。保険会社にこの損害の賠償を求めることはできますか。

1　投資性金融商品としての生命保険

　生命保険には、遺族の生活保障に重点を置いたものばかりでなく、貯蓄や積極的な資産運用を目的とした投資性の高い商品があります。代表的なものに、変額型の終身保険や定期保険、個人年金といったいわゆる変額保険（年金）があります。変額保険は、一般的な定額の生命保険とは異なり、保険料の中から保険料積立金を特別勘定として運用し、その運用実績によって保険の給付額が変動します。つまり、運用成績がよければ高利率・高収益が期待できますが、その反面、運用成績が悪いと保険の給付額や解約返戻金が払い込んだ保険料の額を下回ることになるという、ハイリスク・ハイリターンの性質を有しています（ただし、死亡保険金については最低保証があります）。

　そのため、変額保険の募集については、旧大蔵省の行政指導や生命保険協会の自主規制により、変額保険の販売にあたる募集人の資格が制限されるとともに、変額保険の販売にあたって断定的判断の提供や恣意的な将来予測等の禁止行為が定められました（昭和61・7・10蔵銀1933号通達）。しかしながら、変額保険のもつ投資リスクが顧客に十分に理解されないままに勧誘・販売された結果、いわゆるバブル崩壊によって多数の顧客に多額の損害が発生

し、多数の訴訟が提起されるに至りました。とくに深刻な問題を発生させたのが、質問のケースのように銀行の融資を受けて加入する、融資一体型の変額保険です。

2 保険募集における適合性原則

　証券取引法の分野では、投資リスクの高い金融商品の勧誘・販売等にあたって、顧客の知識や投資経験、財産状態、投資目的等に照らしてその取引が適合しているかを十分に配慮しなければならないという、いわゆる適合性原則が確立されています（証取43条）。変額保険は、証券取引法の定義する「有価証券」には該当しませんが、投資信託に類似する投資リスクを有しているわけですから、同様の規制に服するのが望ましいといえます。また他方で、金融商品販売法では、適合性原則について勧誘や販売方法の適正化を図るための勧誘方針を作成し公表しなければならないとしています（金販8条）。なお、証券取引法等を改正する金融商品取引法（いわゆる「投資サービス法」）では、変額保険も投資リスクのある金融商品として、同様の規制に服することになります。また同法は、適合性原則を証券取引法と同様の規範として位置づけていますが、いわゆる適合性レターについては法制化が見送られています。

　適合性原則は、一般に、ある特定の顧客に対してはどんなに説明を尽しても一定の商品の販売・勧誘を行ってはならないという狭義の適合性原則と、販売業者は利用者の知識・経験・財産力・投資目的等に適合した形で販売・勧誘を行わなければならないという広義の適合性原則の2つの意味があります（金融審議会第一部会「中間整理（第一次）（平成11年7月6日）」）。保険商品の募集・勧誘においても、このような観点から顧客保護を図る必要がありますが、投資性・貯蓄性保険商品と保障性保険商品とでは加入目的やリスクの内容が異なることから、保険商品の募集・勧誘における適合性原則の意義や適用範囲は必ずしも明確ではないのが実情です。そこで、金融庁では、保険加入者保護の観点から適合性原則を明確化するために事務ガイドラインの改正が進められており、とくに顧客の需要・ニーズや推奨の理由等が記載された「意向確認書面」（顧客カード）を作成し、顧客に交付することによって、顧客が選択した保険商品が自己のニーズに合致しているかどうかを契約締結前に確認できるようにする仕組みを導入することなどが検討されています

（金融庁・保険商品の販売勧誘のあり方に関する検討チーム「中間論点整理（平成18年3月1日）」）。

なお、保険仲立人は、「顧客のため誠実に保険契約の媒介を行わなければならない」（保険299条）とする規定を根拠に、顧客から得た情報をもとに、取り扱うことのできる商品の中で顧客のニーズに最も適する商品を推奨するという、いわゆるベスト・アドバイス義務を負うと解されています。

それでは、適合性原則に違反して投資性保険商品を勧誘・販売した場合に、保険会社に対して損害賠償を請求できるのでしょうか。先に挙げた証券取引法や金融商品販売法の規定は、コンプライアンスや行政による指導の根拠にすぎず、保険会社の民事責任を定めたものではありません。裁判例においても、適合性原則の違反のみを根拠に損害賠償請求を認めた事例は見あたりませんが、説明義務違反を判定する際の一要素として、顧客の投資に関する知識や経験、財産状態等の顧客の状況やニーズに合致した説明が行われたかを考慮した事例が散見されます（【東京高判平成8・1・30判時1580・111】等）。

3 質問の回答

質問のケースのように、銀行からの融資金を保険料の払込みに充てる形で変額保険に加入したというケースでは、変額保険自体のリスクだけでなく、融資の返済が困難となるリスクも存在します。そのため、顧客である保険契約者の属性（知識や経験、財産状態等）に応じた説明が十分に果たされているかという視点から、勧誘行為が不当であると評価される場合には、保険募集人の不法行為として保険会社に対する損害賠償請求が可能であると考えられます（保険283条1項、民715条1項）。また、銀行の営業担当者も不当な勧誘の一端を担っている場合には、銀行の責任が認められる場合もあります。

（遠山　聡）

19

所属保険会社の損害賠償責任

募集人が損害を与えた場合に所属保険会社はどのような責任を負うか

> **Q** 生命保険加入の際、夫は、営業職員に強く勧められて通院治療していることを診査医に告知しませんでした。しかし、夫が先日病気で死亡したので生命保険金を請求したところ、不実告知を理由に支払いを拒絶されました。生命保険金を受け取ることはできないのでしょうか。

1　保険募集人の不法行為

　保険業法300条1項は、保険契約者の保護や保険募集の公正等を図るために、保険募集人の禁止行為を定めています。保険募集の競争が激化すると、場合によっては営業職員が保険契約者を誤解させて保険契約の締結へと導き、保険契約者が思わぬ損害を被るおそれがあるためです。保険契約者に損害を与えるおそれのある保険業法違反として、重要事項に関する不告知および不実告知（保険300条1項1号）や重要事項の説明義務違反（同法100条の2、保険規53条）、加入者に告知義務違反を勧める行為（保険300条1項2号・3号）、不当な乗換募集（同項4号）、誤解させるおそれのある比較広告（同項6号）、不確実な予想配当表示（同項7号）、その他契約者の判断に重要な事項について誤解させるおそれのあることを告げる行為（同項9号、保険規243条）などがあります。

　これらの違反により直ちに不法行為が成立するわけではありませんが、一般にはその要件となる違法性の重要な判断要素となります。これは消費者契約法に定める不当な勧誘行為（不実告知や断定的判断の提供、監禁等）により消費者である顧客に取消権が認められるような場合も同様で、不法行為とし

て被った損害を賠償請求できるかどうかは、その勧誘行為を具体的に検討して判断されます。

なお、投資性の高い保険商品につき、市場リスク等、元本欠損のおそれがあることを十分に説明しないときは、金融商品販売法に基づく損害賠償責任が生じます［⇨18］。

2 所属保険会社の損害賠償責任

保険募集人が保険募集につき保険契約者に損害を与えたときは、所属保険会社もその損害を賠償する責任を負います（保険283条1項、旧保険募集の取締に関する法律11条1項）。この規定の趣旨は、所属保険会社と保険募集人との関係が雇用関係であるか、委任関係（会社役員の任用関係、代理店委託契約上の関係等）であるかに関係なく、広く所属保険会社の責任を認めることで、保険契約者の保護を図るとともに、保険募集人である営業職員や代理店に対する教育指導の充実を図ることにあります。保険会社と雇用関係にある営業職員による不法行為であるケースであれば、この規定のほか使用者責任を定める民法715条1項に基づく請求も可能です（通説【神戸地判昭和26・2・21下民集2・2・245】）。

これに対して、所属保険会社が保険募集人の選任、雇用、ならびに委託について相当の注意をし、かつ保険募集につき保険契約者に加えた損害の発生に努めていたときは、所属保険会社の免責が認められ、損害賠償を請求できません（保険283条2項）。また、保険契約者の損害賠償請求権は、被害者である保険契約者が損害および責任を負うべき所属保険会社を知ったときから3年、保険募集人の不法行為のときから20年をそれぞれ経過したときは、損害賠償請求権が時効により消滅します（同条4項）。また、この所属保険会社の責任は、「募集行為につき」行われた不法行為である場合に限られますので、契約締結後に生じた信義則上の義務等の違反については所属保険会社の責任は発生しません【東京地判平成6・3・11判時1509・139】。

なお、保険契約者にその賠償責任を履行した所属保険会社は、それによる損失を直接その損害を生じさせた保険募集人に対して求償することができます（同条3項）。

3 質問の回答

　告知義務違反を勧める行為は保険業法違反にあたり、具体的な事情によっては不法行為責任が生じます。保険募集人である営業職員の不法行為責任が認められる場合には、さらに保険業法283条1項あるいは民法715条1項に基づいて、所属保険会社の責任を追求することができます。したがって、質問のケースでは、生命保険金の給付ではなく、損害の賠償を請求することになります。なお、告知義務違反の事実、つまり通院治療を行っていたことを営業職員は知っていたわけですから（営業職員には告知受領権はありませんが）、これを保険会社が知らないことに過失があるとして、告知義務違反による契約の解除ができないと考えられる場合もあります【岡山地判平成9・10・28生命保険判例集9・467】。この場合には、生命保険金の給付を求めることができます。

（遠山　聡）

第3章 生命保険の加入

20

生命保険の加入方法

生命保険に加入するにはどのような方法があるか

Q 私は、生命保険に加入しようと考えています。生命保険に加入するには、どのような方法がありますか。また、インターネットを利用して、生命保険に加入することも考えていますが、そのようなことは可能でしょうか。

1 生命保険の加入方法

　近年、生命保険商品の販売手法が多様化してきており、保険加入方法も多様化しています。具体的には、つぎのような方法で、生命保険に加入することができます（生命保険新実務講座3巻239頁以下参照）。
　①　生命保険会社の直接販売手法である営業職員から勧誘を受けるなどの形で、保険に加入するという方法です。この営業職員を通じた保険加入は、最も広く行われている方法です。
　②　生命保険会社の間接販売手法である代理店を通じて、生命保険に加入する方法です。生命保険代理店には、募集代理店と紹介代理店とがありますが、前者は、登録を要する生命保険募集人のうち、生命保険会社の委託を受けて、その生命保険会社のために保険募集を行うものです（保険2条19項）。これに対し、後者の紹介代理店は、単に、生命保険の加入見込客を営業職員等に紹介するだけのもので、生命保険募集人ではありません。
　③　生命保険会社の店頭で直接に保険加入の申込みを行う方法です。これも直接販売手法を通じた保険加入の一方法ですが、保険加入者が直接に生命保険会社の営業窓口におもむき、保険加入の申込みをしたうえで、契約締結に至るという点において特徴があります。もっとも、近時は、生命保険会社

の自社営業店舗のほか、デパートやスーパーなどに生命保険コーナーを設け、生命保険商品を販売するという形態も多く現れてきています。

④　通信販売を利用することもできます。通信販売とは、一般的に、新聞や雑誌、ダイレクトメールなどをツールとして保険商品の広告を行い、その広告に添付された申込書または資料請求により送付された申込書により、保険加入の申込みを行う方法です。通信販売においては、保険募集人による商品説明や加入時の面接等は行われず、加入者自身が商品広告の内容等に基づいて加入決定を行う点で、他の加入方法と異なる特徴を有します。この通信販売方式も、近時増加する傾向にありますが、告知義務やモラルリスクの排除といった問題があることから、加入できる保険金額などに制限が設けられるのが一般的です。

⑤　以上のほか、銀行または保険仲立人を通じて生命保険に加入する方法もあります。これらの方法については、詳しくは、[⇨**15・16**]を参照してください。

2　保険加入時の注意点

以上のように生命保険の加入方法には多様のものがありますが、保険加入の申込みに際しては、つぎのようなことに注意する必要があります。

第1に、生命保険契約は諾成・不要式契約ですが、申込みの内容などをめぐり紛争が生ずることを未然に防ぐために、通常は、保険加入者が保険会社の作成する保険契約申込書に必要事項を記載して、申込みをすることになります。

第2に、申込みは、通常、保険募集主体である生命保険募集人に対してなされます。しかし、生命保険募集人は、法律上、保険募集を行うことができるものの、具体的に、契約締結の代理権を有するかどうかは、当該生命保険募集人の所属する生命保険会社が決めることです。これは、保険加入者からの申込みに対し、これを承諾するかどうかの判断については、当該加入者の告知事項についての医的危険選択の判断や道徳的危険の防止のためのチェックなどが必要であることから、生命保険会社本社に承諾の可否を決定させたほうが妥当だと考えられているからです。ただ、そうすると、相手の生命保険募集人に契約締結の権限があるかどうかは、分かりにくいかもしれません。そこで、トラブルの未然の防止のために、生命保険募集人は保険募集の際に、

顧客に対し、その権限の有無について明示する義務が課されています（保険294条）。

第3に、保険加入者からの申込みに対して、生命保険会社は危険選択をする必要があります。このため、告知義務を履行しなければなりませんが、生命保険募集人はこの告知を受領する権限を保険会社から必ずしも与えられているわけではありません。これは、生命保険募集人に医的危険選択の能力が備わっていないと考えられているからです。生命保険募集人に告知受領権がないと、口頭で当該生命保険募集人に告知したとしても、適法な告知義務の履行にはなりませんので、注意が必要です。もっとも、保険加入者が生命保険募集人に告知した場合に、それが生命保険募集人の悪意または過失により保険会社側に伝達されないときは、保険会社は監督上の過失による責任を問われることがありえます（山下・保険法314頁）。

第4に、生命保険会社が保険契約の引受けに際し、被保険者の身体検査を行うのが通常です。すなわち、生命保険においては、被保険者について個別的な危険率の測定が必要ですので、有診査保険が原則です。この場合に、被保険者となるべき者の身体検査を行う診査医は、一般に告知受領権を有するとされていますので、診査医に対してなした告知はもちろん有効です。

3 電子取引による生命保険契約の加入

電子取引による生命保険契約の加入については、法律上、とくに制約がありませんので、インターネットを利用して生命保険に加入することは、もちろん可能です。

インターネットなどを通じて行われる電子保険取引には、契約の申込みから承諾までの全過程がネットを通じて行われる場合と、保険商品の情報提供だけがネットを通じて行われ、契約の申込み等は資料請求によって入手した申込書により通信販売等の伝統的な方法で行われる場合とがあります。伝統的な保険加入の方法に比べて、電子取引の場合には、消費者は、時間や場所を問わず保険サービスを受けることができること、保険商品の選択などの自由度が高まることなどの点において特徴があります。

もっとも、現在、ネットを通じて契約締結が行われているのは、自動車保険や旅行傷害保険などきわめて限られた分野の保険にとどまっており、生命保険の場合には、ネット上で定期保険などの保険商品の広告のみが行われて

いるケースが多いようです。

　なお、電子取引によって生命保険に加入する場合には、「電子消費者契約及び電子承諾通知に関する民法の特例に関する法律」の適用を受けることになります。

4　質問の回答

　以上のように、生命保険の加入方法としては、最も一般的である営業職員を通じた保険加入のほか、代理店を通じて、または直接に保険会社の店頭で加入する方法、通信販売による加入などがあります。さらに、商品の種類はまだそれほど多くはありませんが、インターネットを利用して加入するという方法も考えられます。

（潘　阿憲）

21

加入時の選択とモラルリスク対策

保険会社はモラルリスク対策にどのような制度を設けているか

> **Q** 先日、保険契約の締結を申し込んだところ、申込書に「契約内容登録制度、契約内容照会制度および支払査定時照会制度を…確認し、被保険者とともに了解しました」との誓約文言がありましたが、それらは、どのような制度でしょうか。

1　保険制度と危険選択

（1）　生命保険は、多数の人々が保険料を公平に負担し保障し合う制度です。そのため、その制度の中に健康状態のよくない人や、災害危険のとくに高い人が無条件で加入することになると加入者間の公平性が保たれなくなり、あるいは保険制度を悪用しようとする人が加入すると、保険制度の正しい運営ができなくなります。

したがって、加入の申込みがあっても、内容によっては謝絶したり、金額を制限したり、特別の条件^注をつけたりして契約を引き受けています［⇨**22**］。

このように、公平性を維持するために、被保険者の危険の度合いを正しく評価することを「契約の選択」といいます。

> 注　特別条件……保険会社が標準とする危険度を超えたものについては、特別条件を付して契約を締結している。危険の性質に応じ、主として３つの方法がある。
> 　ア　特別保険料領収法……全期間または一定期間特別（割増）保険料を徴収する方法
> 　イ　保険金削減法……危険の程度に応じ、一定期間内の死亡・高度障害について、保険金を削減して支払う方法
> 　ウ　特定部位不担保法……ある部位に発生した疾患が原因で入院、手術等をし

たときに、一定期間不担保（不払い）とする方法
いずれの方法の特別条件についても、契約者の承諾を得たうえで付加している。

(2) 「危険」という保険用語はいろいろな意味で使われますが、ここでは「保険の対象となる損害の可能性」をいいます。

被保険者の危険は、一般的に「実体的危険」と「道徳的危険」に分けられ、前者は、さらに「身体的危険」と「環境的危険」に分けることができます。

- 実体的危険……職業や既往症等、死亡率に直接影響を与える危険
    - ア、身体的危険……被保険者の身体、健康上の危険をいう。
    - イ、環境的危険……被保険者の生活環境全般に関する危険をいうが主として職業・業務内容を指す。
- 道徳的危険（モラルリスク）……被保険者集団の死亡率に影響すると考えられる精神的、心理的状態をいう。あるいは、保険を利用して不当な利益を得ようとする心理状態といえる。

2 選択方法

まず、保険会社は、保険契約者または被保険者に、自らの職業、健康状態、既往症、現症などについて告知していただくとともに、つぎのようないくつかの段階の選択手段を講じています。

契約選択の流れ

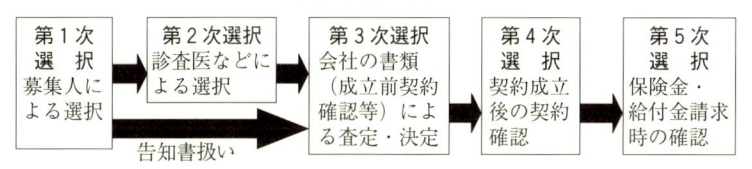

| 第1次選択 募集人による選択 | → | 第2次選択 診査医などによる選択 告知書扱い | → | 第3次選択 会社の書類（成立前契約確認等）による査定・決定 | → | 第4次選択 契約成立後の契約確認 | → | 第5次選択 保険金・給付金請求時の確認 |

① 第1次選択

被保険者に最も多く接し、彼らの状態を最もよく知っているのが保険募集人であることから、保険募集人が行う第1次選択はとりわけ重要で、保険契約者、被保険者に直接面接し、顔色、体格などを観察し、職業や職務内容などについて詳しく質問することが求められています。

② 第2次選択

その後、保険会社が行う選択手段としては、つぎのようなものがあります。

保険金額、年齢により、いずれの選択手段を採用するかは保険会社により定められています。

○告知書扱い……保険契約者、被保険者が記入した告知書のみによる選択
○報状扱い……ア、医師による診査……嘱託医または社医による診査後作成した報状による選択
　　　　　　　イ、生命保険面接士扱い……生命保険面接士が被保険者に面接し、告知書を読み上げて告知の有無と告知有りの場合の内容を確認し告知書に記入してもらうとともに、概観の観察を行うことによる選択
　　　　　　　ウ、健康管理証明書扱い……職場の健康管理証明者が定期健診簿等の健康管理書類からその内容を転記した証明書による選択
　　　　　　　エ、健康診断書扱い……職場や市区町村で受診した健康診断結果通知書、または人間ドックの成績表による選択

③　第5次選択

最後の選択手段としては、保険金・給付金等の支払時の選択です。保険事故発生後に、告知義務違反条項、免責条項該当可能性やモラルリスクの有無などについて、事実確認を行い、支払可否、契約存続可否を決定します。

3　契約内容登録制度・契約内容照会制度・支払査定時紹介制度の活用

(1)　契約内容登録制度

生命保険を利用し不正に保険金・給付金を得ようとする者の多くは複数の保険会社に加入することが往々にしてあるため、昭和55年から、生命保険協会加盟各社は、モラルリスク契約排除、とくに多重契約排除のため、保険加入の申込みを受けた時点でその内容を生命保険協会にある登録センターに登録し、あわせて他社の加入状況を照会し契約の引受けや保険金・給付金の支払可否の判断の際の参考としています［⇨8］。

(2)　契約内容照会制度

さらに、平成14年4月より、生命保険協会加盟各社とJA共済連（全国共済農業組合連合会）は、引受け・支払いの判断の参考とすべく、生命保険協会の契約内容登録制度に登録されている契約データとJA共済連の契約デー

を相互に照会する制度です。

契約内容登録制度・契約内容照会制度の内容

① 保険契約者、被保険者の事前同意
　契約内容登録制度への登録、契約内容照会制度による利用については、保険契約申込書にて保険契約者、被保険者の同意を得ている。
② 登録・照会内容
ア、保険契約者（共済契約者）および被保険者（被共済者）の氏名、生年月日、性別、住所（市、区、郡まで）
イ、死亡保険金額（死亡共済金額）および災害死亡保険金額（災害死亡共済金額）
ウ、入院給付金（入院共済金）の種類および日額
エ、契約日（復活日、復旧日、増額日または特約の中途付加日）等
オ、保険会社名
③ データの利用期間
　契約日（復活日、復旧日、増額日または特約の中途付加日）から5年間
④ その他
　登録内容に関する開示請求および登録内容の訂正請求などが認められている。

(3) 支払査定時照会制度

　生命保険協会は、平成17年1月31日から、JA共済連、全労済および日本生協連の3共済団体とともに、「支払査定時照会制度」を共同で運営しています。
　この制度は、保険金・給付金の請求があった場合等に、参加する生命保険会社・共済団体が必要に応じて、他の生命保険会社・共済団体に対して、保険・共済契約に関する事項について、生命保険協会の中継センターを経由して相互に照会を行い、情報の提供を受けて、支払いの判断または契約の解除もしくは無効の判断の参考とするものです。
　なお、この支払査定時照会制度についても、前記制度とともに保険契約申込書にて保険契約者、被保険者の同意を得ています。

4 他保険契約の告知

　他保険契約の告知に関する規定は、商法には存在しません。

　損害保険会社の火災保険等の損害保険約款および傷害保険約款では、「他保険契約の告知義務」が通常規定されています。一方、生命保険会社の生命保険約款にあっては、他保険契約に関する告知を求めていません。

　そもそも、他保険契約について告知を求める趣旨は、多重・高額契約が徴憑(ちょう ひょう)する道徳的危険の選択、すなわち保険金不正取得目的の加入の排除にありますが、商法に導入するべきであるという意見がある一方で、損害保険、傷害保険の判例等から見ても、通常の告知義務規定と異なり、その適用にあたっては、かなり制約が課せられ、実効性に疑問があるとする意見もあります。いずれにしても、この問題については、今後の商法改正の検討過程で議論されることになるでしょう。

　なお、生保業界においては、多重契約、累積契約については、前記「契約内容登録制度」「契約内容照会制度」によりチェックを実施しており、効果を上げています。

5 質問の回答

　質問の3制度は、新契約引受時、あるいは保険金・給付金支払い時に他社・共済団体に照会する制度であり、照会結果は、選択の際、補助的に用いられます。

（平澤宗夫）

22 生命保険契約の成立と責任開始、特別条件の付加

保障はいつから開始するか。保険会社が申込み承諾前に被保険者が死亡した場合、保険金は支払われるか。保険会社が特別条件をつけて保険契約を引き受けるのはどのような場合か

> **Q** 私の夫は生命保険に加入するため医師の診査を経たうえで加入の申込みをしました。しかし、保険会社から承諾の通知が来る前に交通事故で死亡しました。このような場合、保険金は支払われるのでしょうか。
> また、夫の死亡直後に保険会社から保険料割増を条件に引き受ける旨の通知が来ました。この場合はどうですか。

1 生命保険契約の成立と責任開始期

（1） 責任遡及条項

　保険会社は、保険契約に基づく債務として責任を負いますから、申込みを承諾して保険契約が効力を生じ、債務が成立してから責任が開始するはずですが、各生命保険会社の保険約款は、これと異なる条項（責任遡及条項）を定めており、同約款によれば申込みを承諾する前に第1回保険料相当額が支払われているときは、これが支払われたとき（健康状態に関する告知の前に支払われたときは告知のとき）に、責任を開始すると規定されています。保険会社は多くの場合、先に保険料相当額を受領して承諾するまで同金員の運用益を得ているのに、この間なんらの責任を負わないというのは不合理であるという意見を受け、保険料前払いの原則を維持しつつこの不合理を解消するため、各生命保険会社は、昭和31年の約款改正によって、上記のような責任遡及条項を導入するに至ったものです。

(2) 承諾前死亡の問題

　責任遡及条項は、保険約款の一部ですから約款が適用されなければその効力を発揮することはありません。そして、約款が適用されるためには、その対象である当該保険契約が成立し効力を生じる必要があります。すなわち、契約が成立して効力を生じるに至ったとき約款が適用されるようになり、その効果として責任遡及条項が適用され、責任開始期まで責任が遡及するという流れになるのです。

　しかし、民法の大原則である契約自由の原則に基づき、保険会社が申込みを承諾するか否かについて、通常のとおり諾否の自由を有するとすれば、死亡した案件について承諾することは期待しえないので、責任遡及条項が発動されるのはたまたま保険会社が死亡の事実を知らないで承諾した場合に限られることになりかねません。しかし、これでは上記条項を導入した趣旨が没却され不合理です。そこで、責任遡及条項を導入した以上、承諾前に死亡等の保険事故が生じたときは、保険会社は申込みを承諾し、同条項が適用されるようにしなければならないとの解釈が主流となりました（承諾義務説といわれ、今ではこれが通説、判例です。山下・保険法214頁以下参照。裁判例は、矢作健太郎「生命保険契約の成立」『新・裁判実務大系19巻　保険関係訴訟』224頁以下参照）。実務もこの見解に従っていると思われます。

(3) 承諾義務が肯定される要件

　承諾義務は、責任遡及条項を設けたことに基づき信義則上認められるものですから、承諾義務が肯定されるのは、当該保険事故がなかったと仮定すれば保険会社では申込みに対し当然に承諾していた場合です。つまり、当該保険事故が発生したことを除外して考察したとき、生命保険契約成立に必要な他の条件をすべて具備していることが必要です。すなわち、保険適格体であること（被保険者が健康上保険加入に適格性を有していること）および他に危険選択上なんらの問題がないこと（モラルリスクがないことなど）が必要です。

　このような保険適格性が必要な時点は、保険事故がなかったとすれば承諾したであろうと思われる時点です。

　このような場合には、保険会社は、申込みに対し、承諾して保険金等を支払わなければなりません。

2　特別条件の付加

(1)　給付反対給付均等の原則

　保険契約には、個々の保険加入者から拠出される保険料は、当該保険の被保険者のリスクの程度に応じて決定されるという原則があります（給付反対給付均等の原則という）。リスクを公平に分散するためであり、リスクの程度を問わずに保険料が決定される制度のもとではリスクの低い加入者は不利益であるので加入を見合わせることになりがちであり、そのようなことでは保険の成立基盤を害することになるため、このような原則が必要とされています。

　リスクが限度を超えて高い場合は、保険加入自体が認められませんが、それほど高くないときは、保険会社から申込者に対し特別条件が提示され、それでよければ引き受ける旨のいわゆる条件付承諾がなされることがあります。

　特別条件は、必ず提示されるものではなく、保険種類などによって特別条件が設定されていないものもあります。

　なお、リスクは、保険会社ごとに、たとえば死亡保障の保険では死亡指数などとして統計学的に把握されて数値化されています。

(2)　特別条件の種類・内容

① 　保険料を割り増す方法（割増法）

　標準より高いリスクに対応する保険料の定め方には、年増法（実際年齢に数歳加算した高い年齢の保険料率を適用する方法）や特別保険料領収法（保険会社の定める特別保険料を加算した金額を保険料とする方法）などがあります。あらゆるリスクについてあらゆる保険種類で割増法が認められているわけではなく、保険会社は、保険約款に規定を置いて、種類を定めて応じられる保険を設定しています。

② 　保険金等を削減する方法（削減法）

　削減法は、契約日から起算して所定の削減期間内に保険事故が発生したときに支払われる保険金等は、標準の保険金等に所定の割合（たとえば削減期間が1年のとき1年以内は50％とか、削減期間が3年のとき第1年度の死亡は25％、第2年度の死亡は50％、第3年度の死亡は75％とか、約款で割合が規定されています）を乗じた金額とすることを特約する方法です。数年程度で解消する逓減型のリスクに適合しており、リスクの種類、削減期間、削減率等が

保険約款で規定されている場合に、その範囲内で特約するものです。
　③　部位の一部を不担保とする方法（部位不担保法）
　これは、身体の特定部位や特定の障害状態などを不担保（保障外）とする旨を特約する方法で、保険約款に規定があるときその範囲内で取り扱われるものです。
　主契約にはあまり用いられないようですが、特定部位不担保法は、医療関係特約（通院、生活習慣病、女性医療などを含む）などにおいて、たとえば耳、鼻、小腸、膵臓その他身体の一定の部位を特定してその部位に生じた疾病の治療を目的とする入院については保証しないことを特約するなどの方法で用いられています。また、介護年金保険や障害を保障する保険（特約を含む）などでは、特定の障害、たとえば視力障害、聴力障害など一定の障害を特定してそのような障害が生じても保障しないことを特約するなどの方法で用いられています。

(3)　特別条件を付した承諾の法的性質

　特別条件を付した承諾は、変更を加えた承諾に該当するので、申込みを拒絶するとともに新たな申込みをなしたものとみなされます（民528条）。
　したがって、当初の申込者が保険会社から示された特別条件付承諾でもよい旨承諾すれば、その時点で保険契約が成立することになります。

(4)　特別条件付承諾と死亡発生時の取扱い

　つぎに、死亡後、保険会社から保険料割増を条件に引き受ける旨の通知がきた場合ですが、保険会社が特別条件付で引き受けるのは、通常の保険料で無条件で引き受けることはできないとしても、申込みを謝絶するほどではない場合です。このような場合、保険会社が約款に従い身体の状態などに照らしそのリスクに対応する特別条件を設定できると認めたとき、特別条件付で引き受けてよいと決定するものです。特別条件付決定は変更を加えた承諾であり、申込みを拒絶して新たな申込みをしたものとみなされますので、当初の申込者がそれでもよいという承諾をしてはじめて契約として成立します。
　ですから、申込者がそれでよいと承諾する前に死亡したときは、保険は契約としてまだ成立していませんし、無条件の保険適格体ではなかったため前記した意味での承諾義務も認められないはずです。したがって、保険契約は成立する余地はなく、責任遡及条項が発動されることもなく、保険金は支払われないことになるはずです。

ところが、学説をみると、保険事故（死亡）発生後であっても当初の申込者の相続人が特別条件付決定に対し承諾し、これにより保険契約を成立させ責任を遡及させることは可能であろうとして積極的に解する学説があります（結論同旨山下・前掲217頁参照）。一般論として、保険事故発生により保険契約は目的を達成して終了するとされていることからすると、保険事故発生後に変更承諾に対し承諾することができるのかという問題がありますが、そもそも保険会社の承諾義務の問題自体、死亡後の承諾を可能としてはじめて成り立つ議論であることからして、申込者側の承諾についても死亡後でも可能とすることが一貫性があると解されます。

実務をみると、生命保険協会の関係委員会における検討の結果、多くの生命保険会社は、昭和61年以降、当初の申込者またはその相続人が、変更承諾書に署名押印したときは、第1回保険料相当額を払い込んだ日か、告知日のいずれか遅い日に遡及して特別条件付契約の責任を負うものとしています。

特別条件付契約の責任開始日

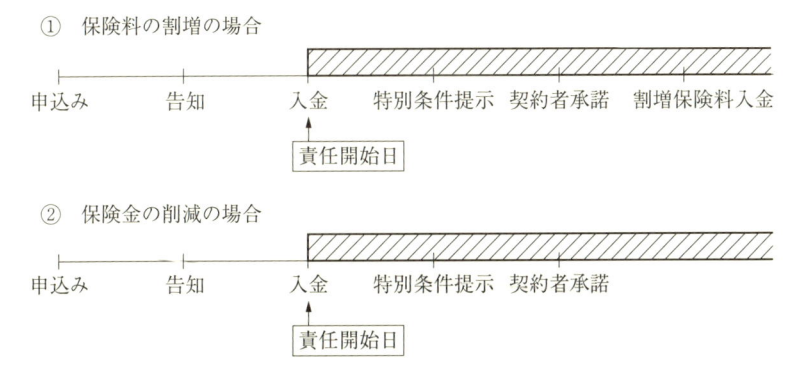

① 保険料の割増の場合

申込み　告知　入金　特別条件提示　契約者承諾　割増保険料入金
　　　　　　　↑
　　　　　責任開始日

② 保険金の削減の場合

申込み　告知　入金　特別条件提示　契約者承諾
　　　　　　　↑
　　　　　責任開始日

3　質問の回答

あなたの夫は保険会社が承諾する前に死亡したわけですが、このような場合、死亡前に告知手続および第1回保険料相当額の支払いが済み、保険適格体であるなど承諾義務の要件を具備するときは、保険会社の承諾義務が肯定され、その結果、普通保険約款の責任遡及条項が適用されて、保険金が支払われることになります。

つぎに、死亡後、保険会社から保険料割増しを条件に引き受ける旨の通知

がきた場合ですが、上記**2**(4)で検討したとおりですので、相続人である相談者がこの通知に応じて保険会社に対しこのとおりでよいと承諾し、特別条件付保険契約として当初申込みの保険契約の保険料を増額させた内容で保険契約を成立させることによって、保険金が支払われることになります。割増部分の保険料の差額は、原則として、承諾後直ちに払い込むことを要すると解されますが、保険会社によっては支払保険金から差し引いて精算するのでよいというかもしれません。差額保険料の取扱いは、保険会社に問い合わせてください。

（矢作健太郎）

23

生命保険契約と被保険者の同意

被保険者の同意があれば誰でも生命保険を契約できるのか

> **Q** 金融機関から事業資金の融資を得ようとしたのですが、与信限度枠を超えているという理由で断られて困っていたところ、金融業を営む友人が安い金利で貸してくれるということになりました。ところが友人は、融資の条件として私を生命保険に入れたいというのです。借りる金額は1千万円ですが、友人は利息のことなども考慮して3千万円の保険に入れたいといいます。保険契約者と保険金受取人はその友人で、被保険者が私となるのですが、自分以外の第三者を被保険者とする生命保険の締結には、その人の同意が必要であると聞きました。具体的にはどういうことが必要なのでしょうか。また、私の友人が申し込んだ生命保険契約は、引き受けられるのでしょうか。

1 他人の生命の保険契約

　保険契約者以外の第三者の生死を保険事故とする生命保険契約を「他人の生命の保険契約」といいます。商法674条1項は、「他人の死亡により保険金額の支払をなすべきことを定める保険契約にはその者の同意あることを要す」と定めており、被保険者の同意がなければ、他人の生命に保険を付することができません。このように被保険者の同意を必要とする主義を「同意主義」といいます。これに対して、保険契約者と被保険者との間に被保険利益が存在することを要求する「利益主義」という立場もあります。このほかに、被保険者と一定の身分関係に立つものに限り契約の締結を認めるとする

「親族主義」もあります。日本を含むドイツやフランスなどの大陸法系は「同意主義」を採用し、アメリカやイギリスなどの英米法系の国は、「利益主義」を採用しています。

　他人の生命の保険契約の締結に際して、なぜ被保険者の「同意」または「被保険利益」を要求するのかといいますと、他人の生命の保険契約には、被保険者の死亡を故意に惹起せしめようとする危険性や、まったく関係ない者が自由に誰の生命についても保険を付することを認めてしまうと、その者の生死を対象として賭博にも似た行為を行う危険性、さらには被保険者のまったく知らないところで、その者の生命を取引の対象とする危険性があるからです。

2　同意の法的性質

　同意の時期や方式、そしてその内容について、商法674条1項は具体的な規定をしていません。そこで、解釈によってこれを補うことになります。同意の時期については、被保険者の同意が保険契約の成立要件ではなく、効力発生要件であると解されているところから、必ずしも保険契約成立前であることは必要ではなく、保険事故発生前であればよいとされます。そしてその方式については、必ずしも書面によることを必要とせず、口頭による同意でも、さらに明示的であることは必要ではなく、黙示の同意でもよいとされています。またその内容については、保険契約者、保険金受取人、保険金額などの契約の重要な点についての理解の下で同意が与えられることが必要ですが、判例は厳格な一致を要求しておらず、「被保険者の多少の包括性のある同意」で足りるとしています【東京高判昭和53・3・28判時889・91】。さらに同意の相手方については、保険会社または保険契約者のいずれかに対してなせばよいとされています。もっとも実務では、保険契約の申込書に被保険者の同意欄を設け、署名捺印が求められるようになっています。なお、保険業法施行規則11条2号は、生命保険会社の事業方法書の審査基準として、被保険者の同意の方式は、書面またはこれに準じた方法で明瞭に定められることを要求しています。また、同意の確認ですが、診察医扱い、生命保険面接士扱いの保険契約の場合は、同意の確認が可能となっています。しかし、診察や面接の要求されない保険契約の場合は、同意の確認を行うことは困難です。

3　総合福祉団体定期保険における同意

　企業や団体がその構成員を一括して被保険者とする全員加入の団体保険は、濫用の危険性に乏しいという理由から、被保険者から個別に同意を得ることは必要ではなく、労働組合の代表者による一括合意で足りる、あるいは就業規則等に保険に関する条項が挿入されていれば足りるとされていました。しかし、支払われた保険金の大部分を会社や団体が取得し、遺族からその保険金の帰趨が争われるという裁判が続発しました。最高裁は、団体定期保険に基づいて、被保険者である従業員の死亡によって保険金を受領した会社は、遺族に対して社内規定に基づいた給付規定を超え、社会的に相当な金額を遺族補償として支払うことがあるとした高裁の判断を破棄しました【最判平成18・4・11（平成14（受）1358）】。この団体定期保険ですが、現在では取扱いが変更されています。新たな団体保険は、総合福祉団体定期保険といい、会社などの団体の福利厚生規程の円滑な運営を目的として、会社や団体が契約者となり、その所属員（事業主・役員・従業員）を被保険者とする保険期間１年の団体保険となっています。被保険者全員に対して保険契約の内容を通知し、被保険者となることを拒絶する機会が与えられています。また、保険金については、会社または団体の取得する保険金の額が、遺族に対して支払われる保険金額を上回ることがないように設計されています。

4　同意の撤回は可能か

　被保険者が一度与えた同意を撤回することが認められるかというのは、非常に難しい問題です。この点が争われた判例は見当たりません。被保険者に対して保険期間の途中で自由に同意の撤回を認めることになりますと、保険契約者が支払い続けてきた保険料が無意味なものになってしまい、損害を被る可能性があります。保険契約者との関係が感情のもつれなどから一時的に悪化するなどして、一時の感情から撤回を希望することも考えられます。みだりに撤回を認めることは妥当ではありません。さらに、保険会社に撤回理由の合理性の有無を判断させるというのも、保険会社に対する過大な負担となります。そのため、被保険者の同意の撤回は、原則としてできないと理解してよいと思います。しかし、保険金受取人による被保険者殺害の意図が明らかになった場合など、保険契約を継続させることが合理的ではない場合に

は、撤回の余地を認めてよいではないかとも思われます。もっともこの場合は、重大事由による解除を保険会社が行うことが可能ですから、それにより対処すべきだと考えることもできます。

5　被保険者の同意があれば、誰でも生命保険に入れるのか

　商法674条の規定は、被保険者の同意があれば他人の生命の保険契約を自由に締結できるような表現になっていますが、保険会社が無条件でそのような保険契約を引き受けるかは別問題です。法制度上は利益主義を採用していない日本ですが、各保険会社は独自のガイドラインに基づいて引受けの判断を行っています。保険契約者と被保険者の関係や保険金額などを総合的に考慮して判断しており、同意だけで誰でも保険に加入できる状況にはありません。

6　未成年者を被保険者とする場合はどうするか

　未成年者は単独で有効な同意を行うことはできませんので、民法の一般原則を類推適用して、法定代理人による同意で足りると考えるのが通説です。実務では意思能力のある未成年者本人については、本人が同意したうえで法定代理人がこれに同意するか、あるいは法定代理人単独による代理の同意を認めています。意志能力のない場合は法定代理人が代理して同意する方式を採用しています。

7　質問の回答

　被保険者の同意があれば保険契約は締結できるというのが商法の立場です。しかしながら、商法の要求する被保険者の同意があったからといって、保険会社がその契約を引き受けるとは限りません。質問のケースでは、借りた金額と保険金額の間に開きがあり、被保険者の早期の死亡により、保険契約者・保険金受取人が多大な利得をすることになります。モラルリスクの観点からも、このような契約は好ましくないといえ、保険会社はたとえ被保険者の同意があったとしても、契約を引き受けないのではないかと思います。

（福田弥夫）

24 役員・従業員を被保険者とする保険契約の加入

事業保険とは何か

> **Q** 私の夫が勤めている企業では、夫を被保険者、企業を保険金受取人とする事業保険に加入したそうです。事業保険については死亡保険金の帰属をめぐって問題となったことがあるとのことですが、夫に万が一のことがあった場合、私は遺族として夫が勤めていた企業から保険金を受け取ることができるのでしょうか。

1　事業保険とは

　従業員の福利厚生を目的として、企業が保険契約者となり、従業員を被保険者とする生命保険として団体定期保険（従業員全員を被保険者とする全員加入型のAグループ保険と、従業員のうち希望者のみが被保険者となる任意加入型のBグループ保険に分かれます）があります［⇨**23**］。しかし、実務上、団体定期保険では被保険者の数について人数要件が設定されているため、中小企業では所定の人数要件を充足できず、団体定期保険に加入できないケースがあります。そこで、そのような中小企業については定期保険や養老保険などの個人保険を利用して、企業が保険契約者兼保険金受取人となり、従業員・役員を被保険者とする契約形態を採用することがあります。このような保険契約を一般に「事業保険」といいます（「保険会社向けの総合的な監督指針」Ⅱ-3-3-4(1)参照。以下「監督指針」）。

　団体定期保険および事業保険は、他人の生命の保険契約であり、被保険者の同意を要しますが（商674条1項本文）、近年、この被保険者の同意がないまま保険契約が締結される事例や、企業が支払いを受けた死亡保険金につい

て従業員の遺族にわずかな金額しか支払わない事例などが発生し、企業と従業員の遺族の間で死亡保険金の帰属について訴訟等のトラブルが多発することになりました。そこで、生命保険業界はこのような紛争を受けて、従来のAグループ保険の商品内容を改めました。現在の商品である「総合福祉団体定期保険」は、遺族等の生活保障を目的に被保険者の遺族を保険金受取人とする主契約部分と、企業の経済的損失補償を目的に保険契約者である企業が保険金受取人となる特約部分とに区分した内容となっています（詳細[⇨**95**]）。したがって、今後はこのようなトラブルは生じないものと思われます。

2　付保規定の意義・内容

　団体定期保険および事業保険は従業員の福利厚生を付保の目的とするため、保険会社は付保目的を確認する手段として、保険契約を締結する際に企業から退職金・弔慰金規程を取り付けることが通例です。しかし、事業保険を締結する際に、企業にそれらの規程が存在しない場合には、実務においては申込書の被保険者の同意とは別に、保険会社が作成した「生命保険契約付保に関する規定」（以下「付保規定」という）という文書に被保険者の同意を得て、保険契約者である企業から保険会社に提出する取扱いとなっています。

　付保規定の内容としては一般に、①企業は死亡退職金等を支払う場合に備えて従業員を被保険者とし、企業を保険金受取人とする保険契約を締結する、②企業は支払われる保険金の全部または相当部分を死亡退職金等として遺族に支払う、③企業は保険契約の締結に際して被保険者となる者の同意を確認する、④企業は保険金の請求に際して受給者である遺族から保険金請求を行うことに対する了知を得る旨が記載されています。

　また、事業保険の保険金請求の際に、保険会社は保険契約者から、被保険者または受給者が保険金の請求内容を了知していることが分かる書類の取付け、または、被保険者または受給者が保険金を受領したことが分かる書類の取付け、など保険金が弔慰金等の福利厚生に活用されることの確認の措置を講じる必要があります（監督指針Ⅱ-3-3-4(4)①）。上記の付保規定の最後の記載はこの行政上の規制を考慮したものといえます。

　付保規定の意義そのものについて真正面から判示した判例はありませんが、企業に退職金・弔慰金規程がない場合に、死亡退職金等の支給の根拠となる雇用契約上の合意が存在することを企業と従業員とが確認し、これを保険会

社に通知する趣旨の文書であると解されます。

なお、裁判例の多くは、付保規定の存在自体から直ちに死亡保険金を死亡退職金等として支払う旨の合意を認定することはないものの、保険契約の趣旨・目的や諸般の事情とあわせて、付保規定の内容から保険契約の締結時に保険金の全部または相当部分について死亡退職金等として支払う旨の合意があったと認定しており（【名古屋地判平成7・1・24判時1534・131】【名古屋地判平成9・5・12判時1611・127】【東京地判平成10・3・30判タ985・267】等）、付保規定の存在・記載内容は、事業保険における保険金の使途および帰属に関する有力な証拠となっています。

3 質問の回答

事業保険に加入した企業に退職金・弔慰金規程等がある場合には、それらの規程に従い、遺族として保険会社から支払われる保険金の相当額を受け取ることができるものと考えます。

また、当該企業に退職金・弔慰金規程等が存在しない場合には、裁判例をみてみると、付保規定等の文書や事業保険に加入した際の事情等を考慮して、企業に支払われる保険金の相当額を退職金・弔慰金等として遺族に支払う旨の合意の存在があったと認められそうです。したがって、この場合にも、遺族として保険会社から支払われる死亡保険金の相当額について受け取ることができるものと考えます。

（中山道久）

25

保険契約の無効

詐欺による契約の無効と保険金不法取得目的による契約の無効

> **Q** 私の夫は悪性の骨肉腫により片足が歩行困難になったため、医師の診査の際、健康な友人を替え玉にして身代わり受診し、生命保険に加入しました。加入後2年経過して死亡しましたが、死亡後の調査でこのことが発覚しました。保険会社は、保険加入に際し詐欺があったから保険は無効である、また保険金不法取得目的による加入は無効とする約款規定にも該当するから、この点からも無効であるといっております。この保険契約は無効なのでしょうか。

1 詐欺による契約の無効

(1) 詐欺による無効と保険約款

　生命保険契約は法律行為ですから、民法の法律行為に関する一般原則が適用されます。民法によれば、保険契約者による詐欺は、取消事由とされていますが（民96条1項）、各生命保険会社の保険約款では、通例、保険契約の締結または復活に際し、保険契約者の詐欺、被保険者の詐欺があったときはいずれも契約を無効とし、また、保険料を返還しないものと規定し、民法を修正しています。この保険約款の詐欺無効の条項は有効と解されています（通説、判例）。詐欺による無効の典型例には、身代わり診査、重大な疾病の秘匿、事故の偽装など不正請求の目的を秘匿してなされる短期集中的保険加入などがあります。

(2) 保険約款にいう詐欺の成立要件

　保険約款上の詐欺の成立要件は、民法96条の詐欺の要件と同一です。した

がって、保険契約申込時に①詐欺者に二段の故意、すなわち相手方を欺罔(ぎもう)して錯誤に陥れようとする故意と、その錯誤によって意思表示させようとする故意のあることが必要です。また、②欺罔行為があり、③それにより相手方が錯誤を生じ、④錯誤によって意思表示（申込みに対する承諾）がなされること、および⑤詐欺が違法であること、が必要です。

したがって、悪意による告知義務違反があっても当然に詐欺が成立するというものではなく、上記のような詐欺の成立要件が別途検討されなければならないことになります。

(3) 保険約款にいう詐欺の効果

各社の保険約款は、保険契約者または被保険者に詐欺の行為があったときは、保険契約を無効とし、すでに払い込んだ保険料は払い戻しません、と規定することが通例です。その他の効果は、民法の一般原則に従います。

(4) 告知義務違反との関係

商法上の告知義務違反（約款上の告知義務違反を含む。以下同）に該当する事実が、詐欺にも該当するとき、両規定は重複して適用されるのか、それとも告知義務違反の規定のみが適用されて詐欺の規定（民96条ないし保険約款の詐欺の規定）の適用が排除されるのかということが議論されております。これは、告知義務違反による解除権は、契約のときから5年を経過したとき（商644条2項後段・678条2項）、または責任開始期の属する日から起算して2年以内に保険金支払事由が生じなかったとき（各社保険約款）行使できなくなるとされているので、詐欺の規定の適用が排除されると解されるならば、2年以内に保険事故が生じないときは解除権が排除されて保険金を支払わなければならないのに対し、重複適用が認められれば、5年経過後であっても詐欺による無効を主張して保険金の支払いを拒絶することができることになります。錯誤の規定の適用についても同様な議論があります。

この点については、告知義務違反が成立する場合、錯誤の規定の適用は排除されるが、詐欺の規定については、重複して適用することを認めるというのが、通説・判例です［⇨35］。

(5) 身代わり診査と骨肉腫の秘匿

身代わり診査は、自分が診査を受けると診査医に病気であることに気づかれて保険加入を拒絶されるので、これを回避し、自分が健康であるように保険会社を欺きそのように誤信させて、自己の加入を認めさせようとするもの

ですから、明らかに上記詐欺の要件を満たしています。判例も古くから詐欺を構成することを認めています（【東京地判大正４・５・４新聞1024・21】【東京地判昭和58・４・28文研生命保険判例集３・331】ほか）。

　また、歩行困難に至っている悪性の骨肉腫は、保険を引き受けるか否かを決めるうえできわめて重要かつ重篤な疾患ですので、その秘匿は、それ自体で詐欺を構成する余地が大きいと思われます。判例をみると、悪性の骨肉腫に罹患して入院・手術を繰り返し、もはや治癒しないと認識していた者が、これら治療・入院・手術の有無につきすべて否定する旨の告知をして加入した事案について、同人は、これらの事実を述べれば加入を拒否されると認識してこれらの事実一切をあえて述べなかったと推認できるので、同人には詐欺の行為があったと認められるとして保険契約を無効としたものがあります【東京地判平成14・11・26（平成13（ワ）21740）】。

2　保険金不法取得目的による契約の無効

(1)　保険約款規定の内容

　最近の各社の保険約款には、たとえば「保険契約者が保険金を不法に取得する目的または他人に保険金を不法に取得させる目的をもって保険契約の締結または復活をしたときは、保険契約を無効とし、既に払い込んだ保険料は払い戻しません。」という規定が設けられているのが通例です。これを保険金不法取得目的による無効と呼んでいます。

(2)　約款規定の趣旨

　最近の裁判例をみると、保険制度の悪用の目的でなされる保険加入、保険金の不正取得目的でなされる保険加入、社会通念上合理的と認められる危険分散の限度を著しく超えた保険金額の保険加入、不労利得を図る目的でなされる保険加入などの事案について、事実関係を総合的に判断して公序良俗違反として保険契約を無効とする傾向が定着しつつあります。

　また、詐欺無効の裁判例の中には、保険金等の不正取得目的があるのにこれを秘匿して保険会社に保険契約を申し込み、これを承諾させた場合には詐欺が成立する旨判示するものがありますが、このような事例について、短期集中的に加入した場合はともかく、単発の加入に詐欺無効を適用することには有力な反対説もあります。

　これらの裁判例に含まれる法意を抽出し、これを一歩進めて、保険金の不

正取得を目的としてなされる保険加入は、それが公序良俗違反に該当するか否か、詐欺に該当するか否かを論ずるまでもなく一律に無効とするため、加入時に保険金の不法取得目的があるときは保険契約を無効とすることが新たに規定されたものです。

(3) 適用される事例

人が生命保険に加入するのは、いざというときに保険金を得ることを目的として加入するものです。したがって、保険金を得ることを目的として加入すること自体は適正妥当なことです。しかし、これを不法に取得することを目的とすることは許されません。

このような観点から、適用される典型的事例を想定すると、保険加入に際し、保険事故を偽装し、または保険事故を故意に発生させて保険金・給付金を取得する目的を有しているとか、保険金・給付金の請求手続において詐欺行為を行って保険金等を取得する目的を有しているとか、保険金等の取得に向けて法秩序に反するなんらかの違法、不当な行為や事象を利用する意図で加入するというような場合が、「不法に取得する」にあたると考えられます。この規定を直接適用した裁判例は、まだ見当たらないようです。

3 質問の回答

質問の事案は、まず身代わり受診を実行した点で、保険会社を騙そうとする故意と詐欺行為が認められるなど詐欺の要件を満たしており、詐欺に該当するといえます。つぎに悪性骨肉腫を秘匿して加入した点も本文中に紹介した判例に照らし詐欺に該当する可能性が高いといえます。本件はこれらが重複していますので、詐欺に該当することは明らかであるといわざるをえません。詐欺が成立するとき保険契約は効力を生じませんので、保険会社はなんらの責任を負いません。したがって、あなたは、保険金を請求できませんし、払込済みの保険料の返還を受けることもできません。

また、あなたの夫は、保険金取得目的で、悪性の骨肉腫を秘匿するという違法行為および身替り受診という違法行為を行って保険加入をしたものですから、遺族に保険金を不法に取得させる目的を有していたといわざるをえません。したがって、本件契約は前記約款規定により無効であり、保険会社は責任を負いません。また保険料は払い戻されません。

(矢作健太郎)

26

生命保険契約とクーリングオフ

生命保険契約にクーリングオフは適用されるか

> **Q** 生命保険会社の営業職員に勧められて生命保険に加入することになり、面接士の面接を受け告知をし、その場で営業職員に保険料を払い込みましたが、翌日になって気が変わり、生命保険の加入をやめることにしました。この場合、支払った保険料は返ってくるのでしょうか。

1 生命保険のクーリングオフ制度

　生命保険契約を締結するにあたっては、保険会社の営業職員や代理店の勧誘に基づいてなされることが多いので、訪問販売等の消費者保護の制度であるクーリングオフ（契約の申込みの撤回等）の制度が生命保険にも設けられています。

　生命保険のクーリングオフ制度は、昭和49年9月から業界の自主的制度として始まり、平成7年の保険業法改正（平成8年4月施行）で保険業法上の制度となりました（保険309条1項）。熟慮期間は昭和60年3月までは4日、平成元年3月までは7日でしたが、現在は8日となっています。

　生命保険のクーリングオフの場合、契約の申込日またはクーリングオフについて説明した書面（保険料充当金領収証の裏面に当該説明が記載されている場合は、保険料充当金領収証がその書面となります）を受け取った日から、その日を含めて8日以内であれば、書面により契約の申込みの撤回または契約の解除をすることができます。書面の発信時にクーリングオフの効力が生じますので、郵便の消印日付が8日以内となるように、保険会社の取扱支社または本社宛て郵送することが必要です。

クーリングオフをすることにより、生命保険会社に支払った保険料充当金または保険料は全額返金されるのが通例です。保険業法では、保険契約が成立している場合、成立してから解除までの期間に相当する保険料の返還を要しないと定めています（保険309条5項ただし書）。もっとも、保険業法のクーリングオフに関する規定を保険契約者に有利に変更することは可能なので、保険業法の規定にかかわらず、生命保険会社は保険契約が成立している場合であっても、一般に保険料全額を返還しています。

2　クーリングオフができない場合

　8日以内であっても、つぎの場合にはクーリングオフをすることはできません。

①営業もしくは事業のために、または営業もしくは事業として締結する保険契約として申込みをしたとき

②公益法人、公共法人等が申込みをしたとき
　クーリングオフは消費者保護の制度なので、これらの場合には適用されません。

③保険契約の保険期間が1年以下であるとき

④法令により申込者等が加入を義務付けられているものであるとき

⑤申込者があらかじめ訪問日を通知して保険会社の営業所、代理店事務所またはこれに準ずる場所を訪問し、通知または訪問の際に自らの訪問が保険契約の申込みをするためのものであることを明らかにしたうえで保険契約の申込みをしたとき

　たとえば保険会社の代理店である銀行に預金手続きのため訪問したところ、窓口での保険契約の勧誘により申込みがなされた場合、この申込みは熟慮したうえでの申込みとはいえないため、平成19年6月の保険業法施行令改正により、あらかじめの訪問の通知と保険契約申込みのための訪問の明示がなければクーリングオフができない場合とはされないこととなりました。

⑥申込者が自ら指定した場所で保険契約の申込みをしたとき

⑦申込者自らが保険料（充当金）を保険会社の預貯金口座への振込みにより払い込んだとき

　申込者が保険会社の営業職員や代理店に保険料（充当金）を保険会社の預貯金口座へ振り込むよう依頼した場合は、保険業法が想定する熟慮を経た確

定的意思に基づく申込みとはいえないことから、平成19年6月の改正でクーリングオフができない場合とはされないこととなりました。この改正に先立ち、相当数の変額年金保険や外貨建て保険などにおいて、従来の取扱いを改め、クーリングオフを取り扱うようになっています。

⑧郵便もしくはファクシミリその他これに準ずる通信・情報処理機器を利用する方法または保険会社が設置した機器を利用する方法により保険契約の申込みをしたとき

⑨保険会社の指定する医師の診査が終了したとき

⑩保険契約が財形法に定める勤労者財産形成貯蓄契約、勤労者財産形成年金貯蓄契約または勤労者財産形成住宅貯蓄契約であるとき

⑪保険契約が金銭消費貸借契約等の債務の履行を担保するためのものであるとき

⑫既契約の更改、更新または内容変更に係るものであるとき

生命保険契約の転換は、既契約の更改とみることもできますが、転換の申込みの場合、生命保険会社はクーリングオフを取り扱っています。

3 質問の回答

質問の件については、生命保険面接士の面接は、保険会社の指定する医師の診査にあたらず、その他のクーリングオフをすることができない場合にもあたらないので、保険料を払い込んだ日から、その日を含めて8日以内であれば、書面で保険会社にクーリングオフを通知することにより、払い込んだ保険料を返してもらうことができます。

通知方法は、加入に際し渡される「注意喚起情報」や「ご契約のしおり」に記載されていますが、書面に申込者の氏名、住所、申込みを特定する番号を記入のうえ、申込みを撤回する旨明記し、申込書と同一の印鑑を押して保険会社（取扱支社または本社）宛郵送します。

(輿石　進)

27

生命保険契約の解約

解約はいつでもできるのか

Q 私が契約し保険料も支払った生命保険を、妻が勝手に解約してしまいました。妻は子供のためのお金がかかるので保険料を節約したいといい、保険会社は解約請求書に私の印鑑が押されていたので手続をしたから、夫婦間で話し合ってくださいと取り合ってくれません。しかし、このまま保障を失うのも釈然としません。どうしたらよいでしょうか。

1　生命保険契約の解約

　生命保険契約の解除（遡及効がある）について、法律上は保険会社が破産した場合など非常に限定的に認めているだけですが（商651条・683条2項）、約款上は保険契約者は任意に将来に向かって契約の効力を失わせる「解約」ができるよう定めるのが通例です。その趣旨は、通常、長期にわたることが予定されている生命保険契約において契約締結後の諸事情の変化により保険契約者が契約の継続を希望しなくなったり、保険料の支払いが難しくなることがありえることに対応しようとするものです。解約により将来に向かって契約は効力を失いますが、解約払戻金（解約返戻金）請求権が保険契約者に発生する場合があります。これは保険金等の支払いのために保険会社が被保険者のために積み立てた責任準備金のうちから一定額（解約控除金）を差し引いた残りの金額で、その計算方法、支払時期および支払場所は約款に定められています。解約は保険契約者本人の意思であることを確認し、多数の契約について迅速かつ正確な処理を行う必要から、約款において解約の請求および解約返戻金の請求には所定の必要書類（届出印の押捺された所定の解約請求

書等）を保険会社に提出することを定めています。実務上は、所定の請求書類が会社の機関に到達した日をもって解約の効力が発生し、解約払戻金請求権が行使されたとしています。

2　日常家事代理権による保険契約の解約

　民法761条では夫婦の一方が日常の家事に関して第三者と法律行為をしたときは、他の一方はこれによって生じた債務について連帯してその責めに任ずるとしています。この規定の解釈上、現在の判例・学説は、「夫婦は相互に日常の家事に関する法律行為につき他方を代理する権限を有することをも規定している」【最判昭和44・12・18民集23・12・2476】とし、かつ夫婦の一方が日常家事の範囲を超える行為をした場合には、第三者が日常家事の範囲内と信ずるについて正当な事由がある場合にかぎり、民法110条の表見代理の法理を類推して相手方たる第三者を保護することとしています。

　ここで「日常の家事」とは、夫婦の共同生活に通常必要とされる一切の事項を含み、その具体的な範囲は個々の夫婦の社会的地位・職業・資産・収入などによって異なるのみならず、当該夫婦の生活する地域社会の慣行によっても異なるとされています。判例上は「単にその法律行為をした夫婦の共同生活の内部的な事情やその行為の個別的な目的のみを重視して判断すべきではなく、さらに客観的に、その法律行為の種類、性質等をも十分に考慮して判断すべき」【前掲・最判】であるといいます。

3　質問の回答

　本件の質問者の場合、前掲判例の判断基準によると、妻が夫の保険契約を解約することは性質上、日常家事行為とはいえないでしょう。単に保険料の節約のためであればなおさらのことです。また、いくら質問者の印鑑が押捺されていたからといっても、保険会社が日常家事の範囲内と信ずるについて正当な事由があったということも一般的にはできないと思います。広く自分の契約すべての管理を妻に任せていた等といった特殊な事情のないかぎりは、質問者は保険会社に対し解約の無効を主張できると思います。ただし、解約返戻金の受領があれば、妻からその返還をさせる必要があるのは当然ですし、別途、民法478条（債権の準占有者への弁済）の問題としても検討する必要はあります。

　　　　　　　　　　　　　　　　　　　　　　　　　　　　（内田　智）

第4章 生命保険と告知義務

28

生命保険契約と告知義務

告知義務制度はなぜ必要か。これに違反したらどうなるのか

> **Q** 夫は、平成14年7月初旬から咳き込むようになったため、同月中に数回ほど診療所に通院したところ、医師から気管支喘息、咽喉頭炎の病名を告げられました。その後、生命保険に加入するため、8月に入ってから診査医の診査を受けましたが、その際に、告知書の「最近の健康状態」の問いのうち、「現在を含め最近3か月以内に、医師の診察・検査・治療・投薬をうけましたか」という問いに、「いいえ」と回答しました。翌年2月に夫が食道がんで死亡したため、保険金を請求しましたが、保険会社から告知義務違反を理由として契約を解除するとの書面が送られてきました。気管支喘息等の病気は命に直接かかわる病気とは思えませんが、それでも保険金は支払ってもらえないのでしょうか。

1　告知義務制度の意義

　商法は、生命保険契約締結の当時、保険契約者または被保険者が悪意または重過失によって重要な事実を告げず、または重要な事項について不実のことを告げた場合には、保険者は契約を解除することができると規定しています（商678条1項）。契約が解除されれば保険金が支払われないことになりますから、保険契約者・被保険者（以下、保険契約者等という）は契約締結に際して重要な事実を告げなくてはなりませんし、重要な事項について不実のこと（虚偽）を告げてはならないことになります。このような義務を告知義

といい、そうした義務を負う者を告知義務者といいます。

その法的根拠については諸説ありますが、一般的にはつぎのように説明されます（**危険測定説**）。保険制度では、保険契約者が支払う純保険料の総額と保険者の支払う保険金の総額との均衡が保たれなければなりません（**収支相等の原則**）。純保険料は保険事故発生の危険率に応じて決まります。危険率が高すぎれば契約を拒絶（謝絶）することになりますし、可能なかぎり危険度に対応した保険料率が設定されなければなりません。そのためには、危険に関する情報の収集が不可欠となります。こうした情報は保険契約者等の側に偏在していますから、コストやバランスの面からみて保険契約者等にそうした情報を開示・提供させることが要請されることになります。そのような要請が、法制度として実現されたものが告知義務といえます。したがって、これは保険制度の維持に不可欠なものと考えてください。

2 重要事実と告知書の質問事項

ここにいう重要事実とは、あくまでも危険測定上の重要事実、すなわち、保険会社がその事実を知っていたら契約を締結しなかったか、またはより高額の保険料で締結したと認められる事実です。もっとも、保険の専門家でない保険契約者等にとっては何が危険測定上の重要な事実か知ることは容易ではありません。そこで、保険実務においては、保険契約申込書の要旨に質問欄（告知書・質問表）を設け、これに回答させたり、診査医が口頭で質問した事項に回答させるという形で、告知義務の履行を求めています（**答弁義務**）。したがって、保険契約上、質問欄に記された事項または診査医の口頭で質問した事項に正確に回答しているかぎり、告知義務違反は問われないことになります。質問表に記された質問事項は重要事項と推定されるものと一般的に解されていますから、質問事項が重要事項でないことが立証されれば推定がくつがえされることになります。

なお、保険実務上、他保険契約の存在は告知事項とされていませんが、複数の他保険契約によって保険給付額が過大となる場合には、**重大事由による解除**の原因となる可能性があります〔⇨**70**〕。

3 告知義務違反の要件・効果

告知義務違反が成立するためには、重要な事実についての不告知または重

要な事項についての不実告知があり（客観的要件）、かつ、それが保険契約者等の悪意または重過失によるものでなければなりません（主観的要件）。ここにいう悪意とは、故意と同義であり、ある事実の存在およびその重要性を認識しつつも、あえて黙秘し、または虚偽の事実を告げる場合に認められます。重過失とは、ある事実を知りながら、それが重要な事実であって、告知しなければならないことを著しい不注意によって知らなかった場合に認められます【大判大正6・10・26民録23・1612】。ただ単に、告知すべき事実を重大な過失によって知らなかった場合は、告知義務違反の対象とはなりません。したがって、たとえ腫瘍が生じていたとしても、その存在を知らなければ告知義務違反になりませんが、その事実を知りつつも、その重要性を知らなかった（単なる「できもの」と思っていた）場合には、告知義務違反を問われる可能性があります【札幌高判昭和58・6・14判タ506・191】。

告知義務違反が認められますと、保険会社は保険契約を解除して保険金の支払いを免れることができます（商678条1項）。この場合、支払済みの保険料は返還されませんし（商678条2項、商645条1項）、保険金が支払われた後で契約の解除がなされた場合には、保険会社は保険金の返還を請求することができます（商678条2項、商645条2項）。

4　質問の回答

質問者の夫の場合は、告知書の質問に対して「いいえ」と回答したわけですから、事実を告げていないことになります。告知書の質問事項は、上述したとおり重要な事実と推定されますから、これをくつがえさないかぎり、重要な事実についての不告知が認められます。そして、単なる軽い風邪程度のものであったのであればともかく、質問者の夫の病気の程度は決して軽いとはいえませんから、少なくとも重要な事実を告げなかったことについては重大な過失が認められることになりましょう。したがって、告知義務違反が成立し、保険金の支払いは受けられないものと考えられます。

（山野嘉朗）

告知書〈見本〉

29

告知義務と遺伝子情報

保険会社は遺伝子情報の告知を求めることができるか

> **Q** 兄が遺伝性疾患で入院したので、私も心配になり病院に行って受診しました。このことを生命保険の加入時に告知しなければいけないのでしょうか。

1　遺伝子情報の性質

　遺伝子情報の定義について議論がありますが、遺伝子情報は、①血族間の健康情報を伝える遺伝性、②本人以外の健康情報をも包含している共有性、③本人に責任のないことで害を及ぼしてきた危害性、④一生変わることがないとする不変性、⑤将来の健康情報を示す予示性、⑥"究極"のプライバシーという点で他の健康情報と異なっているため、「特別」に取り扱うべきだという説（遺伝子情報特殊説）があります。

　この「遺伝子情報特殊説」に対して、つぎのような反論もあります。①受精卵が分裂を繰り返して、発生・成長してきた以上、ヒトの疾病の罹りやすさや寿命の長短等に遺伝子情報が関係しているであろうが、どの程度関係しているか不明、②性感染症や肺結核といった感染症にも配偶者・家族等との間に共有性がある、③心奇形等の先天性疾患も本人に責任のないことでいわば危害を与えてきた、④遺伝子情報が不変だとしても、遺伝子に突然変異が起こるし、また細胞分裂に際してDNA（デオキシリボ核酸）配列が必ずしも正確に読み取られるとはかぎらない、また、免疫機構に関与する遺伝子は変化することが知られている、⑤遺伝子情報にかぎらず、新しい検査技術が用いられるようになった当時においては、その検査結果は将来起こりえることを示す予示性を持っていた、⑥プライバシーの軽重は個々人によってその対

象が異なる。

このように遺伝子情報については、現在、意見が分かれています。医学の進歩によって遺伝子情報の本体が明らかになるにつれ、遺伝子情報の扱い方に関する議論・認識も深まり、適切な判断・対応がなされると期待されます。

2 判例の立場

告知義務と遺伝子情報との関係をめぐって争われた事案は、日本ではまだ見当りませんが、歩行障害で発症したクラッベ病という遺伝性神経疾患をめぐって高度障害保険金の支払いに関し争われた裁判【大阪高判平成16・5・27金商1198・48、原審神戸地判平成15・6・18金商1198・55】では「遺伝子情報の取扱い」についてつぎのように言及しています。「本件は、保険加入のために遺伝子情報の提供が問題となった事案ではないが、保険金請求のための疾病が責任開始期前の疾病と因果関係を有するかどうかということの立証の場面において遺伝子情報が利用されたという点で、遺伝子情報の扱いについての最近の議論と同根の問題をはらんでいるということはできる。ただ、本件では、既にその結果が明らかになった上での保険金請求権の有無が問題になっているのであり、遺伝子情報の開示とか提供が問題となっているのではない」と前置きし、「遺伝子情報の管理について、未だ何らの法規制もない現状では、遺伝子情報によって明らかになった事実を証拠法の上で排除する理由はない」と判示しています。

3 質問の回答

一般に、保険契約者または被保険者が保険会社に告知すべき事項は、保険会社が保険契約の諾否や保険料率などの内容を決定するにあたって、危険測定の資料として利用する事実です。具体的には、保険会社が書面で告知を求めた事項あるいは保険会社の指定した医師が口頭で質問した事項に対して答えることになります。そして、上記の判決を踏まえますと、告知に際して遺伝子情報を「特別」扱いする理由は目下ないと考えられます。

そこで、質問についてですが、今のところ、遺伝子情報を含めどのような情報であれ、告知事項に該当するならば、告知をしないと、告知義務違反を問われる可能性があるといえましょう。

〔小林三世治〕

30

告知義務と病名不知

病名不知でも告知義務違反となるか

> **Q** 私の夫は、肺がんにかかり、その治療・検査のため、胸部レントゲン写真撮影、気管支造影、気管支鏡検査、脳CTスキャン検査を受けていました。ところが、夫は、がん告知を受けていなかったため、がんであることを知らず、生命保険の告知の際、肺がんであること、上記の検査を受けていた事実を告げておりませんでした。夫は肺がんで死亡しましたが、その後、保険会社から告知義務違反を理由に解除されてしまいました。この解除は認められるのでしょうか。

1 告知すべき事項

　生命保険契約では、保険契約者または被保険者(以下「告知義務者」といいます)が、悪意または重過失により、重要なる事実を告げず、または重要なる事項につき不実のことを告げたときに、告知義務違反が成立するとされています(商678条)(以下「重要なる事実」と「重要なる事項」をあわせて「重要事実」という)。

　客観的要件としては、重要事実を告げず、または不実のことを告げたことが必要ですが、ここにいう重要事実とは、保険会社がその事実を知ったならば契約の締結をしないか、または少なくとも同一の条件では契約の締結をしなかったであろうと客観的に認められる事実(被保険者の生命に関する危険測定のために必要なもの【大判明治40・10・4民録13・939】)と解されています。

　主観的要件としては、悪意または重過失が必要ですが、悪意があったとい

えるためには、①重要事実のあること、②その事実が告知すべき重要事実であること、③告知しないことをいずれも知っていることが必要です。重過失といえるためには、上記②または③について重過失があることが必要です。重過失で問題となるのは、上記①ですが、この点、重要事実については、その事実があることを知っていることが必要とされています（以上、山下・保険法303～304頁）。

2　重要性の判断基準

重要事実であるか否かについては、告知義務者には分からないことが多いため、生命保険の約款では、通常、書面で告知を求めた事項について、書面で告知することを原則としています。この書面を質問表といいますが、重要事実はこれに限定される趣旨ではなく、これに記載されていない事実も重要事実とされる場合があります【東京高判昭和61・11・12判時1220・131】。ただし、質問表は、保険会社が危険測定のために作成するものですから、質問表に掲げられた事項はすべてが重要事実であると推定され、重要事実はすべて質問表に網羅されていると推定されるとしています【東京地判平成3・4・17判タ770・254】等）。

3　判例の動向

重要性が認められた判例としては、躁うつ病と診断され、その後も診察および投薬を受けていた事実は重要事実にあたるとされた事例【東京地判平成9・10・31最新実務判例集成〔改訂増補版〕88】、アルコール依存症のため入院していたが、その入院の事実が重要事実にあたるとされた事例【東京地判平成7・1・13最新実務判例集成〔改訂増補版〕89】、咽頭痛・咳などが繰り返し顕れ、度重なる投薬治療を受けても改善せず、継続的な通院加療を要した場合、その投薬および通院加療の事実は重要事実にあたるとされた事例【横浜地判平成2・12・20最新実務判例集成〔改訂増補版〕89】、がん患者が真の病気を知らされなくとも自覚症状、入通院歴の事実が重要事実とされた事例【東京高判昭和63・5・18最新実務判例集成〔改訂増補版〕91】、年齢を偽った場合、その年齢が重要事実であるとされた事例【大判大正6・5・12評論全集6巻商法259】等、多数存在します。

これに対し、重要性が否定された判例は、被保険者が白血病で死亡したが、

口内炎・低血圧症により受診していた場合、その受診の事実は重要事実ではないとされた事例【熊本地判昭和56・3・31判時1028・108】、生命に関する危険測定に関係ない職業が詐称された場合、職業は重要事実ではないとされた事例【大判明治40・10・4民録13・939】等のみであり、事例としてはあまり見当たりません。

4　質問の回答

　質問者の夫は病名それ自体については知らなかったのですから、病名自体については、主観的要件を欠いており、告知義務違反は成立しません。

　しかしながら、現在、保険会社が通常使用している質問表では「現在を含め最近3か月以内に、医師の診察・検査・治療・投薬をうけましたか」との記載があり、胸部レントゲン写真撮影等の検査をしたことは、これに該当しますし、これらの検査は被保険者の生命の危険測定上重要な事実であると考えられます。そして、質問者の夫はどのような検査をしていたのかは知っていたと思われますので、胸部レントゲン写真撮影等の検査を行っていたとの事実を告知しなかったことは告知義務違反となります。そのため、告知義務違反に基づく解除も認められると考えます。

（和田一雄）

31 告知受領権

診査医・生命保険面接士・営業職員に対する告知

> **Q** 私は、診査医に対し口頭で告知をしたのですが、診査医がそれを告知書に記載しなかったため、告知義務違反を理由に、解除されてしまいました。この解除は認められるのでしょうか。また、生命保険面接士に口頭で告知をしたときはどうでしょうか。さらに、営業職員または募集代理店に告知した場合、どのように取り扱われますか。
> 私の友人は営業職員に相談したところ、病状を告知しないでちょうだいと頼まれ告知しませんでした。その後保険会社から、告知義務違反があるので解除するといわれました。この解除は認められるのでしょうか。

1 告知の受領権者

　生命保険契約締結にあたっては、一般に告知が必要とされており、告知義務違反があったときは、保険会社は保険契約を解除することができますが、その場合でも、保険会社に過失があったときは解除することができません。
　診査医、生命保険面接士、営業職員が告知受領権を有するか否かは、それぞれ、保険会社から告知受領権を与えられているか否かで判断されます。
　まず、診査医ですが、通常、診査医は保険会社から告知受領権を与えられており、告知受領権者とされています。そのため、診査医に対する告知は、書面であろうと口頭であろうと、告知としての効力が認められます。
　つぎに、生命保険面接士ですが、生命保険面接士の主要な役割は「被保険者が告知書に事実を正しく記入するよう助言すること、および、被保険者の

顔貌・外観などを観察し、見たまま、感じたままを、ありのままに報告書に記載して報告すること」(生命保険協会『生命保険面接士のための危険選択の知識と実際』281頁)とされています。そして、通常、保険会社から告知受領権を与えられておりません。したがって、生命保険面接士に対する告知は効力を有しません。それにもかかわらず、告知者が生命保険面接士に口頭で告知をした場合には、生命保険面接士は告知者に対し、その旨告知書に記載するように促すと思われますが、告知者がどうしても告知書に記載しないときは、生命保険面接士は、告知書裏面などにある報告書に記載して保険会社にその旨報告するなどの措置をとることになると思います。生命保険面接士がこのような措置をとらなかったため、保険会社がそのことを知らなかった場合には、保険会社に過失ありとされる可能性が高いと思われます。

　最後に、営業職員および募集代理店についても、通常、保険会社は、保険加入の勧誘、第1回目の保険料の受領の権限を付与しているにすぎず、告知受領権を付与しておりません。そのため、営業職員および募集代理店に告知したとしても、告知は効力を有しません。しかし、営業職員および募集代理店の場合、告知義務者と親しい関係にあることがあり、告知義務者から病状を告げられ、保険に加入できないことを知りながら、その病状の告知をしないことを懇請したり、自らの成績を上げるために、告知をしないことを教唆したりすることがあります。これらの事実があれば、事案によっては、保険会社に過失があるとされる可能性もあると思われます。

2　判例の立場

　判例も、正当な告知となるか否かは、保険会社から告知受領権を与えられているか否かによって判断されるとしています【大判大正5・10・21民録22・1959、東京地判昭和37・2・12判時305・29、大阪地判昭和47・11・13判タ291・344等】。

　判例で、主に問題となっているのは、解除権行使の阻却事由である保険会社の過失の有無です。生命保険面接士に関する判例は非常に少なく、保険会社の過失を認めた判例は見当たらず、過失を認めなかった判例としても数件存在するのみです【津地四日市支判平成4・10・29、東京地判昭和63・12・23最新実務判例集成〔改訂増補版〕75〜76】。他方、営業職員については多くの判例があり、ほとんどの判例で保険会社の過失を否定していますが

【福岡地小倉支判平成6・10・6、広島地福山支判平成9・8・25、名古屋地判平成9・9・30等最新実務判例集成〔改訂増補版〕83～84】、肯定したものとして、営業職員が被保険者の夫に告知書に記入させ、被保険者である妻本人に告知内容を確認しなかった事例【東京地判平成9・1・22判タ966・252】、営業職員が被保険者の高血圧症を強く認識しながら、別会社の保険を解約させ保険に加入させた事例【東京地判平成10・10・23続・最新実務判例集33】があります。

3 質問の回答

　診査医に対し告知したとのことですので、有効な告知と認められます。しかし、生命保険面接士、営業職員または募集代理店に対する告知は、有効な告知とは取り扱われません。ただし、営業職員等が、成績を上げるために、あなたの友人の方の告知を積極的に妨げた等の事実があれば、事案によっては保険会社に過失ありとして、解除権行使が阻却され、解除権を行使することができなくなると解することも十分に可能と思われます。

（和田一雄）

32

診査医の過失

診査医の過失の判断基準はどこに求められるか

> **Q** 私の夫は、生命保険の告知の際、肝腫瘍に罹患していたことを告げませんでしたが、肝腫瘍は仰向けに寝て腹部を触診すれば医師であれば容易に分かるものでした。ところが、生命保険の診査をした医師は、私の夫を座らせたまま触診したため、気づかなかったようです。この場合も、告知義務違反による解除は認められるのでしょうか。
> また、私も、卵巣がんの手術をしたことがあり、そのことを告知せず加入いたしましたが、卵巣がんの手術の跡は、医師であれば見ればすぐに分かります。この場合も解除は認められるのでしょうか。

1 診査医の過失

　被保険者に告知義務違反があったときでも、保険会社に悪意または過失がある場合には、保険会社は告知義務違反を理由に解除することはできません（商644条1項ただし書、同678条1項ただし書）。これは、保険会社が悪意であったのであれば、危険選択を放棄しているに等しいといえ、過失があったのであれば解除権を認めないのが衡平であるとされたためです。

　診査医は告知受領権を与えられているため、診査医の悪意または過失は、保険会社の悪意または過失であるとされます。そして、診査医の過失の有無については、「通常行われている医的診査に即して判断されるのであって、普通開業医が通常発見できる病症を不注意で見過ごしたかどうかがが基準となる」（山下・保険法311頁）とされています。

2 過失の判断基準

しかし、このことは、診査医が、その内容において、普通開業医が診療を求めてきた患者を診断する場合に用いる診療と同じ診査をしなければならないことを意味するのではなく、その水準において、普通開業医として、保険取引上相当と認められる注意を尽くせば足りるということを意味するとされています。これは、診査医の立場は、患者から症状を告げられて積極的に診療を依頼される普通開業医（診療医）とは異なり、保険診査医として、告知がなくても告知すべき重要な事実を通常発見できるか否かが求められるためです。

各保険会社は、従来の経験および保険医学上の知見を基礎として、診察・検査の方法および範囲を具体的に定めていますが、それが保険業界で一般的であって、しかも合理性を有するものであれば、診査医が、保険会社の定める診査方法に従って、普通開業医としての水準で注意をつくして診査するかぎり過失はないと考えられています。

3 判例の立場

診査医の過失について言及した初期の判例では「……診断上普通開業医が通常発見し得べき病症を不注意に因り看過したるや否やをもって標準とすべく、保険医をして夫れより以上の注意を為すの責めに任せしむることを得ず」とされており【大判明治45・5・15民録18・492】、その後の判例も同様に判断しています。

診査の内容については、「医師が診断に使用するすべての診査を要するものではなく取引上相当と認められる注意を尽くせば足りる」とし【大阪地判昭和47・11・13判タ291・344】、肺結核に罹患している者に、打診・聴診で異常を認めず血沈検査やレントゲン検査を行わなかった事例【東京地判昭和37・2・12判時305・29】、慢性肝炎患者がその事実を告げず肝臓がんで死亡した場合に、血液検査のみを行い生体検査まではしなかった事例【東京高判平成7・1・25判タ886・279】等、多数の判例において、診査医の過失を認めていません。

これに対し、診査医の過失が認められた事例としては、慢性肝炎の患者に、点滴による注射痕があった事実を見落とした事例【広島地尾道支判平成9・

3・28最新実務判例集成〔改訂増補版〕64】、開腹手術の告知はなされたのに退院後の通院治療等の状況を質問確認しなかった事例【東京高判平成11・3・10続・最新実務判例集10】等が見受けられるのみです。

4　質問の回答

　質問者の夫の場合、保険会社の診査方法では、座ったままの触診に限られているようですし、その方法が保険取引上妥当ではないとは思われません。そのため、保険会社に過失ありとして告知義務違反解除ができないとまではいえないと考えられます（【福岡地小倉支判昭和46・12・16判タ279・342】参照）。

　質問者の場合につきましても、女性の下腹部につきましては問診のみがなされ、それ以上の診査をしないのが通常ですし、格別それが保険取引の通念に反しているとまではいえないと思われます。そのため、下腹部を見なかったことが過失とは即断できず、解除できないとはいえないと思われます【東京地判昭和40・3・30判タ176・188】。

（和田一雄）

33

告知義務と保険会社の解除権

どのような場合に保険会社の解除権が制限されるか

Q 肝硬変に罹患した夫は、月8回程度病院に通院し、点滴と投薬を受けていましたが、保険外交員にたびたび保険加入をすすめられ、たとえ病気に罹っていても診査医の診査さえ通れば保険金が支払われる旨の説明を受けました。その後、診査医の診療所に赴きましたが、同外交員のアドバイスに従い、告知書の健康状態に関する質問項目にはすべて「いいえ」と回答しました。同診査医は普段は被保険者の上腕部等を視診し注射痕の有無等を確認しているそうですが、当日は夫の上腕部等の視診をしませんでした。その後、肝硬変から肝がんに移行して夫は死亡しました。保険会社は、告知義務違反があるから保険金は支払えないと主張しますが、同診査医が夫の注射痕を発見し、それについて質問していたら、夫は正直に自己の病気や治療状況を述べていたと思います。そのような場合にも告知義務違反によって契約が解除され、保険金は受け取れないのでしょうか。

1　解除権阻却事由

　告知義務違反があれば保険会社は保険契約を解除することができますが〔⇨28〕、商法は次のような場合に保険会社の解除権を制限しています。以下、順を追って説明しましょう。

（1）　不可争期間（商644条2項・678条2項）

　まず、時間的な制限があります。保険会社が解除の原因を知ったときから

1か月以内に解除権を行使しなければ、解除権は消滅します。この場合に、誰が知ったときをもって、保険会社が解除原因を知ったときとするかという問題がありますが、判例は、たとえ解除権が保険会社の本店に専属する場合であっても、契約締結権を有する支店長が締結した保険契約については当該支店長の知をもって保険会社の知となすことができると解しています【大判昭和14・3・17民集18・156】。

契約成立の日から5年以内に解除権を行使しなかった場合も、解除権が消滅します。これに対して、保険約款では、責任開始後2年以内に保険事故が発生しなかった場合には解除権を行使できないと規定されています。したがって、責任開始後2年以内に保険事故が発生した場合には、契約締結後5年以内かつ解除原因を知ってから1か月以内という期間制限をみたすことを条件として、保険会社は解除権を行使することができます。いずれにしてもこれは、保険契約者等をいつまでも不安定な地位に置くことを避けるべく公平の見地から設けられたルールといえます。

以上の期間は**時効期間**とは異なり**除斥期間**ですから、期間経過によって自動的に解除権が消滅します。このように一定の期間経過後は契約の効力を争うことができないことから、この期間のことを**不可争期間**とよびます。

(2) 因果関係不存在

たとえ告知義務違反があっても、告げなかった疾病と無関係の事故（たとえば交通事故）で被保険者が死亡した場合のように、保険事故と不告知または不実告知との間に因果関係が存在しないことが証明された場合は、保険会社は保険金を支払わなければなりません（商678条2項・645条2項ただし書）。

判例は、この規定を適用するためには保険事故と不告知・不実告知との間に因果関係がまったく存在しないことが必要であって、両者の間に少しでも因果関係を窺わせる余地があればこの規定を適用すべきではないと解しています【大判昭和4・12・11新聞3090・14】。したがって、事実上、因果関係不存在の例は限定されてくることになります（たとえば、梅毒の不告知と脳膜性流行感冒による死亡【東京控判大正11・5・24新聞2031・15】）。こうした判例の態度に対しては、商法の趣旨に鑑み、因果関係が拡張されすぎているのではないかという批判もみられます。

(3) 保険会社の悪意・過失による不知

　告知義務違反があっても、保険会社が告知義務違反の対象とされる事実すなわち解除の原因を知っていたとき（悪意）、または過失によってこれを知らなかったときには、契約を解除することができません（商678条1項ただし書）。この理は、**診査医**のような**告知受領権者**にもあてはまるものと解されます。

2　解除原因了知の時期

　上記**1**(1)に関しては「解除の原因を知ったとき」の解釈が問題となります。これは保険会社が解除権行使のために必要と認められる諸要件を確認したときを意味し【大阪地判昭和58・12・27判時1120・128】、保険会社が単に解除原因の存在について疑いをもっただけでは足りないと解されます【東京地判昭和61・1・28判時1229・147】。なお、保険会社が解除原因を知ったときに、解除の意思表示の受領権者が存在しない場合には、保険会社が、解除の受領権者が現れたことを知り、または知ることができたときも含めて「解除の原因を知ったとき」と解されています【最判平成9・6・17民集51・5・2154】。

3　質問の回答

　質問のケースは、上述した解除権阻却事由のうち「保険会社の過失による不知」に該当する可能性があります。保険会社の診査医には告知受領権が付与されていますから、「診査医の過失による不知」は「保険会社の過失による不知」として取り扱われます。診査医にどの程度の注意義務が要求されるかについては微妙な問題がありますが、通常行われている診査を不注意により怠ったということですから、診査医には過失が認められ、保険会社は解除権を行使できないように思われます。

（山野嘉朗）

34

契約解除の意思表示の相手方

告知義務違反による契約解除の意思表示の相手方は、保険契約者でなければならないか

Q 取引先の株式会社には取締役が1人しかいませんが、同社は、その取締役を被保険者として保険金額5000万円の生命保険契約を締結していました。債権回収のため、当社は、取引先が保険会社に対して有する保険金請求権を差押え、転付命令を取得しました。これにより、保険会社に対して保険金の支払いを求めましたが、保険会社は、被保険者に告知義務違反があったと主張して、保険金の支払いを拒みました。保険会社が解除の意思表示を行う相手は保険契約者に限られると思うのですが、取締役である被保険者は死亡して、取引先には解除の意思表示を受領できる者がおりません。それでも当社の保険金請求は認められないのでしょうか。

1　解除権の行使

　契約の解除は、契約当事者の一方の相手方に対する意思表示によって行うのが原則です（民540条1項）。この原則に従えば、契約当事者の一方である保険会社が解除の意思表示を行う相手方は保険契約者ということになります。これには保険契約者が死亡した場合の相続人や契約上の地位を譲り受けた者も含まれます。したがって、保険金受取人に対して解除の意思表示を行ってもなんら効力が生じないことになります【大判大正5・2・7民録22・83】【東京地判昭和53・3・31判時924・120】。もっとも、契約者や、契約者の住所・居所が不明である場合、あるいは正当な理由によって契約者に通知で

きない場合は、被保険者または保険金受取人に通知できると定める約款もみられます。

ところで、以上の原則を貫くと不都合なことが生じます。解除の意思表示を受領する権限のある者が存在しないというケースがあり得ますが、その場合は、保険会社は解除権の行使ができないことになります。たとえば、保険契約者が株式会社で、被保険者がその会社の唯一の取締役である場合を考えてみましょう。被保険者が保険加入に際して、告知義務違反を犯し、その違反と因果関係がある病気で死亡した後に、保険会社が、その解除原因を知った時点では、後任の取締役が選任されていない限り、解除の相手方は存在しないことになります。むろん、利害関係人として保険会社が裁判所に仮取締役の選任を申し立てることもできますが（会社346条2項）、コストの点からみても現実的ではありません。いずれにしても相手方が不存在の状態で1か月経過すれば解除権が消滅することになり、そうした不利益を保険会社に負担させることは妥当とはいえないでしょう。

2　判例の立場

この問題について、判例はつぎのような解決を図りました。①有限会社を保険契約者・保険金受取人とする生命保険契約における被保険者が死亡し、かつ、有限会社が意思表示を受領する権限を有する者を欠く状態にある場合において、転付命令により保険金受取人の保険会社に対する生命保険金支払請求権を取得した者があるときには、保険会社は、右転付債権者に対しても告知義務違反を理由とする生命保険契約の解除の意思表示をすることができる、②有限会社を保険契約者とする生命保険契約について、保険会社が告知義務違反による解除の原因を知った時点において解除の意思表示の受領権限を有する者がいないときには、生命保険約款の定める解除権の消滅に関する1か月の期間は、保険会社が右受領権を有する者が現れたことを知り、または知ることが可能となったときから進行する【最判平成9・6・17民集51・5・2154】。

このような判断がなされた理由は、転付債権者は保険契約の帰趨について強い利害関係を有しているという点、ならびに、解除の意思表示の受領権者が存在しないという事態については有限会社に帰責事由があるという点にあります。ちなみに、上記事例では、保険会社は転付債権者に対して1か月の

解除権行使期間内に解除の意思表示を行っていませんでした。しかし、保険会社は、転付債権者に対する解除の意思表示をすることには思い至らなかったものの、解除の意思表示をするために採るべき方法を模索していました。裁判所はそうした保険会社の努力を考慮して、信義則の観点から、保険会社の解除の意思表示が解除権が消滅する以前に転付債権者に到達したのと同視できると判断しています。

3　質問の回答

　保険会社が解除の意思表示を行う相手は、原則として保険契約者に限られますが、たとえ保険契約者が存在しなくとも、上記のような事例では、転付債権者や、これと同等の地位にある保険金請求権上の質権者等に対する解除は例外的に有効と解されますので、保険会社が質問者の会社に対し1か月の解除権行使期間内に解除の意思表示を行った場合や、解除の意思表示が解除権消滅前に質問者の会社に到達したと同視できる場合は、質問者の会社は転付債権者として保険金請求権を行使することはできないと考えます。

(山野嘉朗)

35

告知義務違反と詐欺・錯誤

告知義務違反は詐欺または錯誤にあたるか

> **Q** 平成12年3月、十二指腸潰瘍で入院中に生命保険に加入しましたが、告知書は単なるアンケートのようなものだと思い、加入に際しては告知書のすべての質問項目に対して「いいえ」と回答しました。平成15年5月に糖尿病と肝機能障害のため再び入院したので、入院期間に相当する疾病入院保険金を請求しましたが、保険会社は、詐欺による契約であり保険契約は無効であるとして、保険金の支払いを拒絶しました。たしかに真実は告げなかったかもしれません。しかし、保険会社をだまして契約させようとまでは思っていませんでした。それでも詐欺で無効なのでしょうか。

1　告知義務違反と詐欺

　民法では、詐欺による意思表示はこれを取り消すことができると定めています（民96条1項）。これに対し、生命保険約款には、保険契約者または被保険者の詐欺により保険契約が締結された場合、その保険契約は無効とし、保険会社はすでに払い込まれた保険料は返還しない旨の規定がみられます。したがって、約款の規定のほうが民法の規定よりも制裁的要素が強くなっています。民法の通説的見解に従えば、詐欺が認められるためには、相手を欺罔して錯誤に陥れようとする故意（一段目の故意）と、この錯誤によって意思表示させようとする故意（二段目の故意）が必要とされます。この解釈は約款の解釈にも当てはまるものと解されます。したがって、たとえば保険契約

者等が、入院歴や手術歴がないものと保険会社を誤信させて、保険会社に契約の申込みを承諾させようと意図する場合は、告知義務違反のみならず詐欺も認められることになります。

このように、告知義務違反による解除権に加え、**詐欺**の適用も認めると、保険会社が解除の原因を知ったときから1か月以内に解除権を行使しなかった場合、また、契約成立の日から5年以内に解除権を行使しなかった場合等のように解除権の阻却事由に該当しても、保険会社は保険金の支払いを免れることができます。両者の関係をどうとらえるかについては、以下に述べる**錯誤無効**（民95条）との関係も含め学説上争いがあります。結論からいいますと、今日では錯誤の規定の適用は排除されるが、詐欺についてはその適用を認めるという見解が学説上有力になっています。一方、判例は告知義務に関する商法の規定は詐欺・錯誤に関する民法総則の規定を排除しないと解しています【大判大正6・12・14民録23・2112】。

このように、詐欺があると認められる場合は、保険会社は告知義務違反に関する解除権の制限とは無関係に契約の無効を主張できることになります。詐欺の要件は厳格に解されるべきですから、保険契約者等が、悪性の腫瘍等重大な疾病に罹患していることを自覚しつつあえて黙秘または虚偽告知を行っただけでは足りず、これを正直に告知すれば契約の申込みが拒絶される可能性が高いことを認識していたにもかかわらず黙秘または虚偽告知を行ったことが間接事実から推認される必要があります。もっとも、疾患が重大であればそれだけ、契約拒絶の可能性が高いことを認識していたと考えることも可能であり、それにもかかわらず告知をしなかったという事実から、保険会社を錯誤に陥れたうえで契約を締結させたと解することもできます【東京地判平成11・12・1判タ1032・246】。とはいえ、告知義務制度とのバランスを考え、不作為ないし沈黙による詐欺については慎重に判断することが必要と思われます。

2 告知義務違反と錯誤

民法95条は、「意思表示は、法律行為の要素に錯誤があったときは、無効とする。ただし、表意者に重大な過失があったときは、表意者は、自らその無効を主張することができない」と定めていますが、上述したとおり、判例理論上は、保険会社が告知義務違反の主張とあわせて錯誤無効を主張するこ

とは可能です。もっとも、海外旅行傷害保険に関するものではありますが、判例は、保険会社が保険契約締結当時の被保険者の病状（腹部大動脈瘤）を知っていたならば保険契約を締結することはなかったから、この点に関する錯誤は要素の錯誤にあたるとの主張に対して、これは**動機の錯誤**にすぎず、保険会社側の動機が表示されていないから**法律行為の錯誤**とはいえないと判示して、保険会社の主張を排斥しています【最判平成5・7・20損保企画536・8】。したがって、現実に、告知事項について**要素の錯誤**による無効を主張することは困難と思われます。

3 質問の回答

　質問のケースでは、責任開始後2年を経過していますから、約款規定に従い、保険会社は告知義務違反を理由とする解除権を行使することはできません。そこで、詐欺無効の主張がなされたものと思われます。この場合、上述した一段目の故意と二段目の故意が認められるか否かが問題となります。質問者は、必ずしも軽微とはいえない疾患で入院中にもかかわらず、不告知ないし不実告知をしたわけですから、一段目の故意がなかったことを証明することは困難と思われます。

　問題は二段目の故意の認定です。「保険会社を誤信させて契約を締結させよう」とまでは実際に思っていなかったとのことですが、訴訟において裁判官は種々の間接事実（短期集中加入、重篤な疾病の秘匿等）により、二段目の故意を推認することができます。質問のケースは、相当に重い疾患で入院していた際の不告知ないし不実告知ということですから、二段目の故意が推認される可能性は高いと思われます。また仮に、他の複数の保険会社にも同様の請求を行っているとなると、モラルリスクが高いと判断され、二段目の故意が推認される可能性は一段と高くなりましょう。

（山野嘉朗）

第5章 保険料の支払い

36

保険料の払込方法

保険料の支払方法、払い方にはどのような種類があるか

Q 生命保険の保険料を銀行口座引落しで月々支払っていますが、口座の残高不足で2か月連続して保険料が口座から引き落とされませんでした。この場合、保険契約はどうなるのでしょうか。

1 保険料払込方法に関する約款規定

　かつての生命保険の約款では、保険料は本社または保険会社の指定した場所に払い込むこととだけ定められていました。したがって、保険料支払債務は債権者（保険会社）の住所または営業所で履行する持参債務となります。

　しかし、昭和56年11月に報告された国民生活審議会消費者政策部会の「消費者取引に用いられる約款の適正化について」において、当時主流であった集金等の慣行に基づく消費者の意識が約款上の規定と乖離（かいり）していることがトラブルの原因となっているとして、実際に行われている保険料払込方法を約款に規定し、消費者が保険料払込方法を選択できるように改めるべきであるとの指摘を受けました。生命保険各社は、この指摘に対応すべく、昭和58年4月に約款を改定し、実際に行われている保険料払込方法を約款に規定しました。

●保険料の支払い方法（経路）

　すなわち、保険料の払込方法としてつぎの方法が約款に規定され、保険契約者はそのいずれかの方法を選択することができると定められています。

① 保険会社の指定した金融機関等の口座振替により払い込む方法（口座振替扱い）

② 保険会社の派遣した集金人に払い込む方法（集金扱い）
③ 金融機関等の保険会社が指定した口座に送金することにより払い込む方法（送金扱い）
④ 所属団体または集団を通じ払い込む方法（団体扱いまたは集団扱い）
⑤ 本社または保険会社の指定した場所に持参して払い込む方法（店頭扱い）

　この約款改定により、保険契約者が選択した保険料払込方法により、保険料支払債務を履行することが明確になりました。
　集金扱いの場合、保険料支払債務は債務者（保険契約者）の住所（集金先）で履行することになりますので、取立債務となります。
　また、口座振替扱いは、後述のように、保険会社の保険料振替請求に基づき保険料を振り替えますので、取立債務に準じた債務の履行方法と解されます。
　これに対し、店頭扱いは、債権者（保険会社）の住所または営業所で履行する持参債務となります。
　送金扱いも、保険契約者が保険会社の指定口座の送金するところから、持参債務の一種と解することができます。
　なお、団体扱いおよび集団扱いは、所属団体または集団が保険契約者の保険料をとりまとめて保険会社に払い込むものです。所属団体または集団が、集めた保険料を保険会社の指定口座に一括して送金する場合は、送金扱いと同様に持参債務の一種と解することができます。他方、集めた保険料を保険会社の派遣した集金人に一括して払い込む場合は、取立債務となるものです。
　いずれの払込方法においても、払込期月中に保険料の払込みがなく、猶予期間中に払い込む場合には、約款で本社または保険会社の指定した場所に払い込まなければならないと定められているので、この場合には持参債務となります。

●保険料の払込方法（回数）—払い方
　保険料払込経路としての上記払込方法とは別に、保険料払込回数に関する払込方法があります。すなわち、保険料の払込みを１回ですませる一時払いと複数回にわたる分割払いがあり、分割払いはさらに月払い、半年払いおよび年払いに分かれます。さらに年払いであっても数年分まとめて一時に払い込む方法（前納制度）や保険契約の一部について一時払いとし、残りを分割

払いとする方法（頭金制度）、月払いとボーナス月払いを併用する方法（ボーナス併用払い）、契約当初の一定期間の保険料を低くし、その分一定期間経過後の保険料を高くするステップ保険料払込方式などさまざまな方法があります。

　分割払いの場合、保険料払込単位に応じた契約応当日（たとえば契約日が平成18年4月1日の年払契約の場合、契約応当日は毎年の4月1日となります）の属する月の初日から末日までが保険料を払い込むべき期間（払込期月）となります。この払込期月中に保険料が払い込まれなかったときは、月払契約の場合、払込期月の翌月初日から末日まで、年払契約または半年払契約の場合は、払込期月の翌月初日から翌々月の月単位の契約応当日までが猶予期間となり、猶予期間中にも保険料が払い込まれないと、猶予期間満了日の翌日に生命保険契約は効力を失います。なお、解約返戻金の範囲内で保険料の自動振替貸付がなされると、その保険料貸付がなされた期間だけ保険契約は有効に継続することとなります。

2　口座振替扱いによる保険料払込み

　口座振替扱いとは、保険契約者と保険会社との間で口座振替扱特約を締結することにより、払込期月の所定の振替日（保険会社によって異なります）において、保険契約者の口座から保険会社の口座へ自動的に保険料相当額を振り替える取扱いです。口座振替扱いには、銀行口座から振り替える銀行振替扱いと郵便局の貯金口座から振り替える郵便振替扱いがあります。

　口座振替扱特約を締結するには、保険契約者に銀行口座または郵便貯金口座があり、保険契約者は、保険会社の保険料振替請求に基づき自らの口座から保険会社の口座へ請求額を振り替える旨、金融機関等に対しあらかじめ依頼しておく必要があります。

　金融機関等は、保険会社の保険料振替請求に基づき、振替日に保険契約者の口座から保険料を引き落とします。金融機関等による振替えは、保険契約者の依頼に基づくものですが、一方で、保険会社と金融機関等との間では、保険料振替請求データの授受等を細かく約定しており、金融機関等は保険会社の代わりに保険料を取り立てる機関としての性格を有しているものと解されます。

　口座振替扱特約では、指定口座から保険会社の口座に保険料相当額を振り

替えることによって保険会社に払い込まれるものとする旨定めています。保険料債務がいつ消滅するかは、この特約の文言上からは明らかではありません。すなわち、保険契約者の口座から引き落とされた時と保険会社の口座に入金された時の2つの考え方があり得ますが、金融機関等の取立機関的性格を考慮すると、前者の保険契約者の口座から引き落とされた時と解することが妥当と考えます。

振替日に公共料金等他の引落しがあり、その引落しが先順位の場合、保険料分をあらかじめ口座に入れていたとしても残高不足で保険料が引き落されないことがあります。振替日に残高不足により保険料が引き落されなかったときは、月払契約の場合、翌月の振替日に再度翌月分と合わせ2か月分の保険料引落しを行い、年払契約または半年払契約の場合、翌月の振替日に再度保険料引落しを行います。2回連続して引き落されなかったときは、猶予期間中に本社または保険会社の指定した場所に保険料を持参して払い込む必要があります。

口座振替扱いが問題となった裁判例については〔⇨**39**〕。

3 質問の回答

質問の件については、2か月連続して引き落とされなかったため、猶予期間中に本社または保険会社の指定した場所に保険料を持参して払い込む必要があります。猶予期間中に保険料が払い込まれない場合、保険料の自動振替貸付がなされないかぎり、保険契約は猶予期間の満了日の翌日に効力を失うこととなります。

（輿石　進）

37

保険料の受領権者および立替払い

営業職員への保険料支払いは有効か。募集人による保険料の立替払いの問題点

> **Q** 私は生命保険に加入するにあたり、加入を勧めてくれた営業職員の方に第1回保険料の立替えをお願いしました。最初、それはしてはいけないことになっていると断られましたが、強くお願いしたら引き受けてくれました。ところで、この営業職員の方が立て替えると約束しておきながら、会社に払い込まなかった場合、保険契約は成立するのでしょうか。

1 保険料の受領権者

　保険契約では、保険会社は保険事故発生時に死亡保険金や入院給付金の支払義務を負います。その対価として、契約者は保険料を支払う義務を負います。保険料の支払いは、保険会社自身または保険会社のために受領する権限のある者に対してしなければ、支払いとしての効果を生じません。受領権限を持つのかどうかは、保険会社が受領権限を与えているかどうかによります。

　保険会社は、第1回保険料相当額については保険募集人に受領権を与えています。また、集金扱いの場合には、集金担当者に第2回以降の保険料の受領権を与えています（山下・保険法333頁）。なお、この集金担当者については、携行する証明書にその旨記載することにしています。

2 営業職員の立替払い

　営業職員の立替払いには、営業職員が契約者に代わって保険料を払い込み、その後契約者から保険料を受け取るものと、営業職員が保険料の全部または

一部を割り引くものがあります。後者は保険業法が禁止する行為（保険300条1項5号「保険契約者又は被保険者に対して、保険料の割引、割戻しその他特別の利益の提供を約し、又は提供する行為」）に該当すると考えられます（山下・保険法175頁）。もっとも、営業職員に保険料の受領権がないことから、現在の実務では営業職員による立替えは行われていません。

仮に立替払いが行われ、営業職員によって保険会社に保険料が払い込まれたときは、保険契約は有効に成立、存続します。そして、営業職員が契約者に代わって保険料を払い込んだ場合には、契約者は営業職員に保険料相当額を払う義務があります（後掲【大判昭和17・5・20新聞4782・16】）。他方、営業職員が「立て替える」と約束しておきながら保険会社に保険料を払い込まなかった場合は、保険契約者は、保険会社に対して当然には保険契約の成立、存続を主張できないというのが裁判例です（後掲【福岡高判昭和38・1・11判時355・67】）。

3 判例の立場

① 保険料の受領権者について

営業職員等に保険料受領権がないことを前提に、契約者が営業職員等に保険料を支払った場合に、その権限があると信じることに正当の事由があれば、保険料の支払いは有効とした裁判例があります【東京控判大正13・11・25新聞2361・18】【大判昭和7・8・17新聞3456・15】。

【東京地判昭和25・9・6下民集1・9・1402】は、営業職員が会社所定の保険料領収証を持参した場合には、その営業職員に保険料受領権があると信じることに正当の事由があるとしました。

② 営業職員の立替払いについて

【大判昭和17・5・20新聞4782・15】は、営業職員による立替えが行われた場合、保険会社は保険事故があれば保険金等の支払義務を負うとしています。そして、そのため営業職員は、民法が定める有益費（事務管理、697条、702条）として、保険料相当額を契約者に請求できるとしています。

また、【福岡高判昭和38・1・11判時355・67】は、損害保険会社の外務社員が立替払いをする旨約束したにもかかわらずこれをしなかった事例で、外務社員に立替払いの権限がなく、その権限があると信じるにつき正当の事由はないと判断し、契約者から保険会社への請求を退けました（【神戸地判昭和

58・3・16文研生命保険判例集3・305】【東京地判昭和59・1・24文研生命保険判例集4・1】等参照)。

4　質問の回答

　質問のケースでは、営業職員が保険料相当額を会社に払い込んでいなければ、保険会社との関係では保険料は支払われていないことになります。したがって、この場合保険契約は成立せず、保険会社は責任を負いません。

　なお、営業職員が保険料相当額を会社に払込んでいれば、保険契約は成立しており、あなたは営業職員に対して保険料相当額を支払う必要があります。

(石岡　修)

38

保険契約の失効および復活

催告がなくても失効するか。失効した場合の契約を復活できるか

> **Q** 生命保険の保険料を何回か払わないでいたら、契約が失効したとの連絡が来ました。失効前にその旨知らせる連絡を受けた覚えがないのですが、それでも契約は失効するのでしょうか。また、保険料を払えば復活を請求できるとのことですが、復活とは何でしょう。継続していた場合とどう違うのでしょうか。

1 催告がなくても失効するか

　失効とは、保険契約が保険料の不払いその他一定の事由により当然に終了することをいいます。失効中は、保険事故（死亡、入院等）が発生しても、保険金、給付金は支払われず、他方、保険会社は保険料を受け取りません。契約者は解約返戻金に相当する額の金員を請求できますが、これを受け取ることで契約は復活できなくなります。

　生命保険契約では、通常、**猶予期間**内に保険料が払い込まれないときは失効することが約款で定められています。民法上は、債務不履行（保険料支払い債務の不履行）があれば、相当の期間を定めて催告し、それでもなお履行がない場合に契約の解除ができます（民541条）。これに対して生命保険契約では、約款上、催告は失効の要件とはなっていません。しかし、約款であらかじめ「相当の期間」（同条）より長い猶予期間（月払いの場合、払込期月の翌月の初日から末日まで、半年払いおよび年払いの場合、払込期月の翌月の初日から翌々月の月ごとの応当日までが猶予期間とされます）が設けられており、猶予期間中は保険契約の効力が維持されます。そして、猶予期間を経過しても、

135

解約返還金があればこれを基礎に保険料自動貸付が行われて失効が防止されること、実務上督促のはがきを郵送する取扱いが行われていること、催告が必要とすると、失効する契約のすべてについて内容証明等で催告しなければならなくなり、コストがかかりすぎることなどから、このような約款規定も有効と考えられています（山下・保険法343頁ほか）。

2　復活とはどのような取扱いか

保険契約者は、通常失効してから3年以内であれば保険契約の**復活**を請求できます。復活の法的性質については、新契約であるとする説、保険契約者の単独行為であるとする説などがありますが、通説は、約款（当事者間の合意）に基づき、契約失効前の状態を回復させることを内容とする特殊な契約であるとしています（特殊契約説、西島・保険法378頁）。

復活に際しては告知義務が課され、保険会社の承諾が復活の要件となります。また、新契約と同様、会社所定の金額（未払込保険料）が払い込まれるまで責任が開始しません。自殺免責についても復活時から改めて起算します。他方、元の契約に無効、取消し、解除事由等があれば、復活後の契約についてもこれを主張することができます。

3　判例の立場

①　【東京地判昭和53・8・29文研生命保険判例集2・210】は、約款上、失効の前に、契約者に失効日を告知し、あるいは払込みの催告をすべきことを定めていなくとも、著しく契約者側に不利益なものということはできず、約款が公序良俗に反するともいえないとしています。

また、督促等の書類が送達されているとして失効を認めたものに【東京地判昭和59・9・4文研生命保険判例集4・82】【福井地判平成5・2・1文研生命保険判例集7・214】などがあります。

②　【大判大正11・8・28民集1・501】は、復活時に告知義務を課すことを前提として告知義務違反の有無を判断しています。また、復活後1年以内の自殺を免責とする約款規定の合理性を認めたものとして、【神戸地姫路支判昭和61・9・11文研生命保険判例集4・378】【大阪地判昭和63・8・30文研生命保険判例集5・312】などがあります。

4　質問の回答

　質問については、実務上督促等の書類がまったく送られないということは考えにくいことですが、仮にそうだとしても失効することになります。

　復活については、基本的には失効した契約について、失効前の状態を回復するものですが、告知義務が課されること、保険会社に承諾するかどうか選択の機会が与えられること、自殺免責期間が改めて起算されることなどの点で、継続していた場合とは異なるので注意してください。

（石岡　修）

39

口座振替による保険料支払い

口座振替による保険料支払いをめぐる諸問題

> **Q** 保険料の口座振替日までに振替に必要な残高を口座に用意していましたが、銀行のミスで振替されませんでした。すでに保険料支払の猶予期間が経過しています。契約を継続するためには復活手続が必要なのですか？

1 口座振替による保険料支払いの法的性質

　保険料支払いを口座振替によって行うためには、保険契約者は保険会社との間でその旨の特約を締結して行うのが通常です。また、保険契約者は金融機関に対して、保険会社からの振替請求があれば請求相当額を指定口座から引き落とし、保険会社の預金口座に振替える旨の依頼を事前に行います。

　口座振替による保険料の支払いの法的性質は、振替日に保険契約者が振替取扱金融機関における指定口座に有している保険料相当額の預金債権を振替によって保険会社に取得せしめ（保険料相当額を保険契約者の口座から保険会社の口座に振り替える）、それをもって保険料支払債務の弁済に代えることを約束する代物弁済の予約と考えられています（岩原・生保百選237頁）。

2 保険会社への保険料の払込日はいつになるのか

　指定口座からの振替の後、保険会社の口座に入金記帳されるまでは金融機関での事務処理の都合上、通常は数日程度かかることから口座振替による保険料支払いの場合、保険会社への保険料の払込日はいつとなるのかが問題となります。この点については、①保険契約者の預金口座から引き落としがされたときを払込日とする考え方と、②保険会社の口座に入金記帳されたとき

を払込日とする考え方があります。②の考え方の場合、保険料の口座振替は月末近くに行われることが多く、保険会社の口座への入金記帳が翌月になってしまうような場合には、保険契約の効力に影響を及ぼしてしまう可能性があります。そのため、保険会社における実務では、保険料の口座振替に関する特約条項で「振替日に保険料の払込があったものとする」旨を定め、①の考え方による取扱いをしているのが通常です。

3　口座残高の不足で保険料が振り替えられなかった場合

　口座振替による保険料支払の場合、保険契約者は振替可能な残高を口座に準備しておくことで、保険料支払債務の弁済に必要な行為をしたものと考えられます。しかし、口座残高の不足で保険料が振り替えられなかった場合には、債務の弁済に必要な行為がなされなかったことになり、保険契約者は保険会社に保険料を持参して支払うなど弁済のための行為をする必要があるのが原則です。もっとも、保険会社における実務では、保険料の口座振替に関する特約条項で月払契約であれば翌月に2か月分の振替、年払いまたは半年払いであれば翌月に改めて振替を行うものとし、それでも振替ができなかった場合には保険料払込の猶予期間内（月払い契約であれば保険料払込期月の翌月初日から末日まで）に保険会社の本社等に払い込む必要がある旨を定めています。したがって、保険契約者は翌月の振替に必要な残高を口座に用意しておけばよいことになります。

　なお、口座振替ができなかった場合の保険料払込猶予期間の考え方について争われた裁判【神戸地尼崎支判昭和55・7・24生命保険協会会報62・1・82】がありました。

　原告は、保険料支払が口座振替の場合には保険料支払債務が持参債務から取立債務に変更されるものであるから保険料払込の猶予期間は本来の払込期日を基準として計算するのではなく、取立てのあった振替日（再振替の場合には再振替日）を基準とすべきと主張しました。この主張によれば、翌月の再振替ができなかったとしても、翌々月中に保険料を払い込めば保険契約は失効しないことになります。しかし裁判所は、口座振替による保険料支払いは、口座振替を取り扱う金融機関を保険会社が指定する債務履行地とする持参債務であるとして原告の主張を排斥しました。

4　質問の回答

　上述のとおり保険契約者は振替可能な残高を口座に用意しておくことで、保険料支払債務の弁済に必要な行為をしたものと考えられますので、残高不足の場合にのみ遅滞の責任を負います。よって、事務・システム上のミス等の金融機関側の原因、あるいは金融機関に対して振替請求を行わなかったなどの保険会社側の原因によって振替がなされなかった場合には、それによる遅滞の責めを保険契約者が負うものではありません。

　したがって、質問のケースの場合、あなたは保険料支払いの猶予期間経過による保険契約の失効という不利益を受けるものではありません。保険契約の効力はなお、存続しているものと考えられ、保険契約の復活手続によらず、振替られなかった保険料を保険会社に支払えばよいのです。

（木目田武史）

40 保険料の支払い

小切手・手形による保険料支払いは有効か

Q 私の夫は、生命保険に加入した直後に交通事故で死亡しました。第1回の保険料は小切手で支払ったのですが、この小切手が現金化されたのは夫の死亡の直後でした。第1回の保険料を支払う前に死亡しても保険金は出ないと聞いたことがありますが、私の場合はどうなるのでしょうか。

1　小切手・手形による保険料支払い

生命保険では、保険者（保険会社）は、つぎの時期から責任を負います。
① 契約の申込みを承諾した後に第1回保険料を受領した場合は、第1回保険料を受領したとき。
② 第1回保険料相当額を受領した後に契約の申込みを承諾した場合は、第1回保険料相当額を受領したとき。ただし、告知の前に受領した場合は告知のとき。

現金の場合、支払われた時点で保険料（相当額）支払いの効果が生じます。したがって、保険会社が第1回保険料（相当額）を受領したときがいつであるかは明確です。しかし、小切手や手形で保険料を支払う場合、いつ支払いの効果が生じるのでしょうか。

この点については、これらを保険料支払いと同視する取引慣行があるかどうかによって判断することになります。

小切手については、その小切手が不渡りとならなかったかぎりで、決済をまたずに、保険会社が小切手を受領したときに払込みがあり、保険料支払いの効果が生じると考えられています（西島・保険法111頁）。

手形については、取立てが終了したときに保険料支払いの効果が生じると考えられているようです（西島・保険法111頁、山下・保険法338頁）が、当事者間に合意があれば、手形の交付時に保険料支払いの効果が生じるとする裁判例があります（後掲【広島地呉支判昭和49・6・7判時770・97】）。もっとも、手形による保険料の領収は、実務上行われていません（なお、損害保険につき、金融庁「保険会社向けの総合的な監督指針」Ⅱ-3-3-5(1)④ハ参照）。手形により保険料を領収すると、実質的には手形の現実の決済があるまで「責任持ち」（保険料未収でも約款規定にかかわらず保険会社が責任を負うこと）をすることになり、一部の被保険者に特別の利益を供与することになること、保険会社の資金確保の観点からも望ましいことではないことなどの問題があります（中田明「手形による保険料支払いの効力—自動車保険普通保険約款の損害不填補条項における保険料領収時期の立証責任」ジュリ647・146、西島梅治ジュリスト昭和48年度重要判例解説89頁）。

2 判例の立場

保険料にかぎらず、一般に小切手の交付が債務の本旨に従った履行の提供となるかに関しては、銀行振出の自己宛小切手につき「取引界において通常その支払が確実なものとして現金と同様に取り扱われているものである」として、履行の提供と認めた【最判昭和37・9・21民集16・9・2041】がある一方、個人振出小切手については、特別の意思表示または慣習がない限り債務の本旨にしたがった履行の提供とはいえないとする裁判例があります【大判大正8・8・28民録25・1529】【大判昭和3・11・28新聞2946・11】。

こうした中で、保険料について、【広島高判昭和46・10・19判時690・83】は、損害保険の事案ではありますが、個人振出小切手のケースで、「保険料の支払に関して小切手の授受があった場合には、一般に、小切手による保険料の支払が禁止されておらず、小切手を現金と同じように処理することの多い取引界の実情に鑑み、反対の事情の認められない限り、その小切手の不渡りを解除条件とし、現金の支払に代えて受領したものとし、小切手の決済をまたず、保険者が小切手を受領した日をもって保険料を受領した日とし、その日から保険者の責任が始まると解するのを相当とす（る）」と判示しました。

手形については、【広島地呉支判昭和49・6・7判時770・97】が、大蔵省

から保険会社に対して、手形による保険料領収を行わないよう通達していることは、保険会社と契約者との関係において、手形による保険料支払いを無効とする趣旨ではないとし、当該事案については、約束手形をもって保険料支払いとする了解があったとして、手形交付時に保険料支払いの効果が生じるとしています。

3 　質問の回答

　質問のケースは、保険会社側がなんらの異議、留保なしに小切手を受領しているようですし、死亡直後に小切手は現金化されているようですので、小切手を渡した日に保険料支払いの効果が生じていると考えることができます。したがいまして、支払事由があり、免責事由等がない限り、保険金は支払われることになります。

（石岡　修）

41

保険料のクレジットカード払い

クレジットカードによる保険料支払いの注意点

Q 保険料をクレジットカードで支払う場合に注意すべき点について教えてください。

1 保険料の払込方法(経路)

保険料の払込方法(経路)としては、現在下記の6通りの支払い方法があります。

①口座振替払い：保険契約者の指定した金融機関の預・貯金口座から振り替える。
②給与引去払い：団体(雇用主)が所属員の給与から天引きし、取りまとめのうえ保険会社に入金する。「団体扱い」ともいう。
③払込票払い　：郵便局、金融機関やコンビニエンスストアに払込票(振替用紙)を持参し支払う。「送金払い」ともいう。
④窓口持参払い：保険会社の窓口への持参払い。
⑤集金払い　　：保険会社の派遣した集金担当者に対し支払う。
⑥クレジットカード払い：保険料をクレジットカードにより支払う。

2 クレジットカード払いの仕組み

クレジットカードよるショッピングは、通常、割賦販売法2条3項1号に定める「(総合)割賦購入あっせん」に該当し、クレジット会社、加盟店、利用者の3者間の契約となります(図A)。

クレジット会社(「割賦購入あっせん業者」)の加盟店となった販売店(「割賦購入あっせん関係販売業者」・「割賦購入あっせん関係役務提供事業者」)で、

クレジット会社から信用ありとしてカード（「商票等」）の保持を認められた会員（「利用者」）が、カードを用いてショッピング（「商品・権利の購入」、「有償役務の提供を受けること」）をすると、クレジット会社は、その代金を会員のために販売店に立替払いをし、その代金を、他の利用代金とあわせ（総合方式）、後日、分割払いで、会員の口座から引き落すというものです。

● （総合）割賦購入あっせん

図Aは、「契約関係」を示し、販売店（保険会社）とクレジット会社はあらかじめ「加盟店契約」を結び、クレジット会社とクレジット利用者（保険契約者）は「会員契約（立替払契約）」を締結します。図Bは、「手続の流れ」を表しています。

図A　契約関係

- 販売店（保険会社）―加盟店契約―クレジット会社
- 販売店（保険会社）―売買契約（保険契約）―クレジット利用者（保険契約者）
- クレジット会社―会員契約（立替払契約）―クレジット利用者（保険契約者）

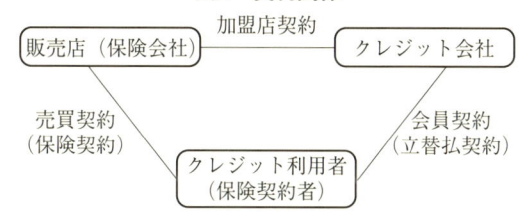

図B　手続の流れ

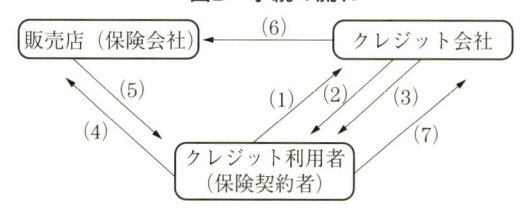

(1) クレジットカード発行の申込み　(2) 信用調査
(3) クレジットカード発行　(4) クレジットカード提示
(5) 商品引渡し（保険契約引受）　(6) 代金一括払（保険料立替払）
(7) 代金分割払（利用代金支払＝保険料立替分返済）

3　保険料クレジットカード払いのメリット

保険料のクレジットカード払いとは、保険という商品を購入するに際し、代価である保険料を現金による決済に代えて、クレジットカードを用いる制

度です。クレジットカードによる決済も、カードによる支払手続がなされた時に保険料の払込みがあったとする実務取扱いも（手形・小切手による弁済の場合と）類似の考え方によるものです（山下・保険法339頁）。

ある保険会社の資料によると、保険料をクレジットカード払いとする場合のメリットとして、つぎの点を挙げています。

●**利用者のメリット**
① 申込み時に現金を用意する手間が省け、早期に生命保険の保障が開始できる
→立替払契約に基づき、クレジット会社による保険料の立替入金が確実なことから、クレジット会社からカード利用の承認が下りた（カードの有効性の確認）日をもって保険料の入金があったものとして扱う（＝保険会社の責任が開始する）。
② 毎月の口座振替日前に届けられる明細書等で支払保険料を確認できる
③ 金融機関の口座振替日をカードの口座振替日に集約できる
④ 保険料に応じて各カード会社のポイントを貯めることができる

●**クレジットカード払いと口座振替払いの対比（ある会社の例）**
（例）インターネット取引で3月1日に申込書が保険会社に到着した場合

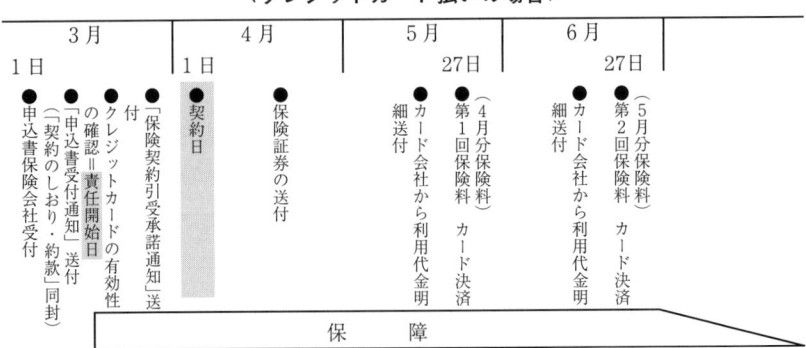

〈クレジットカード払いの場合〉

3月1日				4月1日	5月27日		6月27日	
●申込書保険会社受付	●「申込書受付通知」送付（「契約のしおり・約款」同封）	●クレジットカードの有効性の確認＝責任開始日	●「保険契約引受承諾通知」送付	●契約日 ●保険証券の送付	●カード会社から利用代金明細送付	●（4月分保険料）第1回保険料 カード決済	●カード会社から利用代金明細送付	●（5月分保険料）第2回保険料 カード決済

保　障

※ 責任開始：カードの有効性を確認した時に第1回保険料を領収したものとし、この時から保障を開始する。
※ 契約日：責任開始の日の属する月の翌月1日。また、契約年齢は契約日時点で計算。
※ 第2回以後の保険料は払込期月の1日に領収したものとする。
※ 保険契約の引受けを承諾した場合には、契約者あてに責任開始の日を案内する。

〈口座振替払いの場合〉

3月1日	3月	4月12日	5月1日	5月27日	6月	6月27日
●申込書保険会社受付	●「申込書受付通知」（契約のしおり・約款」同封）送付 ●「保険契約引受承諾通知」送付	●〈5月分保険料〉第1回保険料引落日〈自動振替〉＝責任開始	●契約日	※この月の保険料の引去りはない。	●保険証券の送付	●〈6月分保険料〉第2回保険料引落日

保障

※ 責任開始：第1回保険料の引落日から保障開始。
※ 契約日：責任開始の日の属する月の翌月1日。また、契約年齢は契約日時点で計算。

4 質問の回答

　クレジットカード払いの取扱いについては、初回保険料の支払いを除き、まだ一部の会社の一部の商品、一部の販売方法等において取り扱っているにすぎません。したがって、保険料のクレジットカード払いを希望される場合には、どのような場合にクレジットカードが使えるのか、まず保険会社に確認する必要があります。

① どのような商品に使えるか。
② どのような販売方法の場合に使えるか。
　・対面販売（営業職員、代理店）　・通信販売　・インターネット販売
③ どのような種類の保険料の支払いに使えるか。
　・第1回保険料の支払い　・第2回以降保険料の支払い
④ どのような払い方に使えるか。
　・一時払い　・分割払い
⑤ どのクレジット会社のカードが使えるか。
⑤ どのようなクレジットの支払方法が使えるか。
　・一括払い　・分割払い　・リボルビング払い

（平澤宗夫）

42

保険料の自動貸付

保険料の自動貸付とはどのような取扱いか

> **Q** 先月、勤めていた会社が倒産したため、保険料の支払いができず、保険料払込みの猶予期間を過ぎてしまいました。この場合保険契約は失効してしまうのでしょうか。

1　保険料の払込みと猶予期間、失効

　保険料は、保険契約の払い方に従い、月払契約は、月単位の契約応当日の属する月の初日から末日までに、年払契約・半年払契約は、年単位または半年単位の契約応当日の属する月の初日から末日までに支払う必要があります（「払込期月」という）。

　つぎに、上記払込期月が過ぎても、月払契約は、払込期月の翌月初日から末日までに、年払契約・半年払契約は、払込期月の翌月初日から翌々月の契約応当日までに保険料を支払えば、保険契約は有効に継続します（「払込猶予期間」という）。

　そして、猶予期間内に保険料が払い込まれないと、猶予期間の満了日の翌日から保険契約は失効します［⇨**38**］。

● 払込期月、猶予期間および失効日

〈月払いの場合〉

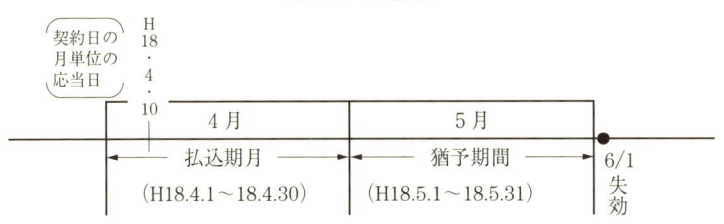

```
契約日の月単位の応当日 → H18.4.10
          |  4月          |  5月          |
          |← 払込期月 →|← 猶予期間 →| 6/1 失効
          (H18.4.1～18.4.30) (H18.5.1～18.5.31)
```

〈年払い（半年払い）の場合〉

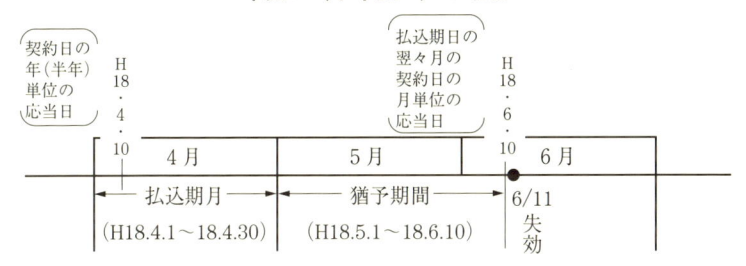

```
契約日の年（半年）単位の応当日 → H18.4.10
払込期日の翌々月の契約日の月単位の応当日 → H18.6.10
          |  4月    |  5月        |  6月
          |← 払込期月 →|← 猶予期間 →| 6/11 失効
          (H18.4.1～18.4.30) (H18.5.1～18.6.10)
```

2　保険料の自動貸付（自動振替貸付、自動延長）制度

　保険料の自動貸付制度とは、保険料の払込みがないまま、猶予期間を過ぎた場合でも、解約返還金（解約返戻金）があるときは、あらかじめ保険契約者から別段の申し出がないかぎり、保険会社が自動的に保険料相当額を貸し付けて保険料の払込みに充当し、保険契約を有効に存続させる制度です。

　貸付けは猶予期間満了時に貸し付けたものとし、貸付金には、保険会社所定の利息が付加されます。

　また、保険金などを支払う際には、立替元利金は精算されます。返済がされず、立替元利金が解約返還金を超過すると、保険契約は失効してしまいます。

　なお、貸付けが行われた場合でも、猶予期間の満了日の翌日から起算して3か月以内に、保険契約者から「解約」または「払済保険への変更」[注]の申し出があった場合には、保険料の自動貸付を行わなかったものとして、これらの請求の取扱いをします。

注　払済保険への変更……保険料払込済みの保険に変更することにより、保険金額は小さくなりますが、保障は継続されます。

3　保険料自動貸付の法的性質

　保険料自動貸付は、保険契約者に対し保険料相当額を貸付け、それを保険料の払込みに充当する制度ですが、実際に現金のやり取りが行われないことから、その法的性質は民法588条に定める準消費貸借の性質を有するものと解されています（日本生命「約款解説書（昭和57年版）」288頁）。

4　質問の回答

　保険料の自動貸付制度は、上記説明のとおりですので、質問者の場合、直ちに契約は失効せず、自動貸付により契約が継続している可能性があります。
　しかし、保険料の自動貸付制度は保険会社によっても、また商品によってもその取扱いが異なり、場合によってはこの制度がない商品もありますので、加入されている保険会社に確認してみてください。

（平澤宗夫）

43 保険料払込免除

どのような場合に保険料の払込みが免除されるか

Q がんになったときに、生命保険の月々の保険料を払わなくてもよいという制度があると聞きましたが、どのような制度でしょうか。

1　主契約の保険料払込免除制度

　多くの生命保険契約では、被保険者が、責任開始期以後に発生した不慮の事故による傷害を直接の原因として、所定の身体障害の状態となった場合（保険料払込免除事由といいます）に、以後の保険料の支払義務を免除する保険料払込免除制度があります。

　この保険料払込免除制度は、保険金等が支払われるわけではありませんが、保険料の支払期日ごとに保険料があたかも払い込まれたかのように取り扱われ、以後の保険料の払込みが不要となるものです。

　保険料の払込みが免除されると、その時点で契約内容が固定され、その後の契約内容の変更や保険契約の転換などができなくなります。

　もともと所定の高度障害状態になった場合に保険料払込免除としていたものですが、昭和27年3月に現在の死亡保険金と同額の高度障害保険金を支払う制度に変更となりました。その後、昭和39年4月に災害保障特約が発売され、災害保障特約が付加された契約については傷害給付金の給付が通算6割以上（昭和44年2月からは5割以上）になると以後の保険料の払込みが免除となりました。さらに、昭和51年3月の約款改定で、保険料払込免除条項は主契約に組み込まれる現在の制度となっています。

● 保険料払込免除の対象となる身体障害の状態

所定の身体障害の状態とは、つぎのいずれかの状態をいいます。

① 1眼の視力をまったく永久に失ったもの
② 両耳の聴力をまったく永久に失ったもの
③ 1上肢を手関節以上で失ったかまたは1上肢の用もしくは1上肢の3大関節（手関節、ひじ関節、肩関節）中の2関節の用をまったく永久に失ったもの
④ 1下肢を足関節以上で失ったかまたは1下肢の用もしくは1下肢の3大関節（足関節、ひざ関節、また関節）中の2関節の用をまったく永久に失ったもの
⑤ 10手指の用をまったく永久に失ったもの
⑥ 1手の5手指を失ったかまたは第1指（親指）および第2指（人指し指）を含んで4手指を失ったもの
⑦ 10足指を失ったもの
⑧ 脊柱に著しい奇形または著しい運動障害を永久に残すもの

● 保険料払込免除の免責事由

ただし、つぎのいずれかによるときは、保険料の払込みが免除されません。

① 保険契約者または被保険者の故意または重大な過失によるとき
② 被保険者の犯罪行為によるとき
③ 被保険者の精神障害または泥酔の状態を原因とする事故によるとき
④ 被保険者が法令に定める運転資格を持たないで運転している間に生じた事故によるとき
⑤ 被保険者が法令に定める酒気帯び運転またはこれに相当する運転をしている間に生じた事故によるとき

2 保険料払込免除特約

主契約の保険料払込免除制度とは別に、保険料払込免除特約による保険料払込免除制度があります。これは、保険料払込免除特約を主契約に付加することにより、被保険者が疾病または不慮の事故により所定の保険料払込免除事由に該当した場合に、以後の保険料の支払義務が免除されることになるものです。この保険料払込免除特約は、平成11年頃から一部の生命保険会社で取り扱うようになりましたが、その保険料払込免除事由は、保険会社によっ

て、また同じ保険会社でも加入した時期によって異なります。

　この特約を付加した契約の保険料は、この特約を付加しない契約の保険料よりも高くなります。また、保険種類によっては保険料払込免除特約を付加できないものがあります。

　たとえばA社の場合、保険料払込免除特約の保険料払込免除事由はつぎのとおりとなっています。

●保険料払込免除事由
① 被保険者が特約の責任開始期以後、初めて（この特約の責任開始期前の期間を通じて初めてとします）悪性新生物（がん）に罹患し、医師により病理組織学的所見（生検）によって診断確定されたとき（上皮内がん、皮膚の悪性黒色腫以外の皮膚がんおよび責任開始期から起算して90日以内に罹患したと診断確定された乳がんは対象となる悪性新生物に含まれません）
② 被保険者が特約の責任開始期以後の疾病を原因として、つぎのいずれかの状態に該当したとき
　（ア）　急性心筋梗塞を発病し、その疾病により初めて医師の診療を受けた日からその日を含めて60日以上、労働の制限を必要とする状態が継続したと医師によって診断されたとき
　（イ）　脳卒中を発病し、その疾病により初めて医師の診療を受けた日からその日を含めて60日以上、言語障害、運動失調、麻痺等の他覚的な神経学的後遺症が継続したと医師によって診断されたとき
③ 被保険者が特約の責任開始期以後の傷害または疾病を原因として、所定の身体障害の状態（恒久的心臓ペースメーカー装着など主契約の保険料払込免除制度における「所定の身体障害の状態」とは異なる）に該当したとき
④ 被保険者が特約の責任開始期以後の傷害または疾病を原因として、所定の要介護状態に該当し、その要介護状態が180日間継続し、かつ、回復の見込みがないとき

　なお、保険料払込免除特約においても、保険契約者または被保険者の故意または重大な過失など保険料払込免除が免責となる場合があります。

3　質問の回答

　加入している生命保険契約に保険料払込免除特約が付加されており、その

保険料払込免除事由に悪性新生物（がん）罹患が含まれていれば、保険契約については保険料払込免除となり、以後の保険料の払込みは不要となります。ただし、保険料払込免除特約の責任開始期前にすでに何らかの悪性新生物に罹患していたときは、保険料払込免除とならないので、引き続き保険料を払い込まなければなりません。
　また、保険料払込免除特約が付加されていない生命保険契約については、がんになったとしても保険料払込免除とはなりません。

(輿石　進)

第6章 保険金受取人の指定・変更

44

保険金受取人の指定

保険金の受取人は自由に指定できるか

> **Q** 私は、妻とは10年以上前から別居しており夫婦の実態はなくなっていますが、戸籍はそのままになっています。一方、数年前から内妻と同居し、事実上の夫婦として生活しています。このような状況で、知人から融資を受けて住宅を新築したいと考えています。私が契約者兼被保険者となって、この知人（債権者）を死亡保険金受取人とする生命保険契約に加入できますか。また、内妻を受取人とすることはできますか。

1　保険金受取人の指定

　保険契約者以外の者を保険金受取人とする生命保険契約を「他人のためにする生命保険契約」といいますが、このような生命保険契約も有効とされています（商647条・683条）。そして、商法にも生命保険会社が定めた約款にも保険金受取人の範囲を制限する規定はありません。しかしながら、死亡保険金の受取人を自由に指定できるとした場合、生命保険契約が不正な目的のために利用されたり、保険金殺人を誘発するなどの危険があります。そこで、生命保険会社では、契約締結時には、申込書に記載された被保険者と受取人の関係および生命保険募集人である営業職員の取扱報告書により、さらには、専門の担当者による承諾前確認により、契約目的、保険金額の妥当性などを慎重に検討したうえで契約を承諾するか否かを決定しています。保険契約者または被保険者の親族でない者を保険金受取人に指定する契約は原則として承諾しないこととされています。

2　保険金受取人に債権者を指定することはできるか

　生命保険金を担保に融資を受ける必要があるケースは多いと考えられ、金融機関から融資を受ける場合については、金融機関または保証機関が契約者兼保険金受取人となって、債務者を被保険者とする団体信用生命保険制度があります。その他の一般の法人や個人からの融資についてはこのような制度はなく、個人保険を利用するしかありませんが、このような融資への生命保険の利用には弊害のほうが大きいとの考えから、生命保険会社では一般の法人や個人の債権者を保険金受取人とする個人保険は、原則として、取り扱わないこととされています。特別の事情がある場合には、保険会社によって取扱いが異なる場合もありますので、個別に相談する必要があります。

3　保険金受取人に不倫相手を指定することはできるか

　生命保険会社では、契約者または被保険者の親族でない者を保険金受取人とする契約は、原則として取り扱っていません。内縁関係にある場合も同様です。裁判例として、「保険契約者（被保険者）が不倫相手を死亡保険金受取人に指定したことに、同人の生活の保障を主目的として行われたなどの事情は認められず、右指定は、不倫関係の維持継続を目的とし、不倫関係の対価としてなされたものであるから、公序良俗に反し無効である」としたものがあります【東京高判平成11・9・21金商1080・30】。

　しかしながら、内縁関係といわれるものについては種々実態の異なるものがあります。内妻と事実上婚姻関係と同様の関係にあるが、なんらかの事情で婚姻届をすることができない場合、婚姻することを前提に同居しているが婚姻届が遅れている場合、法律上の妻があり内妻とは単なる不倫関係にすぎない場合などです。法律上の妻とは20年以上も別居して夫婦関係が破綻しており、内妻と事実上の婚姻関係が認められるような場合に、内妻に配偶者としての遺族共済年金の支給を認めた判例があります【最判平成17・4・21判時1895・50】。

4　質問の回答

　知人である債権者を保険金受取人とする契約は承諾されない可能性が大きいと考えられます。質問の内妻については、数年前から同居して事実上の夫

婦として生活しており、戸籍上の妻とは10年以上別居して夫婦の実態はないということですから、戸籍上の妻と夫婦の実態がある場合の不倫とは異なり、実情を説明して保険会社に相談すれば、会社によっては承諾される可能性があると考えられます。

(片山利弘)

45

保険金受取人指定の解釈①

妻を保険金受取人として指定した保険金契約で、その後離婚し、別人と再婚した場合の受取人

Q 私の夫には離婚歴があります。先日、書類を整理していたところ、生命保険の証券が出てきました。保険契約者と被保険者は夫となっていますが、保険金受取人は「妻・甲野花子」と記入されていました。甲野というのは私たちの苗字ですが、花子というのは前の奥さんの名前です。私の名前は甲野洋子といいます。契約を結んだ日は、夫がまだ彼女と結婚していた時期になっていました。すでに彼女は再婚されていて、乙山花子さんとなっています。もし、夫が死亡した場合、この生命保険の保険金は誰が受け取るのでしょうか。

1　保険契約の性質

　生命保険契約には、保険契約の当事者である保険契約者と保険会社、その人の生死が保険事故とされる被保険者、そして保険事故が発生した場合に保険金を受け取る保険金受取人の4者が出現します。保険契約の性質は、保険契約者、被保険者そして保険金受取人の3者がどのような関係にあるかによって変わります。保険契約者と被保険者が同一人の場合を「自己の生命の保険契約」といい、保険契約者と被保険者が別人の場合を「他人の生命の保険契約」といいます。そして、保険契約者と保険金受取人が同一人の場合を「自己のためにする生命保険契約」といい、別人の場合を「他人のためにする生命保険契約」といいます。

　生命保険の加入目的はいろいろでしょうが、残された遺族の生活保障を目

的として加入する例が、一般の家庭においては多いといえます。そのため、一家の働き手である夫が、自分を被保険者とし、妻や子などを保険金受取人として指定する例が多いのです。質問の事例では、夫が保険契約を締結した理由は、事故などによって死亡した場合にそなえて、その当時の妻の生活の保障を考え加入したものと考えられます。しかし、保険金受取人として指定される人は、必ずしも被保険者の死亡によって経済的な困窮をきたす人には限定されておらず、商法上および約款上は原則として保険契約者が自由に指定することが認められており、保険金受取人となることについて、その人の同意は必要とされていません。また、この受取人の指定は、原則としていつでも自由に変更することができ、変更することについて前の受取人の同意も必要ありません。

2 保険金受取人の指定方法とその解釈

保険金受取人の指定には、山田花子、山田太郎というような名前によって指定する方法のほかに、「妻」、「相続人」のように、保険契約者または被保険者との続柄によって指定する方法などがあります。この続柄のみによる指定の場合、いつの時点の者かという問題がありますが、保険事故発生時に「妻」ないしは「相続人」であったものと理解されています。

保険金受取人の指定方法として一般的なのは、名前と続柄を併記する方法です。保険事故発生時に、保険金受取人として指定されていた者と保険契約者または被保険者との身分関係に変化が生じていない場合には問題はありませんが、離婚などによって身分関係に変化が生じた場合は困難な問題が生じます。質問では、「妻・甲野花子」という指定がなされていたわけですが、すでに離婚していて「妻」ではありません。そして、「甲野花子」ではなくて、「乙山花子」となっているわけですから、名前も違うともいえそうです。しかし、「乙山花子」さんは、契約を締結した時点では「妻」であり、「甲野花子」だったわけです。契約の時点では、妻であった花子さんを受取人として指定した意思は明確ですが、離婚後もそのまま花子さんを受取人とする意思を有していたかどうかは明らかではありません。受取人の変更手続をとり、甲野花子さんから甲野洋子さんへ受取人を変更すれば、受取人を花子さんとはしないという意思が明確になるのですが、受取人変更手続をとらないことが、前の妻花子さんをそのまま受取人とする意思であったと判断できるかは

問題です。なぜならば、保険契約の存在を失念していたり、妻という肩書きがついているのだから、離婚した以上、甲野花子が受取人ではないと夫が理解していたとも考えられるのです。いったいどういう意思で受取人の指定がなされたかというのがポイントになるのですが、保険金受取人を指定した人が死亡してしまうと、その人の意思を推測するというのは非常に困難で不可能に近いともいえるのです。

3 妻・甲野花子という指定の意味

　このような「妻・甲野花子」という保険金受取人指定には、つぎのようにいろいろな解釈が可能です。①受取人は甲野花子であり、「妻」というのは、単に複数の「甲野花子」が存在する場合に備えて記載したにすぎず、とくに意味はないとする解釈。②「妻」という記載にはそれなりの意味はあるけれども、氏名をもって特定された者が受取人であるとする解釈。③「妻」であるかぎりの甲野花子を受取人としたとする解釈。

　最高裁は、「妻・何某」と表示された受取人指定について、右指定は、当該氏名をもって特定された者を保険金受取人として指定した趣旨であり、それに付加されている「妻」という表示は、それだけでは、右特定のほかに、その者が妻であるかぎりにおいてこれを保険金受取人として指定する意思を表示したもの等の特段の趣旨を有するものではない、と解するのが相当であるとし、氏名に付加された「妻」という表示は、単に氏名による保険金受取人の特定を補助する意味にすぎないとしました。さらに、妻の身分を有するかぎりにおいてその者を保険金受取人として指定する趣旨を表示したものと解しうるためには、単に指名のほかにそのものが被保険者の妻であることを表示しただけでは足りず、他に右の趣旨を窺知させるに足りる特段の表示がなされなければならないと考えるのが相当だからであるとしました。そして、保険契約者が離婚によって「何某」が受取人の地位を当然に失ったと考えていたとしても、保険金受取人の変更手続きをとらない限り、「何某」がいまだ保険金受取人であると判断しました【最判昭和58・9・8民集37・7・918】。この判決に対しては、賛成の見解が多いようですが、反対ないしは批判的な見解も多いようです。

　この判例に従うと、保険金受取人の変更手続きをとらない限り、前の妻が保険金受取人ということになります。

4　保険契約者と保険金受取人のいずれもが再婚した場合はどうか

　判例によると、保険契約者と保険金受取人のいずれもが別な人と再婚した場合であっても、保険金受取人指定の解釈は、表示されている「何某」が誰であるかということで決まり、保険契約者・被保険者との続柄は単に補助的な効力しか有しないことになります。そして、保険契約外の事情は受取人指定の解釈には関係がないことになりますので、離婚した前の妻が保険金受取人であると判断されることになりましょう。

5　質問の回答

　「妻・甲野花子」と指定された保険金受取人の解釈について、判例は当該氏名をもって特定された者を保険金受取人として指定したもので、「妻」という表示は受取人特定の補助にすぎないとしています。たとえ再婚されて「乙山花子」となっていても、「甲野花子」とは、現在の「乙山花子」さんであることに変わりはありません。したがって、保険金受取人を変更しないと、保険金は前の妻が取得することになります。

（福田弥夫）

46

保険金受取人指定の解釈②

受取人を保険契約者の相続人とした場合の保険金請求権の相続割合

Q 夫が死亡しました。生命保険証券を見たところ、保険金受取人は被保険者の相続人と指定されておりました。死亡保険金は1,500万円です。夫がこの生命保険契約に加入したのは昭和40年で、その時には長男しか生まれておりませんでしたが、その後次男と長女が生まれました。この場合、保険金受取人は誰になるのでしょうか。また、受け取る保険金の割合はどうなるのでしょうか。一昨年のことですが、長男が事故で死亡しました。長男には妻と2人の子供がいます。長男の家族も保険金を受取ることができるのでしょうか。

1　相続人の範囲

　生命保険契約の保険金受取人指定は、氏名による方法に加えて、「妻」あるいは「相続人」という方法で行うことも認められています。ところで、保険金受取人を被保険者の「相続人」と指定した場合、2つの問題が起こります。それは、①相続人とはどの時点の相続人を指すのか、②保険金の割合はどのように決めるのか、という問題です。まず①から考えてみましょう。

　保険金受取人が被保険者の「相続人」と指定されていた場合、保険契約の時点から保険事故発生の時点までに時間の経過がありますから、相続人の範囲に変化が生じることが十分に考えられます。そのため、この相続人はいつの時点の相続人であるかによって、保険金を受け取る者の範囲が変わる可能性が出てきます。商法はこの点についての規定を設けていませんので、解釈

によって判断しなければなりません。古い判例の中には、「相続人」とのみ記載している場合には、そのような保険金受取人指定は無効であるとしたものもありますが、現在ではそのような指定が有効であることに争いはありません。そこで、「相続人」を意味するのが、どの時点の相続人かということになります。保険金受取人の指定が通常は契約締結時に行われるところから、「契約締結時の相続人」と解釈する余地もありますが、判例は「保険事故発生時の相続人」が保険金受取人であるとしています【最判昭和40・2・2民集19・1・1】。

この「相続人」は、民法の規定による相続人のことになります。内縁の妻が相続人に含まれるかという点について、判例は相続人には含まれないとしています【東京地判平成8・3・1金商1008・34】。しかし、保険契約締結当時に同居中の内縁の妻がいて、その者と後日結婚する予定であり、届出をする前に保険契約者が死亡してしまったというような場合には、内縁の妻を相続人と考えることも可能です。しかし、そのような判例はいまだないようです。なお、内縁の妻のほかに相続人がいるような場合には、内縁の妻を保険金受取人として指定しない限り、相続人には含まれないと解されます。受取人は相続人の範囲によって確定しますが、保険金は相続財産には組み入れられず、相続人が固有の権利として保険金を取得することになります。

2 保険金の配分

受取人の範囲はこのように定まりますが、次に複数の相続人がいた場合に、保険金の配分はどのように決定するのかという問題があります。

この点についての見解は分かれています。ひとつは相続人各自が平等の割合で取得するというものです。これは、保険金請求権を相続の効果によって取得するのではなく、固有の権利として取得するところから、民法の定める法定相続分とは関係なく、民法427条の規定に従って各自が平等の割合で保険請求権を取得するとします。これに対して、民法の定める法定相続の割合に従って取得するという説があります。この説は、保険契約者の合理的意思解釈から、相続分の割合によるとするのが相当であると考えます。

最高裁は、保険金受取人を被保険者の「相続人」と指定した場合は、「特段の事情のない限り、右指定には、相続人が保険金を受け取るべき権利の割合を相続分の割合とする旨の指定も含まれていると解するのが相当である」

としました。その理由として、①相続人と指定するのは、保険事故発生時までに相続人の範囲に変更が生じる場合にも、保険金受取人変更手続きをせずに、保険事故発生時の相続人を受取人とするところにあり、②右指定には相続人に対してその相続分の割合により保険金を取得させる趣旨も含まれていると解するのが、保険契約者の意思に合致し、かつ合理的であるからと述べています【最判平成6・7・18民集48・5・1233】。

3 保険契約者が包括遺贈した場合

保険契約者の「相続人」と指定したのちに、その保険契約を包括遺贈した場合はどうなるでしょうか。保険契約の包括遺贈を受けた者は、保険事故が発生する前であれば、保険金受取人を自由に変更することができます。しかし、そのような変更を行わない前に保険事故が発生した場合、保険金受取人は前の保険契約者の相続人か、それとも包括遺贈を受けた者の相続人かという問題が生じます。保険契約者が遺贈によって遺贈を受けた者へと変更されるわけですから、新たな保険契約者の相続人が保険金受取人となるということになります。

4 質問の回答

「被保険者の相続人」と保険金受取人が指定されていた場合、その相続人とは保険事故発生時、すなわち被保険者死亡時の相続人となります。その相続人とは、相続時に生存している必要はなく、いわゆる代襲相続人も含まれます。質問のケースでは、相続人は、妻に加えて、亡くなった長男の代襲相続人としての長男の2人の子供、次男そして長女となります。受け取る保険金ですが、法定相続の割合によることになりますので、妻が750万円、次男と長女が250万円、長男の2人の子供がそれぞれ125万円ということになります。なお、約款が平等割合で取得すると規定している場合には、まず1500万円を4人（妻、亡くなられた長男、次男、長女）で分割し、亡くなった長男の分に関しては、それをさらに、2人の子供で分割することになります。

（福田弥夫）

47

保険金受取人死亡後の保険金受取人の解釈

保険金受取人が死亡した後に新たな受取人の指定がない場合、誰が保険金受取人となるのか

> **Q** 父が死亡しました。父が保険契約者となっている生命保険証券が出てきましたが、保険金受取人は「佐藤洋子」となっています。佐藤洋子というのは母です。父が死亡する2週間前に母が病死し、父が後を追うように死亡したのです。保険金受取人の変更はされていませんでした。実は、父には先妻との間に子供が1人おり、後妻である母との間には、2人の子供がいます。この生命保険の受取人は誰になるのでしょうか。受け取る金額はどうなるのでしょうか。

1　保険金受取人の死亡と保険金受取人の指定

　生命保険契約の保険金受取人は、保険契約者が自由に指定することが認められ、指定変更権が留保されている場合には、すでに指定された保険金受取人の同意を得ることなく、自由に変更することが可能です。保険金請求権は、保険事故の発生によって保険金受取人の固有の権利として確定しますが、保険事故の発生前はいわば条件付保険金請求権を有するにとどまります。さて、指定された保険金受取人が保険事故発生前に死亡すると、この条件付保険金請求権は相続されるのかという問題が発生します。

　商法676条1項は、保険金受取人と被保険者が異なる生命保険契約において、保険金受取人が死亡した場合には保険契約者は保険金受取人を指定できるとし、同条2項は保険契約者が1項の再指定権を行使せずに死亡した場合には、指定受取人の相続人が最終の保険金受取人となると規定しています。

　保険契約者と保険金受取人が異なる保険契約を他人のためにする生命保険

契約といいますが、保険金受取人が保険事故発生前に死亡した場合、保険金受取人の指定は失効し、保険契約者の自己のためにする保険契約となるとする見解があります。しかしこの見解は、商法676条2項を説明できません。そこで、保険金受取人が保険事故発生前に死亡しても他人のためにする保険契約という性格は変わらず、商法676条2項の規定に従って、保険金受取人の相続人が保険金受取人となるというのが一般的な理解です。

2 どの時点の相続人が受取人となるのか。受取人の権利割合はどうか

　死亡した保険金受取人の相続人が受取人となるとすると、つぎに保険金受取人が死亡した時点の相続人が受取人となるのか、それとも被保険者が死亡した時点の相続人が保険金受取人となるのかという問題が生じます。簡易生命保険法55条1項のように、保険金受取受取人の優先順位が規定されていたり、約款に定めていた場合にはそれに従うことになりますが、いずれもない場合には解釈によって決めることになります。

　最高裁は、676条2項にいう指定受取人の相続人について、指定受取人の相続人またはその順次の相続人であって被保険者の死亡時に現に生存するものをいうと判断しました【最判平成5・9・7民集47・7・4740】。したがって、被保険者も保険金受取人の相続人である場合には、被保険者の相続人も保険金を受け取ることになります。つまり、Bの相続人に加えてAの相続人も保険金を取得することになるのです。そして、複数の受取人間の権利取得割合についても、特別法や約款による規定があればそれに従うことになりますが、そうでない場合は解釈によることになります。商法676条2項が定めているのは保険金受取人の範囲だけであって、権利取得割合は民法427条の規定に従って平等であるとするのが、前掲の最高裁判例の結論です。現在の約款は、このような場合に権利割合を平等と規定する例が多いようです。

3 保険契約者と保険金受取人が同一人の契約の場合はどうか

　保険契約者と保険金受取人が同一の契約を自己のためにする保険契約といいますが、被保険者が死亡する前に保険契約者が死亡した場合、保険契約者の地位は保険契約者の相続人に移転することになります。相続人が新たに保険金受取人を指定した場合は、その者が保険金受取人となりますが、新たな

指定を行わなかった場合は、保険契約者の相続人が保険金受取人ということになります。どの時点の相続人であるかという点については、保険契約者死亡時点の相続人ということになります。

4 保険金受取人と保険契約者兼被保険者が、同時に死亡した場合はどうか

　保険契約者は保険金受取人を変更することができませんから、受取人変更の可能性がある場合を想定している商法676条2項の適用がされるかが問題となりますが、判例と学説は、この場合は商法676条2項の規定を準用することで一致しています。したがって、受取人が先に死亡した場合と同様に、受取人の相続人が保険金を取得することになります。どの時点の相続人か、権利取得の割合はどうかという点も同じです。

5 質問の回答

　質問のケースでは、父親が死亡した時点の相続人とその順次の相続人が受取人となります。父親の相続人も順次の相続人ということになりますので、本人ともうひとりの兄弟、そして本人にとっては異母兄弟となる父親と先妻との間の子供も受取人となります。権利取得割合は3分の1ずつになります。

（福田弥夫）

48 保険金受取人の変更

保険契約者の意思でいつでもできるか。念書あるいは遺言による指定変更は認められるか

> **Q** 私の夫は自らを保険契約者兼被保険者、私を保険金受取人と指定した生命保険に加入していました。夫は多額の負債を抱えていましたが、夫の死後、債権者に対して保険金受取人を変更する念書が交付されていたことがわかりました。この念書によって保険金受取人が変更されたことになるのでしょうか。

1　保険金受取人指定の変更方法

　生命保険契約では、保険会社は保険事故発生の場合に保険金の支払義務を負うことになりますが、保険会社に対して保険金支払請求権を有する者を保険金受取人といいます。誰を保険金受取人に指定するかは保険契約者だけが決定でき、保険金受取人の指定は、保険契約締結時に行われることも、契約成立後に指定変更権が行使されることにより行われることもあります。

　保険契約者自身が受取人になる場合を「自己のためにする生命保険契約」、保険契約者が自己以外の第三者を受取人とする場合を「他人のためにする生命保険契約」といいます。質問の生命保険契約は他人のためにする生命保険契約であり、保険金受取人に指定された者は、保険契約の利益を享受することになります。

　しかしながら、生命保険契約の保険期間中に、保険契約者が保険金受取人の指定変更権を契約上留保することが認められている場合には、保険契約者は受取人をいつでも変更することができます（商675条1項）。このような場合、保険金受取人の権利は確定的なものではなく、保険契約者の指定変更権

の行使によって消滅することになります。そして、その変更は保険会社に通知がなされないかぎり、保険会社に対抗することができない旨規定されていますが（商677条1項）、保険会社以外の関係において保険金の帰属が争われる場合について、また、受取人の変更の方法自体について直接定める規定はなく、解釈にゆだねられています。具体的には、念書による保険金受取人の指定変更は認められるのか、遺言による保険金受取人の指定変更の場合はどうかが問題となります。

2 判例の立場

これまでの裁判例をみますと、【最判昭和62・10・29民集41・7・1527】において、保険金受取人の変更は契約者の一方的意思表示によって効力を生じるものであり、意思表示の相手方は必ずしも保険会社であることを要せず、新旧受取人のいずれかであってもよく、商法677条1項の規定は保険会社への対抗要件を定めたものにすぎないことを挙げて、念書による保険金受取人の指定変更を認めています。これは学説の立場でもあります。

これに対して、保険契約者が遺言の中で保険金受取人の変更を行うことができるかについて、判例は、遺言により旧保険金受取人に対し固有財産から受遺者に対して贈与をなす義務を負担させることはできないとの理由で、結果的に遺言による保険金受取人変更を否定していました【大判昭和6・2・20新聞3244・10】【東京高判昭和60・9・26金法1138・37】。ところが、【東京地判平成9・9・30金商1029・28】およびその控訴審判決である【東京高判平成10・3・25判タ968・129】は、遺言により指定変更が可能であるとしており、学説も、遺言による受取人の変更を認める見解が有力です。

3 質問の回答

質問の件については、上記最高裁の判例によると、保険会社に対する対抗要件の問題がありますが、念書による保険金受取人の変更は認められることになります。

（小野寺千世）

49

保険金受取人の変更と利益相反取引

法人契約の保険金受取人変更が利益相反取引とされることがあるか

Q 私の夫は、代表取締役をしていた株式会社を保険契約者および保険金受取人、夫を被保険者とする生命保険契約に加入していました。その後、夫は保険金受取人を私に変更する手続を行いました。夫の死亡後、会社は保険金受取人の変更は夫によって勝手になされたもので無効であるとして保険金の受取りを主張しています。私は保険金を受け取ることができないのでしょうか。

1 保険金受取人指定変更と会社法上の利益相反取引規制

　生命保険契約の保険契約者は、いったん保険金受取人を指定した後も、その後の事情の変化に応じて、保険金受取人の指定変更権を留保することができるとされています（商675条１項）。質問のような、株式会社が保険契約者かつ保険金受取人である生命保険契約いわゆる法人契約において、その会社の取締役（または執行役）あるいは取締役の配偶者等に保険金受取人指定を変更する場合に、これを会社法上の利益相反取引規制（会社356条・365条、旧商265条）の対象とすべきかどうかが問題となります。会社法365条において、取締役が自己の利益のために会社に不利益な取引をして会社に損害を与えることを防止するため、利益相反取引につき取締役会（取締役会設置会社以外の会社においては株主総会、会社356条）の承認を受けることを要すると規定されています。保険契約者である会社の代表取締役が、保険金受取人を会社から取締役等に変更する場合に、取締役と会社との間の利益相反取引として扱われるべきであるとすれば、取締役会等の承認機関の承認が必要である

ことになります。

2 判例の立場

これまでの裁判例では見解が分かれています。【東京地判昭和63・9・26判時1299・141】【大阪地判平成3・8・26文研生命保険判例集6・380】は、保険金受取人の指定変更行為は保険契約者の単独行為であることを理由として、利益相反性を否定しています。これに対して、【名古屋地判昭和58・9・26判タ525・287】【高知地判昭和59・9・27文研生命保険判例集4・87】【仙台高決平成9・7・25判時1626・139】は、保険金受取人の指定変更権を形成権であるとして、形成権の行使であることは利益相反性を失わせるものではなく、利益相反取引規制の適用あるいは類推適用があるとしています。後者の立場は、取締役と社会的経済的一体性を有すると評価できる取締役の妻への変更の場合にも、取締役自身の取引と同視して利益相反取引規制の対象とするものであり、この立場が有力です。

なお、承認機関の承認を得ずになされた利益相反取引の効力について、現在の判例、通説によれば、承認を得ずになされた利益相反取引は無効であるが、取引安全の確保という観点から、会社が第三者に対して無効を主張する場合には、第三者の悪意を主張、立証しなければならないと解されています。利益相反取引規制の適用があるとした場合、会社が保険金受取人と指定されている生命保険において、代表取締役による保険金受取人指定変更の意思表示を受領する保険会社は、承認機関の承認の有無を調査したかどうかも問題となる余地があります。

3 質問の回答

質問についてですが、上記の裁判例の有力な立場によると、保険金受取人の指定変更のためには、会社法356条・365条に基づく取締役会等承認機関の決議を経ることが必要であり、代表取締役により勝手に行われた変更は無効であることになります。したがって、保険金受取人の指定変更が勝手になされているとすれば、あなたは保険金を受け取ることができないでしょう。

(小野寺千世)

50 保険金受取人の変更と遺留分減殺請求

保険金受取人変更は、遺留分減殺請求の対象となる遺贈または贈与にあたるか

> **Q** 私は2児の母ですが、夫が保険契約者兼被保険者になっている生命保険の保険金受取人に指定されていました。ところが、夫は亡くなる前に、私との不仲を理由に、保険金受取人を夫の父（相続人ではありません）に変更してしまいました。夫の父が受け取った保険金に対して、私と2人の子が遺留分減殺請求をした場合、その請求は認められるでしょうか。

1 保険金受取人の変更と遺留分減殺請求との関係

　生命保険契約において、保険契約者が自己を被保険者とし第三者を保険金受取人として指定した場合には、被保険者の死亡によって保険金受取人は保険金請求権を自己の固有の権利として原始的に取得し、したがって、保険金請求権が保険契約者の相続財産に属することはないと解されています【最判昭和40・2・2民集19・1・1】［⇨86］。しかし、保険金受取人の指定・変更をする行為が遺留分減殺の対象となるか否かに関しては、学説上、保険金請求権の固有権性を理由として遺留分減殺の対象にならないとする説もある一方で、遺贈または死因贈与に準ずる無償処分であること、または生前贈与であることなどを理由として遺留分減殺の対象となるとする多くの説（対象となる金額に関しても保険料総額・解約返戻金額・保険金全額など意見が分かれています）が唱えられていました。

2　判例の立場

　このような状況の中で、最高裁判所の初めての判断が、【最判平成14・11・5民集56・8・2069】で示されました。この事案は、死亡保険金2,000万円の終身保険と、死亡保険金1,500万円の夫を被保険者とする団体定期保険（いわゆるBグループ保険）を生命保険契約の内容としており、妻と2人の子が原告となって、夫の父親に対し、保険金受取人変更行為は死因贈与契約の履行もしくは遺贈と同視すべき無償死因処分のいずれかとみるべきであるとして遺留分減殺請求の意思表示をし、遺留分（妻が4分の1、子らが各8分の1）に相当する各死亡保険金の支払請求権があることの確認を求めたものです。判旨では、最判昭和40年2月2日を引用して、死亡保険金請求権は指定された保険金受取人が自己の固有の権利として取得するとし、また、死亡保険金請求権は、被保険者の死亡時に初めて発生するものであり、保険契約者の払い込んだ保険料と等価の関係に立つものではなく、被保険者の稼働能力に代わる給付でもないのであって、実質的に保険契約者または被保険者の財産に属していたものとみることもできないという理由で、保険金受取人の変更行為は、民法1031条に規定する遺贈または贈与にあたるものではなく、これに準ずるものということもできないと解するのが相当であると判示しています。この判決によって、生命保険契約において保険金受取人を相続人以外の者に変更された場合には、その保険金受取人に対する保険契約者の法定相続人による遺留分減殺請求は認められないことが明らかになったといえます。そしてこの判断は保険金受取人を指定する行為についても同様になると解されます（なお、死亡保険金請求権が特別受益に該当するか否かという点については［⇨87］）。

3　質問の回答

　上記最高裁の判断に基づくかぎり、夫の父が受け取った保険金に対する遺留分減殺請求は認められないことになります。夫との関係が良好でない間に夫が死亡するようなケースなどでは、生命保険契約における保険金受取人の変更は、もともと保険金受取人に指定されている者の承諾なしに保険契約者が単独で（遺言も可）行うことができ、しかも実際に行われている可能性があるということを十分に認識しておく必要があると思います。　（石田清彦）

51

保険金受取人の変更と詐害行為取消

保険契約者の債権者にとって詐害的な保険金受取人変更を取り消すことができるか

Q 私は、Aに多額のお金を貸していました。Aは、自己を被保険者とし、私を死亡保険金受取人とする生命保険契約を締結していましたが、Aは、死亡直前に死亡保険金受取人をBに変更してしまったので、受け取れたはずの死亡保険金を受け取ることができなくなってしまい、Aに貸したお金の回収ができなくなりました。このようなことは許せませんので、民法上の詐害行為取消権によって、Aによる私からBへの死亡保険金受取人変更を取り消したいと考えていますが、それは可能でしょうか。

1 詐害行為取消権とは

債権者は債務者がその債権者を害することを知ってなした法律行為の取消しを裁判所に請求することができます（民424条1項本文）。この請求権が詐害行為取消権です。

債務者が、ある法律行為により自己の責任財産を減少させた場合に、債権者がこの法律行為を債権者を害する行為、すなわち詐害行為として取り消すことができるとするのがこの制度です。

2 死亡保険金受取人変更の詐害行為取消権による取消しの可否

本件質問の事案において、Aによるあなたから Bへの死亡保険金受取人変更を詐害行為取消権に基づき取り消すことができるかどうかを検討するにあたっては、Aの行為によりA自身の財産の減少をきたしたといえるか否かが、

検討される必要があります。

　本件質問の事案においては、Aが締結していた生命保険契約は、死亡保険金受取人としてあなたを指定していました。このように、契約者A以外の第三者が死亡保険金受取人として指定されている契約は、他人のためにする保険契約といわれています。

　このような形態の契約においては、（保険事故の発生を停止条件とする）死亡保険金請求権は、保険契約の効力発生と同時に、死亡保険金受取人が取得するものと考えられています。

　この場合、保険契約者は死亡保険金受取人変更権は有しているものの（契約上、死亡保険金受取人変更権が留保されている場合。現在、ほとんどの契約では留保されています）、（保険事故が発生したことを条件として）死亡保険金を請求する権利は有していません。

　したがって、本件事案では、本件生命保険契約に基づく（条件付）死亡保険金請求権は、保険契約者の責任財産を構成してはいません。そうすると、契約者Aが、死亡保険金受取人をあなたからBへ変更したとしても、その行為によって、契約者Aの責任財産はなんら変動がないこととなり、Aによるあなたから Bへの死亡保険金受取人の変更行為は詐害行為となる余地はないということになります。

　本件質問と類似した事案について、【札幌地判昭和57・7・22生保判例百選〔増補版〕218】は、前記と同様の理由を述べ、死亡保険金受取人変更行為が詐害行為に該当しないと判示しています。

3　自己のためにする保険契約の場合

　それでは、同様の事案で、仮に契約者Aが同時に死亡保険金受取人であったとしたらどうでしょうか。

　この場合には、A自身が（保険事故の発生を停止条件とする）死亡保険金請求権という財産権を有しておりますので、Aが死亡保険金受取人の指定・変更権を行使し、死亡保険金受取人をA以外の者に変更（指定）したことにより、Aの責任財産の減少をきたすものと考えられます。したがって、Aによる死亡保険金受取人の変更（指定）は、詐害行為となる余地があります。このような見解に対しては、「保険金受取人の指定変更権が留保されている場合には、保険契約者はいつでも保険金受取人の指定を変更できるため、保険

金受取人の債権者は保険金請求権を保険金受取人の責任財産として強く期待できるわけではない」ことを理由に疑問を呈する見解もあります。

4 質問の回答

質問の事案においては、Aは自己の責任財産を減少させてはおりませんので、Aの行為は詐害行為にはならず、あなたが詐害行為取消権を行使することはできないと考えられます。

(中尾正浩)

第7章 生命保険の諸変更

52 生命保険の年齢・性別の訂正

加入時申込書の記載に誤記があった場合

> **Q** 20年前に加入した生命保険の保険証券をみていたところ、生年月日が間違っていることがわかりました。本当は昭和25年生まれが正しいのに、どうやら加入時に誤って26年生まれと申込書に記入してしまったようです。生命保険は年齢や性別によって保険料が変わると聞いていますが、どうしたらよいのでしょうか。

1 生命保険と年齢・性別との関係

　一般的な生命保険契約の場合、被保険者（こども保険などで、契約者が死亡した場合に保険料の払込みが免除になる等の保障があるものは、契約者も含む）の年齢・性別によって保険料が変わってきます。

　これは、生命保険の場合、被保険者等の年齢・性別に応じた保険事故（死亡・入院など）の発生率によって、保険料を算定しているためです。

　通常、年齢が高くなれば保険料も高くなります。男女を比べると、女性のほうが平均寿命が長いことなどを理由に、死亡保障を重視した商品では、男性のほうが保険料が高く、年金などの生存保障を重視した商品では女性のほうが高くなっています。

　また、商品によっては、加入できる年齢を○歳～○歳と制限しているものや、保障が乳房・子宮の病気など女性向けに特別な内容になっている等、加入できる性別を男女のいずれかに制限しているものもあります。

　したがって加入する際には、年齢（生年月日）・性別の正しい申告が必要です。

2 契約年齢(保険年齢)とは

　生命保険においては、日常使っている「満年齢」とは異なる「契約年齢(保険年齢)」を用いて、保険料を算定したり、加入できる年齢の制限をしていますので、注意が必要です。

　この「契約年齢(保険年齢)」とは、契約するときの満年齢を計算し、1年未満の端数について6か月以下のときは切り捨て、6か月を超えるときは切り上げます。

　たとえば、契約日の満年齢が39歳7か月の被保険者の「契約年齢」は、40歳となります。

3 年齢・性別が誤っている場合の取扱い

　年齢・性別が誤ってしまった理由等の個別・具体的な事情や、加入している保険会社によって取扱いが異なりますが、一般的には以下の取扱いとなります。

ア．契約年齢が誤っている場合

　正しい契約年齢に基づいて加入時にさかのぼって保険料を再計算し、過不足が生じた場合は精算すると共に、保険証券等の訂正を行います。

　なお、被保険者が死亡し、死亡保険金の請求の際に誤りがわかり、かつ保険料の過不足が生じた場合には、支払うべき死亡保険金額から精算します。

　また、正しい契約年齢が、商品ごとの加入制限年齢の範囲外となる場合は、契約を無効とし、すでに払い込まれた保険料を契約者に払い戻す場合もあります。

イ．性別が誤っている場合

　年齢と同様に、正しい性別に基づき加入時にさかのぼって保険料を再計算し、過不足が生じた場合は精算すると共に、保険証券等の訂正を行います。

　また、商品ごとの加入できる性別以外となる場合には、正しい性別で加入することができる同様の商品に当初から加入していたことに契約内容を訂正し、保険料を精算したり、本来加入することができない場合には保険契約を無効とし、すでに払い込まれた保険料を契約者に払い戻す場合もあります。

4 質問の回答

さて、質問についてですが、保険料は生年月日、性別によって異なるのが原則ですので、年齢（生年月日）・性別の誤記がわかった場合には、そのまま放置せず、なるべく早く生命保険会社に申し出て相談することが大切です。

加入している保険会社によって、具体的な手続方法や、取扱いが異なる可能性がありますので、必ずその会社の説明にしたがって対応してください。

(新原啓史)

COLUMN　「契約内容の変更」と「保険契約の転換」

生命保険契約は一般的に長期間にわたることが多いため、保険金額の減額など約款で定められた一定の事項については、契約途中で「契約内容の変更」をすることができます。保険商品によっては、特約を中途で付加することにより、保障内容を充実させることも可能です。ただし、この特約中途付加の申込みにあたっては、特約付加時点での被保険者の健康状態等を告知することが必要で、被保険者の健康状態等によっては、特約の中途付加ができないことがあります。

また、保障内容の見直しとして、新たな保険契約を締結する方法があります。すでにある契約の責任準備金や配当金などを新たに締結する契約の一部に充当することにより、新しい契約の保険料を低くする方法があり、この方法を「保険契約の転換」といいます。転換された契約は消滅しますが、転換特約に基づき、自殺免責期間内の自殺や告知義務違反による契約解除等により転換後の契約の保険金が支払われない場合に、消滅した契約を復旧させ、その保険金を支払うという取扱いがなされます。

このように「保険契約の転換」とは、もとの契約を下取りして新しい契約を締結するもので、もとの契約は消滅することから、「契約内容の変更」とは異なります。

(輿石　進)

53

加入後の性別変更

生命保険加入後に性転換した場合

Q 保険加入後に性転換手術を受け、戸籍の記載も変更しましたが、保険会社に届け出る必要はありますか。

1　性同一性障害による戸籍（名前、性別）の変更

(1)　性同一性障害とは

「性同一性障害」とは、生物学的な性と性の自己意識が一致しない状態のことをいい、WHO が定める国際分類 ICD-10 にも掲載されている医学的疾患です。

性同一性障害者は、全世界では、およそ男性3万人に1人、女性10万人に1人いると推測されており、わが国には2,200人～7,000人いるといわれています。

(2)　性同一性障害者特例法制定の背景

「性同一性障害者の性別の取扱いの特例に関する法律」（以下「性同一性障害者特例法」）が、平成15年7月16日に施行されました。

性同一性障害者の悩みは、これまでも各種報道されてきましたが、平成9年、日本精神神経学会が性同一性障害の診断・治療のガイドラインを作成し、このガイドラインに基づき性別適合手術をはじめとする治療も正当な医療行為として認知され、平成10年から性別適合手術も相当数実施されてきました。

しかし、性同一性障害者に対しては、名の変更については、多くの家庭裁判所で認められてきましたが、戸籍の続柄の性別記載の訂正については、ほとんど許可されませんでした。そのようなことなどから、性同一性障害者は、就業の困難など社会生活上のさまざまな問題を抱えており、治療効果を高め、

社会的な不利益を解消するための立法を求める機運が高まり、平成15年7月10日、上記法律が成立しました。

(3) 性同一性障害者特例法の内容

特例法は、下記の特定の条件を満たす者（性同一性障害者）に対して、家庭裁判所の性別変更の審判により、戸籍等の公的書類の性別の変更を認めるものです。下記ア④⑤にあるように、まず性転換手術を受けることが前提になっております。

●特例法の主な内容

ア、性同一性障害者（専門医2名の診断が一致している者）は、医師の診断書を提出することを条件に、家庭裁判所に対し性別変更の審判を請求することができる。
① 20歳以上であること
② 現に婚姻していないこと
③ 現に子がいないこと
④ 生殖腺がないことまたは生殖腺の機能を永続的に欠く状態にあること
⑤ 他の性別の性器に近似する身体の外観を備えていること

イ、審判を受けた者は、民法その他の法令の規定の適用については、法律に別段の定めがある場合を除き、他の性別に変わったものとみなす。

また、この取扱いは、法律に別段の定めがある場合を除き、性別の変更の審判前に生じた身分関係および権利義務に影響を及ぼさない。

(4) 審判の状況

最高裁判所の発表によれば、直近1年間の審判申立状況は、下表のとおりです。

性別の取扱いの変更申立件数

（平成16.7.16～17.7.15）

新 受	既 済				未 済
	総 数	認 容	却 下	取下げ	総 数
249	218	208	2	8	31

（注）　上記(1)(2)は主として、小野寺理「性同一性障害者の性別の取扱いの特例に関する法律」（ジュリ1252.66）による。

2　各種変更手続

　戸籍の変更に伴い、社会生活を行ううえで必要な各種変更手続を行うことが必要になります。

　具体的には、性別変更後の戸籍謄本あるいは住民票等を添えて、社会保険、パスポート、金融機関・郵便局の口座・通信先、民間保険、共済、クレジットカード、各種免許証（状）や医療カルテ・診察カードなどについて性別変更の手続きを申し出ることになります。

3　質問の回答

　生命保険契約においては、被保険者の性別はきわめて重要な意義を有するものであり、具体的には①性別による専用商品があること（たとえば、女性専用保険・特約）、②性別により保険料が異なることの2点があげられます。

　性別の変更に伴い、①については解約をすることになる場合や、②については、保険料の変更や、さらには責任準備金の差額の授受が必要になる場合があります。

　性別の変更の取扱いについては、保険会社によりその取扱いが異なる可能性がありますので、あらかじめ加入されている保険会社に、その取扱い状況を確認することをお勧めします。

（平澤宗夫）

54

生命保険契約の変更

保険料負担の軽減とその方法

Q 現在契約している保険の保険料が高すぎて支払えません。保険契約を解約せずに保険料の負担を軽減させたいと考えていますが、どのような手続をとればよいですか。

1 保険金額の減額

　保険契約者は約款に定めがある場合には、将来に向かって保険会社の定める金額の範囲内で保険金額の減額を保険会社に対して請求することができます（保険料建ての商品の場合には「保険料の減額」として約款に規定しているケースもあります）。減額部分は解約したものとされ、減額部分についての解約返還金があれば保険契約者に支払われます。保険金額を減額することによって、以降の保険料負担は軽減されることとなります。

2 払済保険への変更・定期延長保険への変更

　保険契約者は約款に定めがある場合には、現在の保険契約を払済保険または定期延長保険に変更することができます。
　払済保険への変更とは、将来の保険料払込みを中止し、その時点での解約返還金を同種類の保険の一時払保険料に充当して保険契約を継続させることです。払済保険に変更後の保険金額は、一時払保険料となる解約返還金の額やその時点の被保険者の年齢等に基づいて、改めて定めることになり、通常は現在の契約よりも減額されます。保険期間は現契約と同一となります。
　また定期延長保険への変更とは、将来の保険料払込みを中止し、その時点での解約返還金を一時払保険料として現在の契約と同額の保険金額の定期保

険に変更することです。保険期間は一時払保険料として充当される解約返還金の額によって定まります。

3 保険期間の変更・保険料払込期間の変更

保険契約者は約款に定めがある場合には、保険期間あるいは保険料払込期間を変更することができます。いずれの場合でも、変更によって責任準備金等の差額を調整するために保険会社の定めるところにより計算した金額を授受する必要がある場合があります。

保険期間または保険料払込期間を変更すると、保険商品の内容によって以降の保険料が減額または増額される場合があります。

4 変更の効力の開始

上記 1 から 3 はいずれも契約内容の変更であるので、保険契約者からの請求に対して保険会社が承諾した時にその効力を生じるものと考えられます。なお、変更手続にあたっては、契約内容変更請求書など保険会社が定める必要な書類を保険会社に提出すべき旨を通常は約款で定めています。

5 質問の回答

保険契約を解約してしまうと、改めて保障が必要となったときには健康を害していて生命保険に加入できなかったり、加入時点の年齢で保険料が算出されることから、通常は解約した契約よりも保険料が高くなってしまうことがあります。

そこで、毎回の保険料負担が経済的に厳しいなどの事情がある場合でも、以降の保険料負担を軽減して一定の条件で保障を継続できる方法として 1 から 3 などの契約内容変更の取扱いが約款で定められています。

したがって、保険契約を解約せずに保険料負担を軽減するためには、約款の内容に基づいて 1 から 3 のいずれかの変更方法を選択することが考えられます。この場合、変更後の契約内容を十分に理解したうえで手続を行う必要があります。また、保険商品や保険契約の状況等によっては取扱いできなかったり、変更内容に制限等がある場合がありますので、注意してください。

(木目田武史)

55

生命保険契約の転換

保険契約の乗換えと転換の違いは何か

Q 現在の契約の保障内容を見直したいと思っていますが、保険会社の営業職員から乗換えと転換の2つのプランを勧められました。乗換えと転換では何が違いますか。

1　乗換えと転換

　現在の契約を解約して新たな保険契約に加入する場合（いわゆる乗換え）には、一般的に保険契約者にとって不利益となることがあります。多くの場合、解約返還金は払込保険料の合計額より少ない金額となり、とくに契約後短期間で解約した場合の解約返還金は、まったくないか、あってもごくわずかです。また、新たな保険契約については、自殺免責期間中に被保険者が自殺した場合や、責任開始期前の発病などの場合は、保険金・給付金は支払われません。

　これに対し、転換制度を利用すると、現在の契約を解約することなく、その責任準備金や配当金など（転換価格という）を転換後契約の一部に充当して保障内容を見直すことができます（図は、転換価格の全部を主契約に充当する方法だが、転換価格の全部または一部を付加されている定期保険特約等に充当する方法もある）。このため、新規に加入するよりも保険料がその分安くなります。ただし、転換後契約の保険料は、転換時の保険年齢、保険料率により計算しますので、保険種類によっては保険料が引上げとなる場合がありますので留意する必要があります。

　また、乗換えの場合は、上述のように新たな保険契約の自殺免責期間中に被保険者が自殺した場合や、責任開始期前の発病などの場合は、保険金・給

付金は支払われませんが、転換制度を利用した場合には、転換前契約の既得権が保証され、保険金・給付金が支払われることがあります。

保障内容の見直しの方法としては、このほか、現在の契約に定期保険特約等を中途付加して保障額を大きくする方法や、現在の契約に追加して別の新しい保険に契約する方法があります。いずれの方法でも、改めて診査（または告知）が必要で、健康状態によっては利用できない場合もあります。

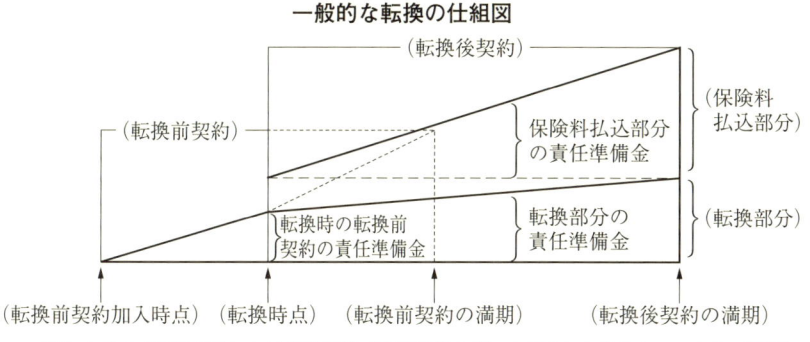

一般的な転換の仕組図

（注）上記の「転換部分」とは転換価格（責任準備金等）を充当した部分をいいます。「保険料払込部分」とは保険契約者から払い込まれる保険料に対応する部分をいいます。

2 転換の法的性格

転換は、一般的に転換特約条項の規定により取り扱いますが、転換特約条項は「契約によって既存債務を消滅させて新債務を成立させる」民法上の更改契約（民513条〜518条）と類似の法律関係を発生させる規定となっています。すなわち、転換により転換前契約の責任準備金等を保険料に充当することで転換後契約が成立し、同時に転換前契約が消滅します。また、転換前契約と転換後契約は同一性をもたず、転換前契約について存する抗弁は転換後契約に引き継がれません。したがって、告知義務違反による解除の除斥期間および自殺免責期間の起算日は転換後契約の責任開始期となります。

ただし、転換特約条項では、自殺免責、告知義務違反による契約解除等により転換後契約の保険金が支払われない場合には、転換前契約に復旧して保険金を支払うことを規定していますが、この点は民法上の更改契約と明らかに異なっています。

3 転換後の自殺

　通常契約の場合、被保険者が自殺免責期間中に自殺したときは、死亡保険金は支払われず、責任準備金が保険契約者に支払われます。ただし、転換後契約の場合は、一般的につぎのとおり取り扱います。

　被保険者が転換後契約の自殺免責期間中に自殺した場合で、転換後契約の死亡保険金が支払われないときは、保険契約者の申し出があれば、転換がなかったものとして転換前契約に復旧して死亡保険金が支払われます。

　また、転換後契約の死亡保険金額が転換前契約の死亡保険金額を下回るときは、被保険者が転換後契約の自殺免責期間中に自殺した場合でも、転換前契約の自殺免責期間経過後であれば、これを転換後契約の死亡保険金の免責事由とはせず、転換後契約の死亡保険金が支払われます。

4 質問の回答

　乗換えの場合は、新たな保険契約の自殺免責期間中に被保険者が自殺した場合や責任開始期前の発病などの場合は保険金・給付金は支払われませんが、転換制度を利用した場合には、転換前契約の既得権が保証され保険金・給付金が支払われることがありますので、一般的には転換制度を利用するほうがよいと思われます。ただし、転換制度を利用できる保険種類やその条件については、会社によって異なりますので留意が必要です。

　また、保障内容の見直しの方法としては、このほか、現在の契約に定期保険特約等を中途付加して保障額を大きくする方法や現在の契約に追加して別の新しい保険に契約する方法がありますので、自らのニーズに合った保障内容の見直しを選択するのがよいでしょう。

（中岫　司）

第8章 生命保険の財産的価値

56

保険契約者の破産

保険契約者が破産すると保険契約はどうなるか

> **Q** 私は、現在、経営している個人商店の業績が芳しくなく、破産をしようと考えています。破産した場合、私が現在契約している生命保険契約はどのようになるのでしょうか。

1 破産手続開始

　破産手続が開始されますと、破産者が破産手続開始の時において有する一切の財産、また、破産手続開始前に生じた原因に基づいて行うことがある将来の請求権は破産財団を構成することになります（破産34条1項・2項）。

　生命保険契約も財産的価値ある財産として破産財団に属することになります。

2 破産管財人による解約

　「破産手続開始の決定があった場合には、破産財団に属する財産の管理及び処分をする権利は、裁判所が選任した破産管財人に専属する」（破産78条）ことになりますので、破産財団に属する生命保険契約については、破産管財人が処分権を有することになります。通常、破産管財人は解約権を行使し、解約返戻金を受領することになります。

　東京地裁の実務においては、解約返戻金の額が20万円以下の生命保険契約については、破産財団に属さないとの取扱いを行っています。また、生命保険契約は、いったん解約してしまうと、被保険者の年齢、健康状態によっては再度の加入が難しくなることを考慮し、破産管財人との協議によって、解約返戻金相当額を破産財団に支払う代わりに生命保険契約を破産財団から放

棄してもらうことにより生命保険契約の解約を避ける方法をとることもあります。

破産者の財産が僅少であり、「破産財団をもって破産手続の費用を支弁するのに不足すると認めるときは、破産手続開始の決定と同時に、破産手続廃止の決定」（同時廃止、破産216条）がなされます。この場合には、破産管財人が選任されることなく破産手続は終了しますので、生命保険契約は解約されることはありません。

それでは、破産管財人が保険契約を解約し解約返戻金を請求する場合において、保険会社が破産者に対し財務貸付等の原因により破産債権を有していたとすれば、保険会社はこれらを相殺できるのでしょうか。

破産法では破産債権者の負担する債務が破産手続開始の時において期限付きもしくは条件付きであるとき、または将来の請求権に関するものであるときも相殺が可能である旨（破産67条2項）規定されている一方で、破産手続開始後に債務を負担したときは相殺することができない（破産71条1項1号）とされています。破産管財人が解約返戻金を請求する場合には、破産手続開始後に解約権の行使という停止条件が成就するものであり、保険会社は破産手続開始後に解約返戻金返還債務を負担したとして破産法71条1項1号に抵触するか否かが問題となります。破産法の解釈としては「停止条件付債務とはいえ、破産宣告時に相殺期待が存在する以上、これを破産宣告後に破産財団に対して負担した債務と見なすべきではない」（伊藤真『破産法』〔全訂第3版補訂版〕、319頁）とされております。また、【福岡地判平成8・5・17判タ920・251】は、「破産法104条1号（現行71条1項1号）にいう『破産宣告後に債務を負担したとき』とは、債務の停止条件が破産宣告後に成就した場合のすべてを含むものではなく、破産宣告時に相殺の合理的担保的期待が存在する場合には、受働債権の停止条件が破産宣告後に成就したとしても、同号の相殺禁止に該当せず、破産法99条（現行67条2項）によって相殺が認められる」と判示しております。解約返戻金については、保険会社は相殺の合理的担保的期待を有していると通常考えられておりますので、保険会社による相殺は可能であることとなります。

3　保険金請求権の帰属について

保険金請求権者の破産において、破産手続開始前に保険金請求権発生の要

件がすべて満たされ、同請求権が発生している場合には、保険金請求権は破産財団に属し、破産管財人が請求・受領することになります。

　それでは、破産手続開始後に、保険事故が発生した場合には、保険金請求権はどのようになるのでしょうか。

　この点、保険事故発生前の保険金請求権は、保険契約に基づく停止条件付請求権であり、これは破産法34条2項にいう「破産手続開始前に生じた原因に基づいて行うことがある将来の請求権」に該当するので、破産財団に属し、その後保険事故が発生した場合には、保険金請求権は破産財団に帰属するという考え方があります。この説に対しては、「保険事故発生前の保険金請求権は、保険期間内に保険事故が発生するかも定かではなく、また、受取人変更の余地もあるという不安定な権利であるから未だその財産的価値は見出すことは出来ない。財産的価値を見出すことの出来ない権利を破産財団に帰属させる必要はなく、破産法第34条第2項の射程外と考えることが出来る」と反論がなされています。

　そして、保険金請求権の発生の原因は、保険事故の発生であるとして保険事故の発生が破産手続開始後である場合には、その保険金請求権は破産財団に帰属しないとする考え方があり、この考えに立っている裁判例があります（【大阪高判平成2・11・27判タ752・216】。同判決の上告審である【最判平成7・4・27生命保険判例集8・123】は、原審の判断は是認することができるものとして上告を棄却しています）。

　本判決の事案は、破産者が破産宣告前に自動車事故により受傷し、破産宣告日以降の入通院、後遺障害保険金および高度障害保険金等を請求したものです。同判決は、損害保険会社との間の傷害保険に基づく入院、通院、後遺障害保険金について、「被保険者が急激かつ偶然な外来の事故によって身体に（傷害を）被ったことを保険事故とし、その結果生ずる入院、通院、後遺障害等は単なる支払条件にとどまる」「被保険者の保険金請求権は、（前記）保険事故の発生と同時に、約款所定の支払条件の生起を停止条件とする債権が発生」すると判示し、破産財団に属するとしました。また、生命保険会社との間の生命保険契約に基づく高度障害保険金については、「傷害によって所定の高度障害状態になったことを保険事故とするものと解される」「高度障害保険金請求権は傷害又は疾病によって保険期間内に所定の高度障害状態になったという保険事故の発生と同時に発生」すると判示しましたが、同事

案においては未だ高度障害状態には該当していないとしました。したがって、被保険者が今後、高度障害状態に該当した場合には、被保険者が取得できることになります。

4 契約者貸付金と免責

　破産者である保険契約者が生命保険契約に基づき契約者貸付を受けている場合、破産者の免責は契約者貸付にどのような影響を与えるのでしょうか。このような問題は、破産管財人が生命保険契約を破産財団から放棄したり、破産手続が同時廃止となり破産管財人がつかなかったりし、生命保険契約が解約されずに存続する場合に起こります。

　生命保険会社の「契約者貸付条項」には、通常、「保険契約者について破産の宣告がなされたときは、宣告のあった時点において貸付元利金に相当する返還金を生ずる限度で保険金額が減額され、その減額により生じる返還金と貸付元利金は相殺されたものとします。保険契約はそれ以降減額後の保険金額で継続するものとします」といった趣旨の規定が置かれています。この規定によれば、破産開始決定の時点で保険金額を減額することにより契約者貸付元利金の精算が自動的に行われることとなります。したがって、破産者が免責許可の決定を受けたとしても契約者貸付金が免除されることはありません。

5 質問の回答

　破産手続が開始された場合、原則として、あなたの生命保険契約は、破産財団に属するものとして、破産管財人が解約し、解約返戻金を受領することになります。生命保険契約を解約されては困る場合で解約返戻金相当額を工面できるような場合には、破産管財人との協議により、あなたが破産管財人に解約返戻金相当額を支払う（破産財団に組み込む）ことにより、破産管財人が生命保険契約を破産財団から放棄してくれることもあります。

　また、あなたの生命保険契約が定期保険等で解約返戻金がほとんどなく、かつあなたにその他のみるべき財産がなく、破産手続が同時廃止になった場合には、破産管財人は就任しませんので、解約されることはなく、契約は存続します。

（中尾正浩）

57

債権者による解約返戻金請求権の差押えと解約権行使

保険金請求権の差押えは可能か

> **Q** 私は、私が被保険者となって、妻を死亡保険金受取人とする生命保険契約に加入していますが、私が事業資金を借りた債権者が、この生命保険の保険金請求権と解約返戻金請求権を差し押えるといっています。このようなことは認められますか。

1　保険金請求権の差押えは可能か

　すでに保険事故が発生し具体化した保険金請求権は、通常の金銭債権として保険金受取人の債権者による差押えが可能とされており【最判昭和45・2・27裁判集民98・313】、保険事故発生前の条件付保険金請求権についても同様に考えられています。

　ただ、保険事故発生前の停止条件付保険金請求権の差押えの場合、保険料不払いによる失効を防ぐことができず、また、保険金受取人が保険契約者と異なる場合には、保険契約者に対する拘束力はないため、保険契約の解約や受取人変更によって差押えは実効性がなくなります。

　したがって、債権者が生命保険契約により回収を図るためには、保険金請求権のみでなく解約返戻金請求権を差し押えることが必要になります。

　なお、企業年金保険に基づく生命保険金が退職金に該当する場合の生命保険金（民執152条2項）や個人年金保険の年金（同条1項1号・2号）が特別に差押禁止債権とされる場合がありますので注意が必要です。

2 解約返戻金請求権の差押債権者は、取立権限に基づき解約権を代位行使できるか

　解約返戻金請求権は、保険契約者が解約権を行使して保険契約を解約した時に具体化する金銭債権であり、差押えは禁止されていないので、保険契約者の債権者が差し押えることができます。解約前の停止条件付解約返戻金請求権についても差し押えることができます。停止条件付解約返戻金請求権が差し押えられたときは、差押えの効力として、保険契約者は解約返戻金を受け取ることができないだけでなく、解約返戻金を減少させる行為を行うことができなくなり、契約者貸付を受けたり、保険料の自動振替貸付を受けることができなくなります。ただし、保険契約者が保険金受取人である場合に、保険金請求権が同時に差し押えられているときには、保険契約を継続させることが差押債権者の利益になると考えられますので、保険料の自動振替貸付を受けることはできるという考え方があります。

　解約返戻金の差押えについては、保険契約を解約することは保険契約者の不利益がきわめて大きいため、差押債権者が取立権に基づき当然に解約できるか、債務者の無資力を要件とする債権者代位権（民423条）によるべきかが問題とされていましたが、【最判平成11・9・9民集53・7・1173】により、「生命保険契約の解約返戻金請求権を差し押えた債権者は、これを取り立てるため、債務者の有する解約権を行使することができる」とされました。

　なお、上記最高裁判決でも、解約権の行使が権利濫用となる場合には、解約権行使が制限されるとされています。

　権利濫用となって解約が認められないケースとしては、つぎのような場合が考えられます。

- ・契約者が限度額までの契約者貸付を受けてこれを弁済提供した場合
- ・生命保険金受取人が解約還付金相当額を弁済提供した場合
- ・被保険者の死が差し迫っている状況で、契約者および受取人が死亡保険金で債務の弁済をすることを確約している場合

3 質問の回答

　保険金受取人は保険契約者の妻ですから、保険契約者の債権者が保険金請求権を差し押えることはできませんが、保険契約者の債権者は、解約返戻金請求権を差し押えて保険契約を解約して債権回収にあてることができます。そして、解約返戻金請求権が差し押えられた場合には、保険契約者は契約者貸付等を受けられなくなります。

（片山利弘）

58

生命保険契約の質入れ

生命保険契約上の権利に質権を設定することができるか

Q 私は、金融業者からお金を借りようと考えていますが、業者から私の生命保険に質権を設定するよう求められています。生命保険契約上の権利に質権を設定することができるのでしょうか。

1　質権とは

　質権とは「債権の担保として債務者又は第三者から受け取った物を占有し、かつ、その物について他の債権者に先立って自己の債権の弁済を受ける権利」です（民342条）。「質権は、財産権をその目的とすることができ」ます（民362条1項）。

　生命保険契約上の権利としては、死亡保険金請求権、高度障害保険金請求権、満期保険金請求権、入院・手術給付金請求権、解約返戻金請求権等が例として挙げられます。現行法上、これら生命保険契約上の権利に質権を設定することを禁ずる規定はありませんので、それぞれの権利（財産権）の権利者は、その権利に質権を設定することができます。

2　質権設定の際の留意点

　生命保険契約上の権利に質権を設定する場合の留意点としては、つぎのような事項が挙げられます。
① 　死亡保険金請求権を質権の対象としようとする場合には、死亡保険金受取人を契約者自身に変更して、契約者と受取人を同一人に揃えることにより、契約者自身が質権を設定することが多く行われています。この場合に

は、質権設定契約において今後、保険契約者は死亡保険金受取人の指定変更権を行使しないとの約定がなされることが通例です。後記の質権設定契約ひな形にもこのような約定が規定されています（次頁・ひな形4条）。

② 高度障害保険金、手術・入院給付金等の各請求権は、通常被保険者が有しています。生命保険契約の契約者と被保険者が異なる場合に、これらの請求権にも質権を設定しようとすれば、被保険者が質権を設定する必要があります。また、前記各保険金等は、被保険者の手術、入院および障害の発生という保険金に対する現実的ニーズが高い状況で発生する権利であるため、担保の対象とするのが適当であるかという議論もあります。後記の質権設定契約書ひな形は、これらの保険金等も質権の対象とする場合のものとなっています。

③ 保険契約者は、質権の対象とされた解約返戻金請求権、保険金請求権等以外にも、生命保険契約上、解約、保険契約者変更、契約者貸付請求等の各権利を有しています。これらの権利が行使されると質権の担保価値が滅失または減少しますので、質権設定契約上、これらの権利の行使が禁止されることが通例です（次頁・ひな形4条・5条）。

　また、保険料自動貸付については、保険料の未払いが起こった場合に自動的になされるものであること、保険料未払による保険契約の失効が回避されることは質権者にとっても利益となることから、後記の質権設定契約書ひな形ではこれを許容しています（次頁・ひな形4条）。

④ また、保険事故が発生した場合の保険金等の取立てについては、質権者が、被担保債権の弁済期、被担保債権額にかかわらず、全額について取り立てることができると約定されるのが通例です（次頁・ひな形3条）。これは保険会社に、保険金等の支払いにあたって、被担保債権の弁済期到来の有無、その金額の判断という煩わしさを負わせないためと説明されています。

⑤ 解約返戻金が質権の目的となっている場合、質権者が生命保険契約を解約できるのかという問題があります。この点、債権者代位権に基づき解約権の行使ができるとする裁判例があります。しかしながら、債権者代位権によるまでもなく、質権設定契約において、質権者が解約権を行使できる、すなわち、質権設定者から解約権行使について委任を受ける旨の約定がされることが通例です（次頁・ひな形3条）。

質権設定契約書〈ひな形〉

> 第1条　乙（保険契約者・保険金受取人）は、後記金銭消費貸借契約に基づく債務（以下「本件債務」という。）の担保として〇〇保険相互会社（以下「保険者」という。）を保険者とする後記生命保険契約（以下「本件保険契約」という。）に基づく次条記載の各請求権（丙〔被保険者〕に帰属する請求権を除く。）に甲（債権者）を質権者とする質権を設定する。丙は、上記質権設定に同意し、かつ、本件債務の担保として上記請求権のうち丙に帰属する請求権に甲を質権者とする質権を設定する。なお、質権設定期間中は保険証券は甲が占有する。
>
> 第2条　本件質権の目的は、死亡保険金、災害死亡保険金、高度障害保険金、災害高度障害保険金、手術・入院給付金、解約返戻金（解約権も含む。）、保険契約の解除・免責事由該当に伴う返還金及び社員配当金（以下「保険金、解約返戻金等」という。）の各請求権とする。
>
> 第3条　本件債務の弁済期の前後を問わず、本契約条項第2条に定めた本件質権の目的たる請求権が発生した場合には、本件債務の金額にかかわらず、すべて甲が保険者より受領し、弁済金の一部または全部に充当することが出来るものとし、充当後に残額があれば、甲はその残額を保険契約上の請求権者に支払う。また、甲はいつでも本件保険契約を解約する権利を有し、乙はこれに対し異議を述べない。
>
> 第4条　乙は、質権設定期間中、甲の同意なくして、保険契約者及び保険金受取人の変更権、その他本件保険契約の主契約及び特約の内容を変更する一切の請求権、契約者貸付請求権（保険料の自動貸付を除く。）は行使しないものとする。
>
> 第5条　乙は、質権設定期間中、保険契約を解約しない。
>
> 第6条　乙は、質権設定期間中、甲の同意なくして保険証券の再発行請求は行わない。
>
> 第7条　甲は、本契約に基づく質権の転質は行わない。
>
> 第8条　乙及び丙は、本件保険契約について甲以外の債権者に対して質権を設定しない。

3　質権設定の方法

　質権は、質権設定者と質権者の合意（契約）により設定されます。保険会社およびその他第三者に質権設定を対抗するためには、保険会社への質権設定の通知もしくは保険会社の承諾が必要となります（民364条・467条）。また、死亡保険金請求権等に質権を設定する場合には、その被保険者の同意が必要となります（商674条2項）。実務上は、保険会社の作成した定型書式を用い、保険会社が同書面上、承諾を与える方法がとられることが多いようです。

4　質問の回答

　生命保険契約上の権利に質権を設定することは可能です。設定の際には本文中に挙げた各事項について留意してください。

（中尾正浩）

59

生命保険の買取り

生命保険の買取りは認められるか

Q 欧米では、生命保険の買取りという制度があるようですが、どのようなものですか。また、日本では、認められていますか。

1　生命保険の買取りとは

　一般的には、保険買取事業者が、被保険者の余命などを勘案して査定した価格、すなわち死亡保険金を割り引いた価格を一括して、保険契約者に支払うと共に、その後の保険料を保険契約者に代わって支払い続け、被保険者が死亡した場合には死亡保険金を保険買取事業者が受け取るというものです。

　なお、保険買取りに際しては、保険契約者と死亡保険金受取人の変更が必要ですが、いずれも被保険者が同意していることが前提となっています。また、約款上、保険契約者の名義変更については保険会社の承諾が必要ですが、死亡保険金受取人の名義変更については保険会社の承諾は不要です。

2　欧米諸国およびわが国の現状

①　欧米諸国

米国　80年代後半にエイズ末期患者の資金ニーズを背景に生命保険買取事業が広まったことを受け、93年、全米保険監督官会議（NAIC）は、規制のためのモデル法を採択しましたが、その後も規制を強化しています。現在、約7割の州ではモデル法に沿って、州法を制定していますが、たとえば、ニューヨーク州法では、買取事業者に免許取得を義務づけるとともに、保険売却者に対する説明義務、開示義務を課す一方、監督当局に対する買取契約書

のひな形、買取代金の決定方法の届出義務、さらに年次報告書の提出義務などに加え、当局に検査権限を付与するなど、厳格な規制を行っております。なお、同州では、買取対象を余命24か月以内の契約に限定しております。市場規模は40億〜45億ドル（2004年）。

英国　　規制下、5億ポンドというかなりの市場規模となっています。

ドイツ　　この2、3年市場は急成長。

フランス　　保険買取事業は存在しない。

②　わが国

末期患者の保険を活用したいというニーズには、これまで、保険契約者貸付やリビングニーズ特約（被保険者が余命6か月と判断された場合に将来の死亡保険金の支払いに代えて、その全部または一部を前払いする特約）等で対応してきました。わが国では、近年まで保険買取業者はその存在は知られていませんでしたが、下記事件により、その存在が明らかになりました。なお、保険買取業者に対する規制は、現在のところ存在しません。

3　生命保険買取請求の裁判例

①　東京地裁へ提訴

生命保険契約を保険買取会社に売却した男性（52歳）が、保険会社に対し買取会社への名義変更を求め、平成17年2月、東京地裁に対し提訴した。

原告は、平成元年11月に保険金額3,000万円（現在は2,830万円に減額）、月払保険料14,342円（現在は17,654円に増額）の保険契約を締結した。その後、平成2年ごろC型肝炎と診断され、5年頃から長期療養生活に入ったため（平成14年には肝がんの宣告）、収入は妻の収入（月額約12万円）だけとなり、生活費、治療費に困窮し、また息子の学費を得るため、平成16年12月、インターネットで知った日本初の保険買取会社に保険契約者の地位を譲渡した。その後、保険契約者は、保険会社に対し名義変更に同意するよう求めたが拒絶されたため、提訴に及んだ。

●保険の譲渡（売却）契約の内容
　①売却価格：849万円、
　②死亡時の弔慰金：17年度死亡849万円、18年度死亡566万円、19年度死亡283万円、20年度死亡141.5万円、21年度以降死亡56.6万円
　　参考：売却時の解約返戻金約28万円

② 東京地裁判決【東京地判平成17・11・17金商1230・11】

東京地裁は平成17年11月17日、生命保険譲渡が生活困窮者にとって一定の有効性があることは認めつつも、生命保険を利用する唯一の取得方法とはいえず、保険契約者の地位を売買取引の対象とすることについては、米国やわが国の生命保険業界においても異論があり、さまざまな問題が生じる危険性も否定できないとして、原告の請求を棄却した。

● 判決要旨
①保険会社は、生命保険譲渡の承諾を義務づけられておらず、自由に同意もしくは拒否の判断をすることができる。
②保険会社が保険契約者の地位を売買取引の対象とすることの危険性を危惧し、生命保険譲渡に同意しないとの判断をしたことは直ちに不当とまではいい難く、また、同意の拒否は裁量権を逸脱して権利の濫用にあたるとまではいえない。

● 裁判所が認定した危険性
ア、当事者間の交渉能力に当初から格段の差が存すること
イ、不当に廉価で生命保険契約を買い取るなどの暴利行為を招きやすいこと
ウ、詐欺的取引や暴力団の資金源とされるなどの危険性が危惧されること等

③ 東京高裁判決【東京高判平成18・3・22金商1240・6】

原告は地裁判決を不服として控訴したが、東京高裁も平成18年3月22日一審判決を支持し控訴を棄却した。

④ 最高裁へ上告

一審原告は、この判決を不服として平成18年3月30日最高裁に上告した。

4 質問の回答

欧米諸国の状況は、**2**のとおりで、とくに米国では厳格な規制のなか、保険買取業は、かなりの市場規模を占めるようになっているようです。

日本では、上述の裁判例が示すように、業者に対する規制のないなかでは、保険買取業者が認知されるのは難しい状況にあり、保険契約者が、自らの保険契約を保険買取業者に譲渡（売却）することは困難かと思われます。

（平澤宗夫）

60

保険契約者貸付

保険契約者貸付の法的性質

> **Q** 離婚した妻が、勝手に私の生命保険の契約者貸付を受けていたことが後日わかりました。その貸付けについて私は返済の義務を負わなければなりませんか。

1　保険契約者貸付の仕組みと法的性質

　生命保険では、多くの場合、解約返戻金額の一定範囲内（5割ないし9割以内と契約により異なります）で保険契約者が生命保険会社から貸付けを受けることができることを約款で定めています。この保険契約者貸付にはとくに返済期限はなく、いつでも返済できますが、返済がない場合にはその保険契約消滅時に支払われる保険金や解約返戻金から貸付元利金が差し引かれることになります。

　保険契約者貸付は、生命保険契約が通常長期にわたって継続するものであることから、その間に保険契約者に一時的に資金が必要となったときに、その保険契約を解約することなく、将来の保険金支払いのために生命保険会社に積み立てられた資金を担保に貸付けを行うものです。したがって、銀行の定期預金担保貸付と類似するところがあります。

　このような保険契約者貸付の法的性質については見解が分かれています。まず、保険契約者貸付は、保険金請求権または解約返戻金請求権が具体化したときに、その請求権と貸付元利金を相殺する旨の予約がついた特殊な消費貸借であるとする相殺予約付消費貸借説があります。これに対し、保険契約者貸付の経済的実質を重視して、保険契約者貸付は、消費貸借ではなく、保険金等の前払いであるとする前払説があります。さらに、そのどちらでもな

い特殊な給付であるとする特殊給付説がありますが、相殺予約付消費貸借説が多数説とされています。

2 判例の立場

　保険契約者または保険契約者の代理人と詐称する者が契約者貸付を受けた場合、保険会社がその外観を信頼して行った貸付けの有効性については判例があります。

　離婚した妻が、保険契約者である夫の代理人と称して約27万円の保険契約者貸付を受けた事案で、最高裁は、「貸付けは、約款上の義務の履行として行われる上、貸付金額が解約返戻金の範囲内に限定され、保険金等の支払の際に元利金が差引計算されることにかんがみれば、その経済的実質において、保険金又は解約返戻金の前払と同視することができる。そうすると、保険会社が、右のような制度に基づいて保険契約者の代理人と称する者の申込みによる貸付けを実行した場合において、右の者を保険契約者の代理人と認定するにつき相当の注意義務を尽くしたときは、保険会社は、民法478条の類推適用により、保険契約者に対し、右貸付けの効力を主張することができるものと解するのが相当である」として、銀行の定期預金担保貸付と同様に、民法478条の類推適用を認めました【最判平成9・4・24民集51・4・1991】。

　民法478条は債権の準占有者に対する弁済について善意無過失の弁済者に支払免責を認めるものですが、保険契約者貸付は「弁済」ではなく「貸す義務のある貸付け」であるところから、民法478条の類推適用とするものです。すなわち、保険契約者貸付の場合、約款で保険契約者の権利として定められており、保険会社に「貸す義務」があり、日常頻繁に行われるところから画一的で大量の事務処理が必要とされ、仮に民法109条・110条の表見代理の要件を備えていないとしても、民法478条類推適用により、その保険契約者貸付は有効とされることになります。

　上記事案では、委任状の筆跡が保険契約申込書の筆跡と一致したこと、保険証券および届出印の提示があったこと、貸付金の振込先が当該保険契約の保険料引去口座であったことなどが考慮され、保険会社に正当な代理人であると信じるにつき過失がなかったとされました。

3 質問の回答

　妻の場合、夫の実印等を容易に持ち出せることから、妻が代理人となっている場合には生命保険会社の注意義務が加重されるとの見解がありますが、裁判所は他の者が代理人となる場合以上に代理権の不存在を疑うべき理由はないとし、保険証券、保険契約者の実印その他真実の代理人であると信じさせるに足りる書類等の提出があれば、画一的で大量の事務処理を行う生命保険会社としては、それらの書類等の審査により注意義務を果たしているものとされます【東京地判昭和62・10・26判時1298・126】。

　したがって、離婚した妻が、委任状と約款所定の必要書類を提出し、貸付金の振込先が当該保険契約の保険料引去口座であった場合については、保険契約者貸付を行った生命保険会社に過失がなかったとして、その貸付けの無効を主張することは難しいものと思われます。すると、その貸付けの返済義務を負うことになります。

　しかし、たとえば委任状等の提出された書類に不自然な点があり、貸付金の振込先が保険契約者とは異なる別人名義の口座となっているなど、保険契約者に直接その意思を確認することが適切であると思われる場合については、生命保険会社の過失が認められ、その保険契約者貸付の無効が認められる可能性もあるものと思われます。仮にその貸付けの無効が認められた場合は、返済義務を負わないことになります。

（輿石　進）

61

保険契約者配当の内容

保険契約者配当の仕組みはどのようなものか

Q 私が現在加入している生命保険（5年ごと配当金付保険）は、今年の明細では配当金がゼロでした。株式では利益に応じて配当を得ることができ、また預貯金でも利息を得ることができますが、加入している生命保険会社の業績では利益が出ているにもかかわらず、配当が支払われないのはどうしてですか。

1　有配当商品と無配当商品

　保険契約は、保険料を算出するために、通常は予定利率・予定死亡率・予定事業費率という3つの予定率を用いています。この予定率が実際の運用成果や死亡状況や事業運営コストと異なるため、これらを事後に精算する仕組みが配当の伝統的な考え方です。これによれば、剰余金（利益）には、予定よりも運用成果が高いことによる利益分（利差益）や、予定よりも死亡等の支払いが少ないことによる利益分（死差益あるいは危険差益）や、予定よりも事業コストが少ないことによる利益分（費差益）があり、これらの利益が配当支払いの源泉となります（これらの損益を合わせて3利源といいます）。予定率と実際率の乖離が大きいほど配当還元の源泉は大きくなりますが、予定率の一部または全部を実績率に近づけ配当還元は少ない（またはない）商品とするものもあります。

　保険商品は、配当の分配とその源泉タイプから、つぎのように分けられます。

保険商品のタイプ

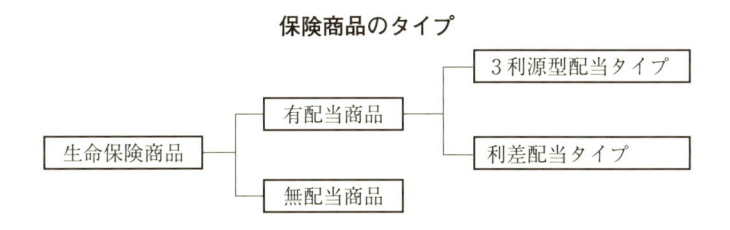

```
生命保険商品 ─┬─ 有配当商品 ─┬─ 3利源型配当タイプ
              │              └─ 利差配当タイプ
              └─ 無配当商品
```

2　配当支払時期

　保険契約の収支は、すべての契約が加入から保険期間満了まで到来してはじめて確定するため、満了までは精算が確定しないことになります。しかし、すべての保険契約が満了して剰余計算を行い配当還元するのは現実的ではないため、通常は毎年1回、予定と実際の差を適正に評価し、事後的に精算を行うこととしています。

　毎年配当を支払う「毎年配当方式」では、決算年度末に確定した剰余をもとに配当を割り当て、翌事業年度中に到来する契約応当日に配当が支払われますが、5年ごとに配当金を支払う「5年ごと配当方式」では、5年ごとの年単位の応当日に配当が支払われます（下図参照）。

　さらに、長期期間継続した後に死亡や満期等で消滅した契約などには消滅時に「特別配当」が支払われることがあります。

配当支払時期の違い

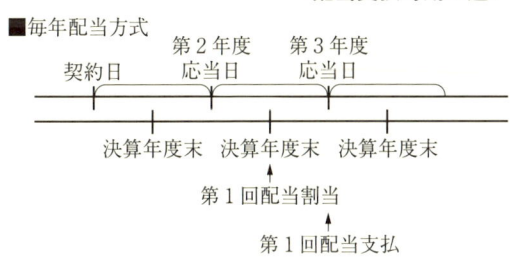

■毎年配当方式

契約日 ── 第2年度応当日 ── 第3年度応当日 ──
　　　決算年度末　決算年度末　決算年度末
　　　　　　　↑
　　　　第1回配当割当
　　　　　　　　↑
　　　　　第1回配当支払

■5年ごと配当方式

契約日 ── 第2年度応当日 ── 第3年度応当日 ── 第4年度応当日 ── 第5年度応当日 ── 第6年度応当日
　　　　　　　　　　　　　　　　　　　　　　　　　　　　　　　　　　　　↑
　　　　　　　　　　　　　　　　　　　　　　　　　　　　　　　　　第1回配当支払
　　　　　　　　　　　　　　　　　　　　　　　　　　　　　　　（5年ごと単位の応当日）

3　株式の配当等との違い

　株式の配当は期末時点の株主に支払われ、預貯金の利子は保有した期間に応じて支払われるのに対して、保険会社の契約者配当は、商品や加入時期等の保険の契約内容に応じて支払われます。

　保険会社の形態には、保険契約者が社員権をもつ相互会社と、株主が出資をする株式会社があり、このため相互会社では契約者配当は社員配当とも呼ばれています。契約者配当の源泉は、双方の形態とも基本的には同じですが、配当のために積み立てる準備金の繰入れが相互会社では利益処分となるのに対して、株式会社では費用の1つであることが違いの1つとなっています。株式会社では、契約者配当のための準備金が繰り入れられた後に、利益処分としてさらに株主に対して株式の配当が支払われることになります。

4　貢献度に応じた配当還元

　近年では、契約者配当は保険料の事後調整としての考え方を基準としながらも、保険事業を継続して運営するために必要な内部留保への貢献度を除いたうえでの精算として捉えるべき、との考え方が一般的となっています（平成4年6月保険審議会答申の「事業経営のための財産的基礎」による）。

　このため、新保険業法では、分配する剰余金の対象範囲、配当支払の準備金に積み立てる比率や積立限度、剰余金の分配基準等を定めています。たとえば相互会社では、利益処分として剰余金から一定割合以上を配当支払のための準備金として積み立てることとし（保険55条の2第2項、同規30条の4・30条の6）、これにより保険事業を継続して運営するために必要な内部留保と、配当支払いのための準備金を明示しています。さらに分配する剰余金は、保険契約の特性に応じて計算された分配の対象金額に対して、その貢献度に応じて配分することが定められています（同規30条の2）。

5　質問の回答

　加入している契約は5年ごとの配当金付契約であり、配当が支払われる商品ですが、契約日から5年を経過していない時期であれば通算期間とならないため、配当の割当がないことが考えられます。また、契約日から5年を経過した契約であっても、通算期間の剰余がマイナスであったり、またはプラ

スであっても将来のリスク対応力の強化に備えて配当金ではなく内部留保の確保のために配分されることもあります。したがって、単年度の利益と配当金の支払額とは必ずしも一致しない場合もあるといえます。

(須賀　洋)

COLUMN　　　　契約者配当の分配方法

　契約者配当を分配する法的な規定については、保険業法114条1項で、
「契約者配当を行う場合は、公正かつ衡平な分配をするための基準として……」
と記載されています。

　前者の「公正」は公平と同じ意味で「すべてのものを同じように扱い、かたよりのないこと」を表しており、さらに適正であることを示します。一方、「衡平」は「つりあいが取れていること」を表しています。契約者配当の分配については、この「公正かつ衡平」が大前提となります。

　したがって、各社とも、配当を分配するにあたって、契約者間のかたよりがないように、バランスをとるように計算をすることが求められており、さらにこの計算にあたっては同法施行規則62条にて契約者配当の計算方法で規定されています。この原則に従い各社とも工夫を凝らしており、より具体的な計算の内容は、生命保険会社各社のディスクロージャー誌等で確認できます。

(須賀　洋)

第9章 保険金の支払いとモラルリスク

62

生命保険契約とモラルリスク

モラルリスクを防止するためにどのような対策がとられているか

Q 保険会社は、モラルリスク対策として法律上どのような理論構成をしているのでしょうか。

1　モラルリスクの意義

　多額の保険金目当てに、配偶者や子どもを殺害する事件が新聞等で報道されています。保険契約者が保険事故を故意に招致したり、偽装事故による保険金・給付金の不正な保険金請求については、一般にモラルリスクまたはモラルハザードといっています。これらの不正な保険金請求には、明確な法律上の定義があるわけではありません。とくに生命保険は定額保険であり犯罪の温床になりやすい危険を構造的に有しているので、それに対処するための有効な対策がこれまでに検討されています。

2　判例・学説

　モラルリスクに対する法律構成としては、契約締結前の事由と、締結後の事由に分けることができます。

（1）　契約締結前の事由

　ア、告知義務違反と錯誤・詐欺

　まず、告知義務違反と錯誤や詐欺（民95条・96条）の関係が問題となります。告知義務に関する商法の規定以外に民法の錯誤・詐欺に関する規定の適用があるならば、告知義務で除斥期間を設けて保険契約者を保護している趣旨が没却されてしまうのではないかという疑問があるからです。学説では①民商法適用説、②商法単独適用説、③錯誤民法排除説があります。錯誤と詐

欺とを区別して、錯誤に関する民法の適用は排除されるが詐欺は排除されないという③説が有力です。しかし、判例【大判大正6・12・14民録23・2112】によれば、民法の錯誤・詐欺に関する規定の適用があります。

イ、詐欺無効

つぎに、詐欺無効があります。民法96条は詐欺による意思表示は取り消すことができると規定していますが、生命保険の約款では無効としています。詐欺による法律行為の取消しが可能であるためには、相手方を欺罔（ぎもう）する目的が要件となるので、告知義務違反であるからといって直ちに民法の詐欺になるとはかぎりません。しかし、最近の裁判例によれば詐欺と認定するうえでの共通の要素として、①短期集中加入、②保険料と収入のアンバランス、③契約締結と保険事故発生の近時性または恣意性、④保険事故の不自然性が挙げられています。これらの事実があると、保険金を不正に取得する目的を認定して詐欺の主張を認めています。

ウ、共通錯誤

また、共通錯誤があります。保険金受取人が保険金を詐取しようとしたのに、保険会社と保険契約者がこれを知らずに保険契約を締結した事案について、契約の当事者双方が、その締結に際して契約の前提ないし基礎として予定した事項について、当事者双方に共通の動機の錯誤が認められる場合には、その錯誤が法律行為の要素すなわち意思表示の内容の重要な部分であると認められるときにかぎり、通常の一方の動機の錯誤の場合とは異なり、共通の錯誤として、動機の表示を要することなく意思表示の無効を認めるのが相当である、と判示しました【大阪地判昭和62・2・27判時1238・143】。共通錯誤の問題の中心は、いかなる事実を立証すれば共通の錯誤による無効が認められるかにかかっています。

エ、公序良俗違反

さらに、公序良俗違反があります。【大阪地判平成3・3・26文研生命保険判例集6・307】が公序良俗違反による保険契約の無効を認めてから、その後いくつかの裁判例においても認められてきました[注]。しかし、保険金の不正受給目的という主観的態様を要件としているものと、保険契約の過度の累積のみを問題としているものがあり、公序良俗違反を認定する要件が曖昧であるとの指摘もあります。また、公序良俗違反を認める理論と前述の詐欺概念がどのような関係に立つのかも問題である旨が指摘されていますが、公

序良俗違反の要件、無効とされた場合の保険料返還が認められるかどうか、公序良俗違反の判断時期などの問題が残されています。

注　裁判例については、潘阿憲「生命保険におけるモラル・リスクと公序良俗理論」生命保険論集137号（第1分冊）59頁以下参照。

(2) 契約締結後の事由

ア、危険の著増

まず、危険の著増（商656条）の理論構成があります。道徳的危険の著増は、危険著増の概念にまったく含められないものではなく、少なくとも類推適用が認められるべきであるという見解が有力です。判例では「海外旅行傷害保険契約の被保険者が保険金を取得する目的で、治安の悪いマニラ市に赴き、殺し屋等とも接触のある者らに嘱託殺人を依頼し、その後間もなく同市内で銃撃されて死亡したというものであるから、同人らが右依頼を承諾したかどうかが必ずしも明らかでなくても、被保険者が右依頼を断念したとは認められない状況において銃撃されて死亡した以上、その依頼をした時点において、被保険者自ら事故発生の可能性のきわめて高い状況に身を置いたものということができ、右嘱託殺人の依頼は被保険者の責に帰すべき事由により著しく危険が増加したものと認めるのが相当であり、商法656条により保険契約は失効したものと解するのが相当である」と判示しました【札幌地判平成2・3・26判時1348・142】。

この裁判例については、判旨に賛成する見解があります。しかし、その法的効果が当然失効という厳しいものなので、その適用要件の該当性を十分に吟味して、その濫用を避けるべきであるという見解もあります。また、同一事件での生命保険の事案についても、本件保険契約は商法683条・656条により自動的に失効したものと解するのが相当であると判示しました【札幌地判平成3・10・28文研生命保険判例集6・404】。このように危険の著増の理論は、故意の事故招致の立証が困難なケースにおいて保険会社の有力な抗弁となってきましたが、この抗弁は慎重になされるべき旨が主張されています。また、モラルリスク対策として商法656条を利用することには否定的な見解もあり、理論的には公序良俗違反による保険契約無効の理論について、保険契約成立後に公序良俗違反となる事情が発生した場合にも拡張できるか、という問題もあります。

イ、特別解約権

つぎに、保険会社の特別解約権があります。保険契約者などが故意に保険事故を招致した場合や保険事故の仮装による保険金詐取等の強度の不信行為をした場合など、保険会社に契約の維持を期待し得ない状況が存在する場合、保険会社は、保険契約者に対する一方的意思表示により、解約期間を置くことなく保険契約を解除できることは、すでに学説において認められてきています。また、現在では生命保険の約款でも重大事由による解除の規定が設けられています。特別解約権による解除の効果については見解の対立があります。信頼関係破壊の事実が発生したときに遡って契約を解消することができるとする見解もありますが、裁判例では解除の効果は遡及しないものとしています（【東京地判昭和63・5・23判時1297・129】【大阪高判平成6・6・22文研生命保険判例集7・382】【岐阜地判平成12・3・23金商1131・43】など）。生命保険の約款では遡及効を規定しています。

なお、生命保険業界では、昭和55年から入院給付金について保険契約者の同意を得たうえで、被保険者の氏名、入院給付金の種類、給付日額等の情報を生命保険協会に登録する契約内容登録制度を創設し、平成6年からは死亡保険金についても高額契約の登録が行われるようになりました。平成14年からは、生命保険会社と全国共済農業協同組合連合会との間でも契約内容登録制度が創設され、相互に契約情報の照会ができるようになりました。さらに平成17年には、保険金支払いの判断または保険契約の解除または無効の判断の参考とすることを目的として、支払査定時照会制度が創設され、各生命保険会社と全共連の保有する保険契約に関して相互照会事項記載の情報を共同して利用しています［⇨21］。

3　質問の回答

モラルリスク対策については、上記のようにいろいろな法理論がありますので、それぞれの個別の事案に応じた対応が必要になります。その際には、とくにその理論を適用した場合の法律効果が重要なポイントになります。

（甘利公人）

63

保険契約者の事情変更と危険の著増

職業変更、住居変更、海外渡航などは保険契約に影響を与えるか。
道徳的危険の著増による生命保険契約の失効は認められるか

> **Q** 私は、これまで東京でサラリーマンをしていましたが、今回、ボランティアで、中東の戦闘地域で復興支援を行うことになりました。私の生命に対する危険は今までより格段に上がると思うのですが、このような場合、私の加入している生命保険に何か影響はあるのでしょうか。また、私は、保険会社に通知しなければいけないのでしょうか。

1　商法の定め

商法は、保険契約における危険の変更または増加に関して、つぎのような内容の規定を置いています。

① 保険期間中に危険が保険契約者または被保険者の責に帰すべき事由によって著しく変更または増加したときは保険契約はその効力を失う（656条、683条1項により生命保険に準用。以下、同じ）。

② 保険期間中に危険が保険契約者または被保険者の責に帰すべからざる事由によって著しく変更または増加したときは保険者は契約の解除をなすことができる。ただし、解除は将来に向かってのみその効力を生じる（657条1項、683条1項）。

③ ②の場合において、保険契約者または被保険者が危険が著しく変更または増加したことを知ったときは遅滞なくそれを保険者に通知しなければならない。もし、その通知を怠ったときは保険者は危険の変更または増加の時より保険契約がその効力を失ったとみなすことができる（657

条2項、683条1項）。
④　保険者が③の通知を受けまたは危険の変更もしくは増加を知った後、遅滞なく契約の解除を為さざるときはその契約を承認したものとみなす（657条3項、683条1項）。

2　生命保険約款の定め

　商法の前記規定にかかわらず、現在の生命保険約款においては、「保険契約の継続中に、被保険者がどのような業務に従事し、又は、どのような場所に転居し若しくは旅行しても、保険会社は、保険契約の解除も保険料の変更もしないで保険契約上の責任を負う」旨の規定が置かれているのが通例です。
　この規定は、被保険者の職業や所在地の変更により危険が増加したとしても保険契約は従前のまま継続するとしたもので、商法の前記規定を排除したものと考えられています。

3　道徳的危険の著増による生命保険契約の失効

　ところで、商法656条については、保険契約者が被保険者の故殺を企図するような場合に、同条に基づき生命保険契約の失効を認めようという説が有力に唱えられています。すなわち、「商法656条の危険増加には、保険危険事実の増加のみならず道徳的危険の増加も含まれる。保険契約者が被保険者の故殺を企図するような場合には、道徳的危険についての主観的危険増加があるので、そのような企図が為された段階で保険契約は失効し、保険事故が発生しても保険者は保険金の支払義務を負わない」というものです。裁判例においてもこの法理を認めたものが現れています。
　1件目は、【札幌地判平成2・3・26判時1348・142】です。この事件はいわゆる「フィリピン・マニラ事件」と呼ばれています。この事案は、Aが保険金総額約7億円の保険を自己にかけたまま、マニラ市路上で頭部を銃撃されて死亡したというものです。保険会社は、保険金請求に対し、Aの死亡は同人の演出した嘱託であるとして、支払いを拒みました。前記判決は、商法656条の危険の著増について「著増した危険が契約締結当時に存在したならば、保険者が保険を引き受けなかったか、又はより高額の保険料をとらない限り保険を引き受けなかったと思われるほどの大幅な危険の増加が契約締結後出現するものと解することができる」とし、「Aの殺害は同人自身の嘱

託によるものかは不明だが、Aはマニラの殺し屋と接触があるとみられるBらに対し保険金目的で自己を殺害するよう依頼した事実」を認めたうえで、「（前記）依頼をした時点において、被保険者自ら事故発生の可能性の極めて高い状況に身を置いたものということができる」「本件契約締結時に（前記）事実が存在し、それが判明していたら、保険者が保険の引受けを拒絶したことは明らかであるから、Aの嘱託殺人の依頼は被保険者の責に帰すべき事由により著しく危険が増加したものと認めるのが相当であり、商法654条により保険契約は失効した」と判示しました。

2件目は、【東京地判平成11・7・28判タ1008・296】です。いわゆる「ロス疑惑事件」と呼ばれています。この事案は、Yが自己の妻Aを被保険者とする生命保険契約を締結していたところ、Aが何者かに銃撃されて廃疾状態になり、保険会社はAに対し廃疾保険金を支払ったというものです。保険会社は「前記銃撃はYが保険金詐取目的で人を使って行わせたものであるから、保険契約者の故意による事故招致の場合に該当し、約款所定の保険金の免責事由にあたる」「Yは前記銃撃以前に保険金詐取目的でAを人に襲わせ怪我を負わせる事件を起こしており、この事件により商法656条にいう『危険の著増』が認められるので、本件契約は失効していた」と主張し、既払保険金等の返還を求めました。上記銃撃事件でYは無罪になったため、上記故意免責は成立しないこととなりましたが、前記判決は、商法656条にいう「危険の著増」について、前記札幌地裁判決と同様に解したうえで、「Yは死亡保険金の受取を目的として、Aの殺害を計画し、Mと共謀したうえで、Mにおいて殺人未遂にかかる殴打事件を実行させた」事実を認め、「少なくともYの計画にかかる殴打事件が実行に移された時点においては、Aの保険事故発生の危険は大幅に増加したものということができる」「また、右危険の増加には本件保険契約の契約者であるYにその帰責事由がある」として、商法683条1項、同656条により保険契約はすでに失効していたと判示しました（控訴審（確定）である【東京高判平成12・2・23判例集未登載】も同旨）。

4　質問の回答

あなたが締結している生命保険契約の約款には、「保険契約の継続中に、被保険者がどのような業務に従事し、又は、どのような場所に転居し若しくは旅行しても、保険会社は、保険契約の解除も保険料の変更もしないで保険

契約上の責任を負う」旨の規定が置かれていると思われますので、中東の戦闘地域で復興支援を行うことは、あなたの保険契約に影響を及ぼしません。また、保険会社に通知をする必要はありません。

（中尾正浩）

64

生命保険と保険会社の免責

保険金が支払われないのはどのような場合か

> **Q** 生命保険に加入しましたが、保険金が支払われない場合があると聞きました。保険金が支払われないのはどのような場合ですか。

1 保険金が支払われないのはどのような場合か

(1) 保険金が支払われない場合

　生命保険契約が締結され、死亡などの保険事故が発生したにもかかわらず、保険金が支払われない場合があります。それは、保険契約が無効である場合、保険契約が解除された場合、免責事由がある場合などです。

　生命保険契約は、法律行為ですから無効事由や取消事由などを定める民法の法律行為に関する一般原則が適用されます。このほかに、保険法特有の無効事由や解除事由があります。ここでは、これら保険法特有の無効事由と解除事由について述べます。なお、それぞれの詳しい解説は、本書別項にて取り上げられているので、そちらを参照してください。

(2) 契約が無効とされる場合

① 詐欺無効

　各社の保険約款では、保険契約の締結または復活に際し保険契約者または被保険者に詐欺があったときは契約を無効とし、保険料を返還しない旨規定されています。

② 保険金不法取得目的による契約の無効

　各社の保険約款では、保険契約の締結または復活に際し保険契約者が保険金を不法に取得する目的または他人に保険金を不法に取得させる目的をもっ

て保険契約の締結または復活をしたときは、保険契約を無効とし、すでに払い込んだ保険料は払い戻さない旨規定されています。

③ 公序良俗違反による無効

民法の一般原則の1つの公序良俗違反ですが、最近モラルリスク事案について、契約を無効とする法理として多用されるようになりましたので取り上げました。保険制度の悪用、保険金の不正取得目的、保険契約の累積により合計保険金額が合理的危険分散の限度を超えて著しく過大であること、支払能力を著しく超えた高額な保険料であること、偶然性の要求に反し不労利得を得る目的であることなどの全部または一部が認められる場合などに、保険契約が公序良俗に違反しており無効であると判示されることがあります。

④ 共通の動機の錯誤

民法の動機の錯誤を発展させた次のような裁判例があります。

「契約の当事者双方がその締結に際して契約の前提ないし基礎として予定した事項について、共通して錯誤に陥っていた場合は、当事者双方に共通の動機の錯誤が認められるところ、このような場合にはその錯誤が法律行為の要素即ち意思表示の内容の重要な部分についてのものであると認められるときに限り、通常の一方の動機の錯誤の場合と異なり、共通の錯誤として、動機の表示を要することなく意思表示の無効を認めるのが相当である」【大阪地判昭和62・2・27判時1238・143】。この事案は、保険契約者を殺害して保険金を入手しようと企てる黒幕の意を受けた者が保険金受取人となり保険料を負担して言葉巧みに契約者をたぶらかして保険に加入させ、契約者を焼死させて、受取人が保険金を請求した事案です。

⑤ 危険の著増

保険期間中、危険が保険契約者または被保険者の責めに帰すべき事由によって著しく変更または、増加したときは保険契約はその効力を失うと規定されていますので（商656条・683条）、保険契約者が、被保険者を殺害しようとしてこれを遂げなかったような場合には、その時点で効力を失うことになります。マニラ事件【東京地判平成4・11・26判時1468・154】、やロス疑惑事件【東京高判平成12・2・23判例集未登載】で適用例があります。

(3) 契約が解除される場合

①告知義務違反による解除（商678条、各社保険約款）

本書別項の告知義務違反の項 [⇨28] を参照してください。

②重大事由による解除（各社保険約款）

本書別項の重大事由解除の項［⇨**70**］を参照してください。

2　免責事由

(1)　普通死亡保険金の免責事由

保険事故（死亡保険金では死亡）が発生しても、保険会社が保険金の支払いを免責される場合があります。このような事由を免責事由と呼んでおり、つぎのような事由があります。

①　被保険者の自殺（商680条1項1号）

各社の保険約款により、自殺免責期間は限定されています（従来ほとんどの場合1年とされていましたが、その後2年に延長され、最近では3年とされることが多いようです）。

②　決闘その他の犯罪または死刑の執行による死亡（同号）

各社の保険約款は、普通死亡保険金については、保険約款でこれらに修正を加えています。決闘はいずれの会社も免責事由からはずしており、犯罪・死刑による死亡については、一定期間に限り免責としたり、常に免責としたり、常に免責としなかったり、会社によって取扱いが異なるようです。

③　保険金受取人による被保険者の故意による殺害（同項2号）

各社の保険約款によっても免責事由とされています。

④　保険契約者による被保険者の故意による殺害（同項3号）

各社の保険約款によっても免責事由とされています。

⑤　戦争その他の変乱（商683条1項・640条）

各社の保険約款は、商法を修正し、保険の計算基礎に及ぼす影響が少ないときは保険金額の全部または一部を支払うとする例が多いようです。

(2)　災害死亡保険金の免責事由

本書別項の傷害特約ないし災害保険金の免責の項目［⇨**73・74**］を参照してください。

3　質問の回答

保険金が支払われないのは、上記のとおり、保険契約が無効の場合、解除された場合、免責事由がある場合です。［⇨**62・65**］　　　　　（矢作健太郎）

65

自殺免責

自殺でも保険金は支払われるか

> **Q** 私の夫は、自動車を運転して行方不明になった後、川の中で遺体となって発見されました。夫は、生命保険会社との間で夫を保険契約者兼被保険者、私を保険金受取人として死亡保険金1億円の生命保険契約を締結しております。私は、夫が車を運転中に過って川に転落したものとして保険金を請求しましたが、保険会社は自殺によるものとして保険金を支払ってくれません。自殺の場合は保険金は支払ってもらえないのでしょうか。また、うつ病の治療を受けていましたが、その場合はいかがでしょうか。

1 自殺の意味

　保険会社は、被保険者の自殺については保険金を支払いません（商680条1項1号）。生命保険契約の約款でも、責任開始または復活のときからある一定期間（1年ないし3年）内の自殺については、保険会社は保険金を支払わないものとしています。自殺を免責とする趣旨は、生命保険関係から要請される信義則に反し、生命保険契約が不当な目的に利用されるのを防止するためです。

　自殺とは、被保険者が故意に自己の生命を絶ち、死亡の結果を生じさせることです。したがって、過失による死亡はもちろんのこと、意思能力のない者や精神病その他の精神障害中または心神喪失中の自殺は、故意に自己の生命を絶つ意識はありませんからここにいう自殺ではありません。

2 自殺の立証責任

　被保険者の死亡が自殺かどうか、自殺だとしても精神障害中の自殺であるかは事実認定の問題であり、またその立証責任がどちらにあるかはきわめて難しい問題です。通説・判例では、被保険者の自殺は保険会社の免責事由であるから、保険会社に立証責任があり、精神障害中の自殺であることの立証責任は保険金受取人にあるものと解しています【東京控判大正7・12・16評論全集7巻商法871】。したがって、自殺か事故であるかの立証責任についても同様のことがいえます。なお、実際の裁判で自殺免責が争われるケースでは、主契約保険金についてのみの場合と、主契約と災害関係特約の保険金の両方が争われる場合があり、災害関係特約における故意による事故かが争われる場合には、自殺（故意）と同時に重過失免責も保険会社は主張することが多く、裁判所の自殺免責を認容する判断に微妙な影響を及ぼしているという見解があります。

3 自殺に関する判例の立場

　自殺か否かが争われた裁判例を類型化するとつぎのようになります。

　① **高所からの転落**　肯定したものとして、【大阪地判昭和61・9・22文研生命保険判例集4・382】【名古屋高金沢支判昭和57・3・3判タ473・237】【大阪地判平成6・5・13文研生命保険判例集7・360】。否定したものとして、【東京地判昭和60・6・18文研生命保険判例集4・196】。

　② **車が海や川に転落して溺死**　肯定、【大阪地判昭和61・10・13文研生命保険判例集4・409】【神戸地判昭和62・5・27判タ657・200】【広島高松江支判平成3・12・13文研生命保険判例集6・447】【大阪地判昭和61・3・25文研生命保険判例集4・313】【札幌地判平成4・7・13文研生命保険判例集7・101】【仙台地判平成4・8・20判時1455・155】【東京地判平成9・2・17生命保険判例集9・85】。否定、【大阪地判昭和56・6・30判タ457・120】。

　③ **車による事故**　肯定、【大阪地判昭和61・3・31判タ608・115】【名古屋高金沢支判昭和62・9・2文研生命保険判例集5・110】【水戸地判平成3・11・7文研生命保険判例集6・424】。否定、【福岡地判平成6・6・15文研生命保険判例集7・370】【大分地日田支判平成8・12・6生命保険

判例集8・704】。

④　灯油による火災やガスなどの吸引　　肯定、【名古屋高判昭和57・5・31判タ473・237】【福岡地判昭和55・6・24文研生命保険判例集2・296】【神戸地判昭和58・11・29文研生命保険判例集3・425】【横浜地判昭和59・2・29判タ530・218】【名古屋地判昭和62・3・31文研生命保険判例集5・48】。

⑤　車の中での火災や排気ガスによる中毒　　【福岡地判昭和57・9・22文研生命保険判例集3・247】【札幌地判昭和63・1・29文研生命保険判例集5・222】【東京高判平成4・7・20文研生命保険判例集7・116】（原審【東京地判平成4・2・3文研生命保険判例集7・16】）。

　以上の自殺の認定においては、死亡現場における具体的状況や死亡に至った経緯が各事案ごとに個別具体的に検討されますが、被保険者の会社経営上の窮状、勤務先における転職・配置換えなどの環境の変化による心理的負担、短期間の多数保険加入、家庭環境・経済状況の困窮、死体検死医の自殺であるとの記載などがその判断要素となることが指摘されています。

4　精神病による自殺

　前述のように、自殺とは、被保険者が故意に自己の生命を絶ち、死亡の結果を生じさせることです。したがって、意思能力のない者や精神病その他の精神障害中または心神喪失中の自殺は、故意に自己の生命を絶つ意識はありませんから、ここにいう自殺ではありません【大判大正5・2・12民録22・234】。

　被保険者が総合失調症、うつ病の精神病に罹っている場合、被保険者の死亡の結果につき、被保険者の自由な意思決定が排除されていたと認定される場合が多いと思われます。しかし、うつ病に罹患している場合であっても被保険者の自由な意思決定は排除されないとして保険会社の免責を認めた裁判例もあり【大阪高判平成15・2・21金商1166・2】、精神病の症状が軽度の場合の認定は微妙であるといわれています。自由な意思決定によらない自殺と認定した裁判例【東京地判昭和28・11・27下民集4・11・1770】【大阪地判昭和54・4・13判タ391・130】もありますが、自由な意思決定による自殺と認定したもの【大阪地判昭和48・2・12判タ302・278】【名古屋地判昭和62・3・31文研生命保険判例集5・48】【鹿児島地判平成7・6・23生命

保険判例集8・156】もあります。

5 質問の回答

　夫の死亡が自殺であることは、免責を主張する保険会社が立証しなければなりません。その場合には、従来の裁判例によれば、夫の死亡に至る経緯が自殺かどうか個別具体的に検討されます。仮に、意思能力のない者や精神病その他の精神障害中または心神喪失中の自殺である場合には、自殺免責条項にいう自殺ではありませんから、保険金請求はできます。ただこの場合には、保険金受取人側がそれを主張・立証しなければなりません。

　夫がうつ病であった場合には、どの程度のうつ病であったかが、重要なポイントになります。継続的に精神科医の治療を受けていたような場合には、被保険者の自由な意思決定によらない自殺として保険金が支払われます。

（甘利公人）

66

嘱託殺人

自分の殺害を嘱託して被保険者が死亡した場合、保険金は支払われるか

Q 私の夫は会社を経営していましたが、友人にだまされ破綻して多額の借金を負ってしまいました。夫は、生命保険金で債権者に対する債務を弁済しようとして、従業員に自分を殺してくれるように頼んで死亡しました。保険会社は保険金を支払ってくれるでしょうか。

1 自殺と嘱託殺人

　保険会社は、被保険者の自殺については保険金を支払いません（商680条1項1号）。また、生命保険の約款でも一定期間（1年ないし3年）内の自殺は免責となっています。この自殺には、自らの行為によらずに他人をして殺害させた場合、すなわち嘱託殺人も含まれます【大阪高判平成9・12・24生命保険判例集9・591】。そうすると、約款のこの一定期間が経過すれば、自殺の場合でも保険金が支払われるので、この自殺に嘱託殺人が含まれるならば嘱託殺人の場合にも保険金が支払われそうです。しかし、そういう解釈を判例では採らないようです。

2 判例の立場

　生命保険契約締結後1年を経過して被保険者が死亡したので、保険金受取人らが死亡保険金の支払いを求めましたが、保険会社は、被保険者が嘱託殺人を依頼したことから、保険契約は危険の著増（商683条・656条）により失効したとして支払いを拒んだ裁判例があります【東京地判平成4・11・26判時1468・154】。ただし、控訴審は原審の危険の著増の判断を採用せず、

嘱託殺人も自殺であり、本件は契約後1年以内の自殺であるとして、保険会社の免責を認めました。【東京高判平成5・11・24文研生命保険判例集7・289】。東京地裁はつぎのように判示して、保険金請求を認めませんでした。

　商法680条1項1号の「自殺」中には、死亡という結果が被保険者の意思に基づく点で自殺と同視される嘱託殺人が含まれるとしても、一定期間経過後の自殺を有責とする自殺免責条項の「自殺」に嘱託殺人が含まれると解釈しなければならないものではない。むしろ商法の規定の適用を排除する約款の規定は厳格に解釈すべきことがあり、嘱託殺人には、他人による殺害行為が介入している点で、自殺に比べて反社会性の度合いが格段に強く、同情すべき点が比較的少ないと考えられるから、必ずしも嘱託殺人を自殺と同列に取り扱わなければならないものではない。このように考えると、1年経過後の自殺に対しては保険金は支払うが、嘱託殺人による死亡については、本則に戻り、契約日から1年以上の年月を経過したか否かを問わず、保険金は支払わないとしても、何ら不都合はない。そうすると自殺免責条項約款の「自殺」の中には嘱託殺人は含まれていないから、同条の反対解釈によって、契約日から1年以上経過した後の嘱託殺人による死亡に対しては、保険金を支払わなければならない、と定められているとはいえない、というのです。すなわち、商法と約款の両者における自殺を同義に解する必要はないというのです。このような解釈は妥当といえるでしょう。

3　質問の回答

　質問者の夫の自殺は、嘱託殺人ですから、他人による殺害行為が介入している点で、自殺に比べて反社会性の度合いが格段に強く、同情すべき点が比較的少ないと考えられます。したがって、夫の自殺が自殺免責期間経過後であっても、商法680条1項1号の本則に戻り、契約日から1年以上の年月を経過したかどうかを問わず、保険金は支払われません。

（甘利公人）

67

免責期間経過後の自殺

免責期間経過後の自殺でも免責とされることはあるか

Q 私の夫は、会社の経営がうまくいかなくて、ビルの屋上から飛び降りて自殺してしまいました。夫は、自殺の2年前に私を保険金受取人とする保険金額1億円の生命保険に入っていました。自殺免責期間の定めが約款にあり、そこには1年と書いてありましたが、保険会社は保険金を支払ってくれるでしょうか。

1 自殺免責

　商法は、生命保険契約の被保険者が自殺によって死亡したときには、保険者は保険金を支払わない旨を定めています（商680条1項1号）。しかし、生命保険契約の約款では、責任開始または復活の時からある一定期間（1年ないし3年）経過後の自殺については、保険会社は保険金を支払うものとしています。この自殺免責条項については、通常一般に契約締結時の動機と無関係であるから有効であると解されています。

2 判例の立場

　しかし、被保険者が保険金受取人に保険金を取得させることを唯一または主要な目的として自殺した場合、自殺免責期間経過後の自殺について一律に保険金を支払うのは必ずしも合理的な解釈とはいえず、全体として商法および約款の趣旨に反することが明らかである場合には、約款の適用は排除されると解するのが相当であり、保険会社は保険金支払義務を負わない旨を判示したいくつかの下級審裁判例があります（【岡山地判平成11・1・27金法

1554・90】【山口地判平成11・2・9判時1681・152】【高松高判平成12・2・25続・最新実務判例集223】など)。このような保険金取得目的の場合には免責とする下級審裁判例の理由付けについて、積極的に賛成する見解もありますが、疑問ないしは反対する見解もあります。

このような下級審裁判例と学説の対立のなかで、最高裁判決は、生命保険約款の自殺免責条項について、1年経過後の被保険者の自殺による死亡については、当該自殺に関し犯罪行為等が介在し、当該自殺による死亡保険金の支払いを認めることが公序良俗に違反するおそれがあるなどの特段の事情がある場合は格別、そのような事情が認められない場合には、当該自殺の動機、目的が保険金の取得にあることが認められるときであっても、免責の対象とはしない旨の約定と解するのが相当である、と判示しました【最判平成16・3・25民集58・3・753】。これは前述の下級審裁判例が保険会社の免責を認めた判断基準と同じであり、なにも最高裁が目新しい判断基準を示したものではありません。

なお、公序良俗に違反するおそれがある特段の事情がある場合の例として、被保険者の自殺に関して第三者が違法不当な働きかけを行い、保険金受取人が当該第三者と密接な関係がある場合には、犯罪行為に類するような違法性の高い行為によって被保険者の自殺を誘発させたものとして、社会的信義にもとり公序良俗に違反するおそれがあるものというべきであるとして、保険会社の免責を認めた判例があります【東京地判平成16・9・6判タ1167・263】。

3 質問の回答

本件では約款の免責期間も経過しており、夫の自殺に関し犯罪行為等が介在し、当該自殺による死亡保険金の支払いを認めることが公序良俗に違反するおそれがあるなどの特段の事情がある場合でないかぎり、保険会社は保険金を支払います。

(甘利公人)

68

保険金受取人の故殺免責

保険金受取人である夫が被保険者である妻と無理心中した場合に、保険金受取人の相続人である子は保険金を受け取ることができるか

> **Q** 私の父はうつ病にかかり、また長年連れ添った母の病気を悲観したために母との無理心中を企て、母を殺害した後に自らも自殺してしまいました。父を契約者兼受取人とし母を被保険者とする、長年かけた生命保険契約がありますが、生命保険金を両親の一人娘である私が受け取ることはできますか。

1 保険会社の免責事由

生命保険においては被保険者が死亡すれば、通常は保険事故の発生として死亡保険金が支払われますが、商法や約款において保険会社が保険金支払義務を負わない事由を定めています。商法680条1項は、①被保険者の自殺（1号）②保険金を受け取るべき者が故意にて被保険者を死に致したるとき（2号）、③保険契約者の故殺（3号）等を「法定免責事由」としており、各社約款がさらに具体的な免責事由を定めています。これらの免責事由の立証責任は支払いを免れるために必要なのですから保険会社側にあります。

2 受取人による被保険者故殺

受取人が被保険者を故意に殺害した場合が免責事由とされている立法趣旨は、「被保険者を殺害した者が保険金を入手することは公益上好ましくないし、信義誠実の原則にも反し、保険の特性である保険事故の偶然性の要求にも合わない」【最判昭和42・1・31民集21・1・77】からとされています。そして「故意」とは、未必の故意は含むが過失致死や傷害致死の場合を含ま

ず、受取人はその行為時に「責任能力」があることが必要です。受取人自らが実行して殺害する場合のほか、共謀、教唆、幇助の各共犯形態さらには被保険者からの嘱託や承諾に基づいたり（嘱託殺人）、あるいは自殺に関与（自殺幇助、教唆）した場合を含みます。なお「保険金を受け取るべき者」には本来の指定受取人に限らず、保険金請求権を譲り受けた者、質権者、差押債権者等が含まれると解されています。

3 保険金取得目的がない場合

この免責事由の適用のため、受取人が保険金を取得する目的があることを必要とするものではありません。上記昭和42年の最高裁判例の事案は、夫が覚悟の遺書をのこしたうえ、被保険者ら妻子3名を猟銃で射殺し自殺を遂げたものです。夫の唯一の相続人である上告人からの、夫の念頭に保険金のことはまったくなく家庭の事情から夫婦無理心中したにすぎないから免責事由を適用すべきでないとの上告理由に対して、上記の立法趣旨を示した後、「したがって、保険金受取人が被保険者を殺害し、その直後に自分も自殺を遂げた本件の場合のように、殺害当時殺害者に保険金取得の意図がなかったときにも、前記法条（商680条1項2号・2項）の適用があり、保険者は保険金額支払の責を免れると解するのが相当である」と判示して免責を認めました。最高裁は保険契約の偶然性の要求や公益性を重視しているといえます。

4 質問への回答

質問の場合、父親は夫婦心中しており保険金取得目的は認められないと思います。しかし、現在の判例の立場からすると、保険会社は死亡保険金の支払いを免責されることとなりますので、死亡保険金の支払いを求めることはできません。なお、父親のうつ病が仮に重篤で心神喪失状態（責任能力がない）で心中に及んだといえる場合には、被保険者故殺の要件を満たさない可能性も出てきます。保険会社のほうで責任能力を立証できるかどうかが免責の可否を決めることとなります。

（内田　智）

69

法人契約と故殺免責

株式会社の取締役が被保険者である社長を殺害した場合に、保険金が支払われるか

> **Q** 当社（株式会社）は、保険契約者および保険金受取人を当社、被保険者を当社の代表取締役とする生命保険契約に加入していましたが、当社の取締役である代表取締役の妻が、私的事情から夫である被保険者を故意に死亡させてしまいました。当社は保険金を受け取ることができないのでしょうか。

1　被保険者故殺と保険会社の免責

　生命保険契約では、保険会社は保険事故発生の場合に保険金の支払義務を負うことになりますが、商法では、ある一定の場合には保険会社は死亡保険金支払義務を免れるものとされており、この一定の場合を免責事由といいます。

　商法680条1項は、1号で、自殺すなわち被保険者の故意による死亡、被保険者の決闘その他の犯罪または死刑の執行による死亡を法定免責事由と規定しています。さらに、2号において、保険金受取人が故意に被保険者を殺害したとき、すなわち保険金受取人の被保険者故殺、3号において、保険契約者が故意に被保険者を殺害したとき、すなわち保険契約者の被保険者故殺を、法定免責事由としており、約款も同じ規定を置いています。

　本質問のような、法人が保険契約者兼保険金受取人である契約については、保険契約者または保険金受取人の被保険者故殺との関係で、誰の故意が保険契約者または保険金受取人の故意とみなされるかが問題となります。つまり、法人が保険契約者兼保険金受取人の場合に、第三者の保険事故招致をもって、

保険契約者または保険金受取人のそれと同視して、保険会社が免責とされる場合があるのか、あるとすればその同一性をどのような基準で判断するか、という問題です。

2 判例の立場

これまでの下級審裁判例では、第三者の被保険者故殺を会社の行為と評価して保険会社の免責を認めたものがあります（【名古屋地判昭和59・8・8判時1168・148】は会社の代表取締役の被保険者故殺を、【札幌地判平成11・10・5金商1079・32】は会社の実質的支配者と同視しうる地位にあった取締役の故殺を、【東京地判平成11・10・7判タ1023・251】は実質的に会社の全株式を有する会社のオーナーの地位にあった取締役の故殺を会社の行為と評価しています）。この問題について、判例の立場を明確にしたのが【最判平成14・10・3民集56・8・1702】です。事案は、代表権のない取締役（妻）が私的事情から被保険者である代表取締役（夫）を故意に殺害してしまいました。保険契約者兼保険金受取人である有限会社が保険会社に保険金の支払いを請求しましたが、保険会社は、約款に定める被保険者が保険契約者または保険金受取人の故意により死亡した場合には死亡保険金を支払わないという故殺免責条項に該当するとして保険金の支払いを拒絶したため、会社がその支払いを求めて訴えたものです。

最高裁判所は、公益や信義誠実の原則という故意免責条項の趣旨に照らして、第三者の行為による保険事故の招致をもって保険契約者または保険金受取人の行為と同一のものと評価することができる場合には、本件免責条項に該当するというべきであるとしています。同一性については、会社の規模や構成、保険事故の発生時における当該取締役の会社における地位や影響力、当該取締役と会社との経済的利害の共通性ないし当該取締役が保険金を管理または処分する権限の有無、行為の動機等の諸事情を総合して判断するとします。そして、取締役の故意による保険事故の招致をもって会社の行為と同一のものと評価することができる場合として、当該取締役が会社を実質的に支配し、もしくは事故後直ちに会社を実質的に支配し得る立場にある場合、または当該取締役が保険金の受領による利益を直接享受し得る立場にある場合をあげています。

3 質問の回答

　質問の件では、妻である取締役の会社における地位や影響力など判例の示す基準に照らして、当該取締役の行為が会社の行為と同一と評価されるかどうかを実質的に判断する必要があります。したがって、当該株式会社が保険金を受け取ることができるかどうかは一概に判断することはできません。

　　　　　　　　　　　　　　　　　　　　　　　　　（小野寺千世）

70

重大事由に基づく解除

重大事由による解除とは何か

Q 私の夫は、替え玉殺人により保険金を詐取しようとして、自分によく似た友人を殺害しました。その後事件が発覚して、夫はビルから飛び降りて自殺しました。私が保険会社に対して保険金を請求したところ、重大事由による解除権を行使するといわれました。どのようなものでしょうか。

1 保険者の特別解約権との関係

　保険契約は、契約当事者のうち少なくとも一方の給付が偶然な事実によって左右される関係にある射倖契約であり、かつ最大善意の契約ですから、保険契約者などが故意に保険事故を招致した場合や、保険事故の仮装による保険金詐取等の強度の不信行為をした場合には、モラルリスクが問題となります。このように保険会社に保険契約の維持を期待することができない状況がある場合、保険会社は、保険契約者に対する一方的意思表示により、解約期間をおかずに保険契約を解除できることは、これまでに学説において認められてきたところです（中西正明・傷害保険契約の法理374頁（1992年・有斐閣）参照）。これを重大事由による特別解約権、または、単に特別解約権ということがあります。この重大事由による特別解約権は、ドイツの判例学説において、継続的債権関係が契約当事者の高度の誠実義務を要求することから、相互の信頼と継続的な協調が阻害されたときは、阻害者の相手方は契約を即時に解除できるという特別解約権が認められていたものが、日本に導入されたものです（中村敏夫「生命保険・疾病保険における保険者の特別解約権」生命保険契約法の理論と実務369頁（1997年・保険毎日新聞社）参照）。

現在、生命保険の約款では、重大事由による解除の規定が設けられています。生命保険業界は、モラルリスクの対応策のひとつとして、昭和62年から医療保障保険（個人型）と既存の医療商品に、昭和63年から主契約約款に重大事由による解除権の規定を導入しました（山口誠「重大事由による解除権とガイドライン」生命保険協会会報69巻1号2頁（1989年）以下参照）。この解除権はそもそも入院給付金をめぐるモラルリスクの対応策として約款に盛り込まれ、それが主契約約款にも導入されたのです。このような約款規定が定める重大事由による解除権に対し、約款規定と直接の関係なく、現行法の解釈論として認められる保険会社の特別解約権を「理論上の重大事由による解約権」または「理論上の特別解約権」といいます。

2　主契約と特約の重大事由の関係

　生命保険会社の主契約約款では、重大事由による解除について、①保険契約者、被保険者または死亡保険金受取人が保険金を詐取する目的もしくは他人に保険金を詐取させる目的で事故招致したとき、②保険金の請求に関して保険金受取人に詐欺行為があったとき、③当該保険契約に付加されている特約が重大事由によって解除されたとき、④その他当該保険契約を継続することを期待しえない①から③までに掲げる理由と同等の理由があるとき、以上の場合を解除事由としています。

　また、特約約款では、③を除き主契約約款と同様の解除事由を定めています。③の代わりに、⑤他の保険契約との重複によって、この特約の被保険者にかかる給付金額等の合計額が著しく過大であって、保険制度の目的に反する状態がもたらされるおそれがあるとき、を解除事由としています。したがって、特約約款の解除事由に該当すると、主契約にも解除事由が発生することになっているのです。

3　解除権行使の効果

　主契約の約款では、保険会社は、「保険金の支払理由または保険料の払込免除の理由が生じた後でも、前項により保険契約を解除することができます。この場合には、保険金の支払いまたは保険料の払込免除を行いません。また、すでに保険金を支払っていたときは保険金の返還を請求し、すでに保険料の払込みを免除していたときは、保険料の払込みを免除しなかったものとして

取り扱います」と規定しています。また、保険契約を解除したときは、解約返戻金を保険契約者に支払う旨が定められています。すなわち、保険会社が解除権を行使すると、信頼破壊のときに遡って契約は解除され、保険金は支払ってもらえず、解約返戻金のみが支払われます。

4 質問の回答

　保険会社との間で信頼関係を破壊するような行為がなければ、保険会社は解除権を行使できません。あなたの夫の場合は、上記の主契約約款の重大事由として、①保険契約者、被保険者または死亡保険金受取人が保険金を詐取する目的、もしくは他人に保険金を詐取させる目的で事故招致したときに該当します。したがって、保険会社は、保険契約を解除することができます。

（甘利公人）

71

給付金過大による解除

保険会社は他の保険契約と通算した場合に給付金が著しく過大となることを理由に、保険契約を解除することができるか

> **Q** 保険会社から勧められるままに保険に加入したために、現在4つの生命保険に加入しています。先日病気で入院したので、入院給付金を請求しようと思いますが、何か問題はありますか。

1 意義

　生命保険の約款には重大事由の解除が定められています。特約約款では主契約約款にはないものとして、他の保険契約との重複によって、この特約の被保険者にかかる給付金額等の合計額が著しく過大であって、保険制度の目的に反する状態がもたらされるおそれがあるときを解除事由としています。この特約約款3号の重大事由による解除権は、創設時に医療保険分野に関するモラルリスクに対応するために設けられたものです。

2 判例の立場

　重複により著しく過大であって、保険制度の目的に反する状態に該当するとして解除を肯定した裁判例【広島地判平成8・4・10判タ931・273】【札幌高判平成13・1・30（平成12（ネ）312）】【福岡地判平成15・12・26（平成14（ワ）787）】と否定したもの【東京簡判平成4・2・28文研生命保険判例集7・31】があります。

　生保協会のガイドラインでは、本号に規定する給付金額等の過大については、損害保険の任意解除権の運用基準には、「他の保険契約との重複によって当該被保険者にかかる保険金額等の合計額が著しく過大であることが判明

した場合」は相当な理由に該当すると定めていることから、損害保険の運用基準を参考にして、①給付金日額の合計が過大で保険制度の本旨に反する状態に達すること、または、②過度の集中加入により事故招致の蓋然性が著しく高い状態に達すること、以上の場合が特約約款3号の重大事由に該当すると考えられます。この「過大」「過度」「集中加入」「著しく高い状態」とは、当該被保険者の年齢、性別、職業、社会的地位、治療費の水準、社会通念等を総合的に判断するというものです。

本号の適用を肯定した上記の裁判例では、①短期集中加入、②保険料と収入のアンバランス、③入院の必要性、④保険加入直後の入院、⑤不自然な入院（外泊などが多い）などの要素が考慮されています。これは詐欺無効の要件と同じであり、これだけをみれば違いはありません。これらの要素から、偽装事故を推定できるだけの間接事実の存在や不正取得の目的を推認できるだけの間接事実の存在が必要であるという見解があります。

本号の解除が認められるためには、①給付金額等の合計額が著しく過大であること、および②保険制度の目的に反する状態がもたらされるおそれがあること、以上が必要となります。したがって、②は、目的の不法性を独立の要件とするというようにも捉えられ、単に多くの他保険加入の存在のみでは足りず、保険金等の不正取得の目的が認められなければならない、とする見解があります。これに対して、解除権の要件として、この目的の不法性は不可欠の要件ではないという見解もあります。①があれば②の状態が当然に発生していることになるから、あえて②を不正取得の目的を要件とするまでもないかもしれません。しかし、逆にいえば、不正取得の目的があるからこそ多数の保険契約を締結することにもなるので、給付金額等の合計額が著しく過大であれば、不正取得の目的があることが推認されるということになります。なお、本号の文言は曖昧であり、具体的にどのような状態をいうのかが明らかではないとの指摘もあります。

3　質問の回答

質問者の保険契約の入院給付金の合計額が著しく過大であれば問題があります。保険契約者の年収と比較して不釣り合いなほど多額になっているかどうかは、その者の年齢、性別、職業、社会的地位、治療費の水準、社会通念等を総合的に判断することになります。

また、①短期集中加入、②保険料と収入のアンバランス、③入院の必要性、④保険加入直後の入院、⑤不自然な入院（外泊などが多い）などの要素が考慮されます。したがって、これらの事項について、総合的に判断したうえで重大事由による解除権を行使するがどうかが決定されます。質問者の場合は、保険会社の勧誘により加入したのですから、保険会社も支払いを拒否することはないと思います。

（甘利公人）

72

高度障害保険金と免責事由

高度障害保険金はどのような場合に支払われるのか

Q 私の夫は生命保険に加入後、脳卒中になりリハビリに努めましたが半身麻痺の状態が残り、現在に至っております。高度障害保険金は支払われるのでしょうか。

1　高度障害状態とは

　高度障害^注状態とは、高度障害給付を行うために生命保険会社が、独自に定めた一定の身体障害の状態（下記別表）を指します。したがって、国が定める身体障害者福祉法や労働者災害補償保険法に定める身体障害の状態とは異なります。

　　注　「高度障害」という用語は、昭和56年の不快用語の見直しの一環として、それまでの「廃疾」を改称したもの。

（別表）　対象となる高度障害状態
　対象となる高度障害状態とは、つぎのいずれかの状態をいいます。
　①両眼の視力を全く永久に失ったもの
　②言語またはそしゃくの機能を全く永久に失ったもの
　③中枢神経系・精神または胸腹部臓器に著しい障害を残し、終身常に介護を要するもの
　④両上肢とも、手関節以上で失ったかまたはその用を全く永久に失ったもの
　⑤両下肢とも、足関節以上で失ったかまたはその用を全く永久に失ったもの

⑥一上肢を手関節以上で失い、かつ、一下肢を足関節以上で失ったかまたはその用を全く永久に失ったもの
⑦一上肢の用を全く永久に失い、かつ、一下肢を足関節以上で失ったもの

2　高度障害保険金の支払事由・免責事由

(1)　支払事由

　高度障害状態は、生死に関するものでないことから商法に定める保険事故ではなく、約款に規定された保険事故です。したがって、前掲の約款別表に定める一定の支払事由に該当した場合にのみ、高度障害保険金は支払われます。

●支払事由
　被保険者が責任開始期以後の傷害または疾病を原因として高度障害状態（別表）に該当したとき。
　この場合、責任開始期前にすでに生じていた障害状態に責任開始期以後の傷害または疾病（責任開始期前にすでに生じていた障害状態の原因となった傷害または疾病と因果関係のない傷害または疾病に限ります）を原因とする障害状態が新たに加わって高度障害状態に該当したときを含みます。

(2)　免責事由

　ただし、下記の免責事由に該当した場合には、高度障害保険金は支払われません。

●免責事由（支払事由に該当しても保険金を支払わない場合）
①保険契約者または被保険者の故意[注1]
②戦争その他の変乱[注2]

注1　上記①に加え、「被保険者の犯罪行為」、「死亡保険金受取人の故意」、「保険契約者または被保険者の重大な過失」、「被保険者の自殺行為」などを規定し

ている保険会社もある。

注2 「戦争その他変乱」については、上記のように「免責」とするが、高度障害に該当した被保険者の数の増加が保険の計算基礎に及ぼす影響が少ない場合には、その程度に応じ、保険金を全額または削減して支払うことがあるとする保険会社と、「免責」とは規定せず同様の内容を「削減支払」として規定する保険会社がある。

(3) まとめ

以上の規定を含め、高度障害保険金が支払われる場合をわかりやすくまとめるとつぎのようになり、このすべての条件を満たすことが必要になります。

ア、保険事故の発生（高度障害該当日―「失ったもの」…喪失日、「永久に用を失ったもの」…症状固定日）が保険期間内であること
イ、責任開始期以後の傷害または疾病を原因とするものであること
ウ、告知義務違反がないこと
エ、約款の定める高度障害状態（別表）に該当すること
オ、免責事由に該当しないこと

高度障害保険金の支払いをめぐる裁判例については、平澤宗夫「高度障害保険」（塩崎勤ほか編　新・裁判実務大系19「保険関係訴訟法」）参照。

3 質問の回答

質問者の夫は、保険加入後の発病ですから、おそらく上記**2**（3）ア～オに記載の条件のうち、イ、オの条件は満たしていると思われます。つぎに、症状は「半身麻痺」すなわち「一上肢かつ一下肢の用を失ったもの」になりますが、これは約款所定の高度障害状態（別表）に該当しないことから、上記ア、エの条件は満たしておらず、保険金は支払われないことになります。

なお、仮にア、イ、エ、オの条件を満たしていても、加入後2年以内に高度障害保険金の支払事由に該当したときは、加入時の告知義務違反の有無が問題になり、告知義務違反となった事実と当該高度障害の原因とに因果関係がある場合には契約は解除され、高度障害保険金は支払われません。

（平澤宗夫）

//
第10章
第三分野の保険
（傷害保険・疾病保険等）

73

傷害特約の内容

傷害特約とはどのような保険か

> **Q** 先日の深夜に自宅付近の国道で死亡事故が発生しました。死亡された方は飲酒して道路上に寝転んでいたようで、自動車の運転者はそれに気づかず轢いてしまったようです。事故のあった国道は片側2車線で深夜も交通量が多いところなので、そのような場所で寝転んでいれば車に轢かれてしまうことは想定できたと思いますが、このような場合でも災害保険金は支払われるのでしょうか？
> あるいは、災害保険金が支払われない場合として「重大な過失」という規定があるようですが、それに該当するのでしょうか？

1　傷害特約とはどのようなものか

　生命保険の傷害特約とは、主契約に付加されているもので、「不慮の事故」（または特定の感染症）によって死亡した場合には「災害保険金」が、身体に障害を受けた場合には所定の「障害給付金」が支払われます。また、「災害保険金」支払いの場合の保険金額は、傷害特約保険金額となります。

2　傷害特約の支払事由

（1）　災害保険金の支払事由

　傷害特約の約款では、「災害保険金」が支払われる場合として以下のとおり定められています。

> ① この特約の責任開始期以後に発生した不慮の事故による傷害を直接の原因として、その事故の日から起算して180日以内に死亡したとき
> ② この特約の責任開始期以後に発病した特定感染症を直接の原因として死亡したとき

また、「不慮の事故」については、つぎのとおり定められています。

> 急激かつ偶発的な外来の事故(ただし、疾病または体質的な要因を有する者が軽微な外因により発症またはその症状が増悪したときには、その軽微な外因は急激かつ偶発的な外来の事故とみなしません)で、かつ、昭和53年12月15日行政管理庁告示第73号に定められた分類項目中下記(略)のものとし、分類項目の内容については、「厚生省大臣官房統計情報部編、疾病、傷害および死因統計分類提要、昭和54年版」によるものとします。

(2) 障害給付金の支払事由

障害特約の約款では、「障害給付金」[注]が支払われる場合として以下のとおり定められています。

> この特約の責任開始期以後に発生した不慮の事故による傷害を直接の原因として、その事故の日から起算して180日以内で、かつ、この特約の保険期間中に、給付割合表に定めるいずれかの身体障害の状態に該当した場合に、次に定める金額の傷害給付金を支払います。
> ① 身体障害の状態が給付割合表(後掲)の1種目のみに該当する場合には、災害保険金額に給付割合表のその該当する種目に対応する給付割合を乗じて得られる金額(10%~100%)
> ② 被保険者の身体障害の状態が給付割合表の2種目以上に該当する場合には、その該当する各種目ごとに前号の規定を適用して得られる金額の合計額

注 障害給付金は、通算して災害保険金の10割が限度。また、同一の不慮の事故によりすでに障害給付金の支払いがある場合には、その金額を災害保険金から差し引く。

給付割合表

等級	身体障害	給付割合
第1級	1．両眼の視力を全く永久に失ったもの 2．言語またはそしゃくの機能を全く永久に失ったもの 3．中枢神経系・精神または胸腹部臓器に著しい障害を残し、終身常に介護を要するもの 4．両上肢とも手関節以上で失ったかまたはその用を全く永久に失ったもの 5．両下肢とも足関節以上で失ったかまたはその用を全く永久に失ったもの 6．1上肢を手関節以上で失い、かつ、1下肢を足関節以上で失ったかまたはその用を全く永久に失ったもの 7．1上肢の用を全く永久に失い、かつ、1下肢を足関節以上で失ったもの	100%
第2級	8．1上肢および1下肢の用を全く永久に失ったもの 9．10手指を失ったかまたはその用を全く永久に失ったもの 10．1肢に第3級の13から15までのいずれかの身体障害を生じ、かつ、他の1肢に第3級の13から15までまたは第4級の21から25までのいずれかの身体障害を生じたもの 11．両耳の聴力を全く永久に失ったもの	70%
第3級	12．1眼の視力を全く永久に失ったもの 13．1上肢を手関節以上で失ったかまたは1上肢の用もしくは1上肢の3大関節中の2関節の用を全く永久に失ったもの 14．1下肢を足関節以上で失ったかまたは1下肢の用もしくは1下肢の3大関節中の2関節の用を全く永久に失ったもの 15．1手の5手指を失ったかまたは第1指（母指）および第2指（示指）を含んで4手指を失ったもの 16．10足指を失ったもの 17．脊柱に著しい奇形または著しい運動障害を永久に残すもの	50%
第4級	18．両眼の視力にそれぞれ著しい障害を永久に残すもの 19．言語またはそしゃくの機能に著しい障害を永久に残すもの 20．中枢神経系・精神または胸腹部臓器に著しい障害を残し、終身常に日常生活動作が著しく制限されるもの 21．1上肢の3大関節中の1関節の用を全く永久に失ったもの 22．1下肢の3大関節中の1関節の用を永久に失ったもの 23．1下肢が永久に5センチ以上短縮したもの 24．1手の第1指（母指）を失ったかまたは第1指（母指）および第2指（示指）のうち少なくとも1手指を含んで3手指以上を失ったもの 25．1手の5手指の用を全く永久に失ったかまたは第1指（母指）および第2指（示指）を含んで3手指以上の用を全く永久に失ったもの 26．10足指の用を全く永久に失ったもの 27．1足の5足指を失ったもの	30%
第5級	28．1上肢の3大関節中の2関節の機能に著しい障害を永久に残すもの 29．1下肢の3大関節中の2関節の機能に著しい障害を永久に残すもの 30．1手の指第1指（母指）もしくは第2指（示指）を失ったか、または第1指（母指）もしくは第2指（示指）を含んで2手指を失ったかまたは第1指（母指）および第2指（示指）以外の3手指を失ったもの 31．1手の第1指（母指）及び第2指（示指）の用を全く永久に失ったもの 32．1足の5足指の用を全く永久に失ったもの 33．両耳の聴力に著しい障害を永久に残すもの 34．1耳の聴力を全く永久に失ったもの 35．鼻を欠損し、かつ、その機能に著しい障害を永久に残すもの 36．脊柱（頸椎を除く）に運動障害を永久に残すもの	15%
第6級	37．1上肢の3大関節中の1関節の機能に著しい障害を永久に残すもの 38．1下肢の3大関節中の1関節の機能に著しい障害を永久に残すもの 39．1下肢が永久に3センチ以上短縮したもの 40．1手の第1指（母指）もしくは第2指（示指）の用を全く永久に失ったか第1指（母指）もしくは第2指（示指）を含んで2手指以上の用を全く永久に失ったかまたは第1指（母指）および第2指（示指）以外の2手指もしくは3手指の用を全く永久に失ったもの 41．1手の第1指（母指）および第2指（示指）以外の1手指または2手指を失ったもの 42．1足の第1指（母指）または他の4足指を失ったもの 43．1足の第1指（母指）を含んで3足指以上の用を全く永久に失ったもの	10%

3　傷害特約の免責事由

　傷害特約では、以下のいずれかの事由（「免責事由」という）によって不慮の事故が発生した場合には「災害保険金」および「障害給付金」は支払われません。

①　保険契約者または被保険者の故意または重大な過失（「災害保険金」に関しては災害保険金の受取人の故意または重大な過失が加わる）

　「故意」とは、「保険事故（その原因事実たる「傷害」を含む）の発生を認識し容認して行為をなす場合」をいいます。なお、そもそも「故意」であれば、不慮の事故の要件である「偶発性」を充足しないので、本条項は、災害保険金が支払われない場合を確認的注意的に規定したものです。

　「重大な過失」とは、「わずかな注意さえすれば、保険事故の発生を容易に予見できた場合であるのに、漫然とこれを看過したような著しい注意欠如の状態」をいいます。

②　被保険者の犯罪行為

　「犯罪行為」にはすべての犯罪行為が含まれるわけではなく、道路交通法や軽犯罪法等の違反による事故は含まれません。また、犯罪行為と保険事故との間に相当因果関係が認められる場合のみ免責となります。

③　被保険者の精神障害または泥酔の状態を原因とする事故

　「精神障害」とは、合理的判断能力（危険を予見・回避する能力）を欠いて、「故意」や「重大な過失」による免責の適用が困難な程度の精神障害の状態をいいます。また、精神障害と保険事故との間に相当因果関係が認められる場合に免責となります。

　「泥酔の状態」とは飲酒により歩行困難、意識混濁、容易に睡眠に陥る状態、著しい反射機能の低下等、判断・思考能力を欠いて、故意や重大な過失による免責の適用が困難な程度に泥酔した状態をいいます。また、泥酔の状態と保険事故との間に相当因果関係が認められる場合に免責となります。

④　被保険者が法令に定める運転資格を持たないで運転している間に生じた事故

　「法令に定める運転資格を持たない運転」とは道路交通法上の「無免許運転」、「無資格運転」をいいます。したがって、免許証の交付を受けていない者の運転だけでなく、有効期限を過ぎた免許証での運転や免許取消しを受け

た者、停止を受けた者の運転も含まれます。

⑤ **被保険者が法令に定める酒気帯び運転またはこれに相当する運転をしている間に生じた事故**

「法令に定める酒気帯び運転」とは、道路交通法65条1項で禁止される「酒気帯び運転」のうち、罰則（同法117条の2第1号・117条の4第2号）の適用にあたる場合をいいます。また「これに相当する運転」とは、道路交通法上の「道路」にあたらない場所での運転のため、同法に定める酒気帯び運転には該当しないが、同程度に酒気を帯びて運転した場合等をいいます。

⑥ **地震、噴火または津波、および戦争その他変乱**

地震、噴火または津波、および戦争その他変乱を原因とする死亡については免責となります。

なお、本号の原因によって死亡し、または所定の身体障害の状態に該当した被保険者の数の増加が、この特約の計算の基礎に及ぼす影響が少ないと認めたときは、会社は、その程度に応じ、災害保険金または障害給付金の全額を支払い、またはその金額を削減して支払うことがあります。

4 質問の回答

「重大な過失」とは、「わずかな注意さえすれば、保険事故の発生を容易に予見できた場合であるのに、漫然とこれを看過したような著しい注意欠如の状態」をいいます。また、判例、学説等では「保険金が支払われないのは当然であると、一般人が認めることができるような、かなり故意に近い過失」と解されています。

これを質問のケースにあてはめてみますと、まず、たとえ深夜であっても、ある程度の交通量がある国道で寝転んでいれば、車に轢かれる危険性が非常に高いことは容易に予見できたといえます。さらに、寝転んでいたということですから、危険を回避する行動をとっておらず、著しく注意が欠如した状態であった判断されます。つまり、死亡された方にはほぼ自殺行為と同視しうるような故意に近い重大な過失があったと認められます。

したがいまして、質問のケースは、「重大な過失」を原因とする不慮の事故による死亡のため、災害保険金は支払われないということになります。

（佐藤大喜）

74 災害関係特約の内容

傷害特約以外の災害関係特約とは

Q 傷害特約以外に、不慮の事故による死亡・ケガを保障する特約はないでしょうか。

1　災害関係のその他の特約について

災害に対する保障として「傷害特約」のほかに、「災害割増特約」や「災害入院特約」といった特約があります。

特約の種類と給付内容

特約の名称	給付金	給付内容
災害割増特約	災害割増保険金	●不慮の事故で180日以内に死亡、または特定感染症で死亡したとき、災害割増保険金を支払う。 ●不慮の事故で180日以内に高度障害状態に該当したとき、または、特定感染症で、高度障害状態に該当したときに災害割増保険金を支払う。
傷害特約 [⇨73]	災害死亡保険金	●不慮の事故で180日以内に死亡、または特定感染症で死亡したとき、災害死亡保険金を支払う。
	障害給付金	●不慮の事故で180日以内に所定（1〜6級）の身体障害になったとき、障害等級に応じて災害保険金の1〜10割の障害給付金を支払う。通算して災害保険金の10割が限度。
特定損傷特約	特定損傷給付金	●不慮の事故により180日以内に「骨折」「関節脱臼」「腱の断裂」の治療を受けたとき、給付金を支払う。通算10回が限度。
災害入院特約	災害入院給付金	●不慮の事故で180日以内に継続して5日以上入院したとき、5日目より入院給付金を支払う。1入院120日分、通算700〜730日分が限度。

＊　保険会社によっては、特約や給付金の名称や給付内容が異なる場合があります。また、これらの特約を取り扱ってない保険会社もあります。
出典：（財）生命保険文化センター『医療保障ガイド』などを基に作成

これらの特約の免責事由は「傷害特約」と同様です［⇨**73**］。

2　質問の回答

　上記のとおり、傷害特約のほかに「災害割増特約」や「災害入院特約」といった特約があり、それぞれの特約を付加することで、災害に対する保障を厚くすることができます。

　特約の取扱いについては保険会社により異なる場合がありますので、保険会社にお尋ねください。

（佐藤大喜）

75

傷害特約における「不慮の事故」の概念

傷害特約における「不慮の事故」とはどのようなものか、また偶然性の立証責任は保険金請求者が負うのか

> **Q** 夫は、傷害特約付き終身保険に加入していましたが、先日、マンションのベランダから転落して死亡しました。ところが、自殺の疑いがあるとのことで災害死亡保険金は支払われませんでした。災害死亡保険金を受け取ることはできないのでしょうか。

1　傷害特約における「不慮の事故」

　傷害特約とは、主契約である終身保険や定期保険に付加して締結される傷害保険です。ほかに災害保障特約や災害割増特約、災害入院特約などがあり、災害関係特約と総称されます。傷害特約に基づく災害死亡保険金は、「不慮の事故による傷害を直接の原因として、その日から起算して180日以内に死亡したとき」に支払われますが、「不慮の事故」にあたるか、つまり思いがけない災難や予期せぬ事故によって死亡したといえるかについては、その判断が難しいことも少なくありません。

　生命保険の災害関係特約の約款では、対象となる不慮の事故を「急激かつ偶発的な外来の事故」で、かつ、昭和53年12月15日行政管理庁告示第73号に定められた分類項目中下記のものとし、分類項目の内容については「厚生省大臣官房統計情報部編、疾病、傷害および死因統計分類提要、昭和54年版」によると規定しています。そこで、不慮の事故に該当するかどうかは、主として急激性、偶然性および外来性のいわゆる不慮の事故の3要件によって判断されることになります。

　急激性とは、事故から結果の発生までに時間的間隔がなく、結果の発生を

避けられない程度に急迫した状態にあったことを意味し、慢性的な疾患や職業病、公害や薬害による中毒症等については急激性が認められません。そのため、いわゆる過労死は急激性を満たしません（【東京地判平成 9・2・3 判タ952・272】等）。

つぎに、偶然性とは、被保険者の死亡や傷害が、被保険者にとって予見し得なかった原因によるもので、かつ被保険者の意思によらないで生じたことを意味します。自殺や自傷行為はもちろん、手術等の医師の診療行為において過誤があった場合（いわゆる医療過誤）も、原則として偶然性が認められません（【東京地判平成 9・2・25判時1624・136】【名古屋高判平成10・6・30判タ1026・269】等）。

最後に、外来性とは、事故が身体の外部の原因によって発生したものであることを意味し、疾病や体質的な原因によって死亡や傷害が発生した場合には、外来性がないといえます。

なお、内的原因があったとしても、外的原因の影響が重大であるような場合には外来性が認められますが、逆に、疾病や体質的な要因を有していた者が、軽微な外的原因によって発症して死亡や傷害が発生した場合には外来性は認められません（約款別表 2 ただし書。【東京地判昭和56・10・29判タ473・247】）。

2　偶然性の立証責任に関する判例の立場

「不慮の事故」を直接の原因として死亡や傷害が発生したこと、とりわけ「不慮の事故」の要素である事故の急激性、偶然性および外来性は、請求原因事実として保険金を請求する者に主張・立証する責任があります。他方で、被保険者の故意は免責事由ですから、保険会社側が主張・立証しなければならない抗弁事実にあたります。つまり、偶然性（故意でないこと）と故意とは表裏の関係にありますから、保険金請求者と保険会社のいずれがその立証責任を負担するかが問題となります。

従来の裁判例の多くは、保険金請求者側が立証責任を負うとの考え方を示しており、最高裁もこの立場をとることを明らかにしています【最判平成13・4・20民集55・3・682】。最高裁は、偶然性が保険金請求権の成立要件であることを重視して、約款の免責規定は確認的注意的なものにすぎないとして矛盾の解決を図っていますが、より実質的な理由として、主張・立証

責任を保険金請求者に負担させないと不正請求が容易になるとしています。確かに、傷害保険は不正目的に利用されやすい性質を有しており、紛争となる事案では経験則上自殺や自傷行為であると疑われるケースが圧倒的に多いといえます。しかしながら、一般に故意によるものでないことを保険金請求者側が立証することはきわめて困難な場合が少なくないことを考慮しますと、その立証の程度についてはなお議論の余地があるとの指摘もあります（「一応の証明」説等。【福井地武生支判平成5・1・22判タ822・261】）。

3　質問の回答

　判例の立場によりますと、傷害特約に基づく災害死亡保険金を請求する場合には、保険金支払事由である不慮の事故による死亡であることを、保険金を請求する側が主張・立証しなければなりません。質問のケースでは、被保険者はマンションのベランダから転落して死亡していますので、急激性と外来性はあるといえますが、問題は偶然性の有無です。一般に、被保険者の転落死に至る経緯に不審な点があったり、負債の状況、健康状態、保険の加入状況等から、被保険者の自殺の疑いが生じることがありますが、災害死亡保険金を請求するには、請求者の側で被保険者の死亡が自殺によるものではないこと、すなわち偶然性を主張・立証することが必要となります。

（遠山　聡）

76

傷害特約の給付金受領と加害者の損害賠償責任

傷害特約の給付金を被害者が受領したことにより、加害者の不法行為による損害賠償責任は減少するか

Q 夫が歩行中、交通事故に遭って傷害を負い入院しました。生命保険の傷害特約によって障害給付金や入院給付金を受領したところ、それを知った加害者から、その給付金の分について賠償額を減額して支払うこととなるといわれました。本当ですか。

1　損益相殺の考え方

　交通事故の被害者は、加害者に対して、被った損害の賠償を請求できます（民709条等）。損害賠償額を算定するときに、生命保険の傷害特約に基づき被害者が受領した各種給付金の金額が賠償額から控除されるのかという問題があります。損益相殺という考え方で、不法行為の被害者が同じ不法行為によって利益を受けた場合、その利益分を控除した残りが不法行為による真の損害ではないか、というものです。民法で損益相殺について明文の定めはありませんが、損害賠償の性質上当然のことともいわれます。また「相殺」とはいいますが、差引計算をするだけのことです。

2　保険代位について

　商法上、損害保険につき請求に関する保険代位の規定があります（商662条）。損害保険においては、ある損害が第三者の不法行為等により生じたとき損害保険会社が被保険者に保険金を支払った場合、被保険者が当該加害者（第三者）に対して有する損害賠償請求権を保険会社に移転させる制度があります。保険代位によって保険金を支払った限度で保険会社が加害者に対す

る権利を有することとなるため、被保険者たる被害者は支払いを受けた保険金の限度で加害者に対する権利を失い、結果として被害者が加害者に対して請求しうる賠償額は保険金額の分だけ少なくなります。

3　判例の立場

被害者が死亡した場合の生命保険金について損益相殺の適用がないと判示した【最判昭和39・9・25民集18・7・1528】と同様、生命保険契約に付加された特約に基づく傷害給付金および入院給付金についての【最判昭和55・5・1判時971・102】は、つぎのとおり判示して損益相殺の適用を否定しています。

（傷害給付金等は）「既に払い込んだ保険料の対価としての性質を有し、たまたまその負傷について第三者が受傷者に対し不法行為又は債務不履行に基づく損害賠償義務を負う場合においても、右損害賠償額の算定に際し、いわゆる損益相殺として控除されるべき利益にはあたらない。」

また同判例は、生命保険契約に付加された特約に基づく傷害給付金および入院給付金については保険代位も適用されないとの結論を示しました。

4　質問の回答

したがって、生命保険会社から定額給付される傷害給付金や入院給付金については、損益相殺も保険代位も適用がないので、被害者がこれらの給付金を受領しても加害者に対する損害賠償請求額から控除されません。質問者の夫は、生命保険契約の特約によって受領した傷害給付金や入院給付金をなんら控除することなく、事故と因果関係のある損害を算定して加害者に対し請求しうることとなります。加害者の主張は正当といえません。

（内田　智）

77

疾病入院関係特約の内容

疾病入院関係特約（医療特約）にはどのようなものがあるか

> **Q** 10年前に腰を痛めましたが、最近7年ほど具合がよく治療もしていなかったので、告知事項にあたらなかったため、告知せず保険に加入しました。加入1年後に急に腰の容態が悪化し、手術のため入院することになりましたが、この場合、給付金は支払われるのでしょうか。

1　疾病入院関係の医療特約の給付内容

　疾病入院関係の医療特約はさまざまな種類があり、そこから支払われる保険金・給付金も、入院した場合に支払われるものや所定の種類の手術を受けた場合に支払われるものなど、さまざまなものがあります（なお、疾病による入院・手術などにより医療特約から支払われる給付は、保険会社・商品によりさまざまな名称がありますが、本稿ではもっとも一般的に使用されている名称を使用しています）［⇨次頁の表参照］。

　もっとも一般的な給付である入院給付金は、責任開始期以後に発病した疾病により、その治療を目的にして病院・診療所等に一定日数以上入院した場合に、給付金が支払われるというものです。給付金が支払われるのに必要な入院日数は保険会社や保険商品によって異なり、古くは20日以上入院した場合に支払われるものが一般的でしたが、その後、5日以上入院した場合に入院5日目から支払われる（当初の4日間は不担保）という商品に切り替わり、最近では1泊2日の入院でも支払われる商品が増えてきています。

　手術給付金は、通常入院給付金とセットになっており、責任開始期以後に生じた疾病または不慮の事故による傷害により、その治療を目的にして特定

主な疾病入院関係特約（医療特約）

特約の名称	給付金の種類	給付内容
疾病入院特約	疾病入院給付金	●疾病で継続して5日以上入院したとき、5日目より入院給付金を支払う。1入院120日分、通算700〜730日分が限度。
	手術給付金	●疾病または不慮の事故で所定の手術をしたとき、入院給付金日額の10倍（例：虫垂切除術）20倍（例：甲状腺手術）40倍（例：胃切除術）などの手術給付を支払う。
長期入院特約	長期入院給付金	●疾病や不慮の事故で継続して125日以上入院したとき、125日目より長期入院給付金を支払う。疾病・災害入院特約と同時に付加する。（会社により入院日数の給付限度、給付内容などが異なる）
通院特約	通院給付金	●疾病・災害入院給付金の支払事由に該当する入院をし、退院後120日以内にその治療を目的として通院したときに、通院日数分の給付金を支払うなど。1入院30日分が限度。疾病・災害入院特約と同時に付加する。（入院前60日以内の通院も給付対象とする会社もある）
成人病（生活習慣病）入院特約	成人病（生活習慣病）入院給付金	●がん、心疾患、脳血管疾患、高血圧、糖尿病で継続して5日以上入院したとき5日目より入院給付金を支払う。1入院120日分、通算700〜730日分が限度。疾病入院特約と同時に付加する。（手術給付金がない会社もある）
女性疾病入院特約	女性疾病入院給付金	●乳がん、子宮筋腫、甲状腺の障害、分娩の合併症など、女性に特有、あるいは発生率の高い所定の病気で継続して5日以上入院したとき、5日目から給付金を支払う。1入院120日分、通算700〜730日分が限度。疾病入院特約と同時に付加する。（手術給付金を支払う会社もある）
特定疾病（三大疾病）保障特約	特定疾病（三大疾病）保険金、死亡（高度障害）保険金	●①がん（悪性新生物）②急性心筋梗塞③脳卒中により所定の状態に該当したとき保険金を支払う。その他の原因で死亡・高度障害のとき特定疾病保険金と同額の保険金を支払う。
がん特約	がん診断給付金、がん入院給付金、がん手術給付金、がん通院給付金、がん退院給付金	●所定の支払事由に該当したとき保険金または給付金を支払う。がん入院給付金は①入院1日目から支払うタイプ②継続入院で5日目から支払うタイプの会社が多い。（がん保険と同様、契約日より90日経過後より保障が開始される会社もある）

＊ 保険会社によっては、特約や給付金の名称や給付内容が異なる場合があります。また、これらの特約を取り扱ってない保険会社や、これら以外の特約を取り扱っている保険会社もあります。
出典　（財）生命保険文化センター『医療保障ガイド』を基に作成

の種類の手術を受けた場合に、手術の種類に応じて入院給付金日額の10〜40倍の金額が支払われるのが一般的です。

このほか、特定の生活習慣病や女性特有疾患により入院した場合に通常の入院給付金に上乗せ給付する給付金や、入院の前後に行った通院に関して支払われる通院給付金、がんなどの一定の重篤疾患に罹患したと診断された場合に支払われる診断給付金などがあります。

2　給付金が支払われない場合

給付金が支払われない場合としては、大きく①支払事由を満たさない場合、②免責事由に該当する場合、③保険契約が消滅する場合、の3つの場合があります。

①　支払事由を満たさない場合

入院給付金や手術給付金などにおいては、通常、「責任開始期以後に発病した疾病」により入院・手術をしたことが支払要件となっています。これは、疾病による入院・手術を給付事由とするいわゆる疾病保険では、体調不良を自覚した者が受診する前に保険に加入する「逆選択」が死亡を給付事由とする生命保険よりも生じやすいことや、また、加入時に行う告知の内容は沿革的な経緯から死亡危険の選択に主眼が置かれており、告知等による加入時の危険選択のみでは入院・手術等について危険発生率の絞り込みが図れないことから、給付の対象を「責任開始期以後に生じた原因による入院・手術等」と客観的に限定し、保険事故の予定発生率を一定範囲内に保つことを目的としたものです。

したがって、入院・手術をする原因となった疾病が責任開始期前から発病していた場合には、支払要件を満たしていないことから、給付金は支払われません。

また、がん保険の場合には、責任開始期から一定期間（90日程度が多い）保障されない「不担保期間」（待ち期間）などが設けられるものがあります。この場合、この期間内のがんについて同様に給付金は支払われません。

なお、多くの保険においては、責任開始期から起算して2年経過後に開始した入院や受けた手術については、責任開始期以後の原因によるものとみなすという規定があり、この場合には、責任開始期から起算して2年経過後の入院・手術については、給付金が支払われます。

つぎに、入院・手術は疾病の「治療を目的」としたものであることが必要であり、美容整形を目的とした入院・手術や、疾病ではない正常分娩のため

の入院、人間ドック検査のための入院や検査のための手術（生検、腹腔鏡検査など）に関しては、入院・手術給付金の支払対象外の入院・手術となり、これらの給付金は支払われません。

　手術給付金については、支払対象となる手術は種類（術式）が特定されており（内容は保険会社によって異なります）、これ以外の手術の場合には給付金は支払われません。

　その他、入院給付金などは支払限度が定まっており（700日分や1000日分など）、限度を超える支払いはなされません。

②　免責事由に該当する場合

　支払事由を満たした場合であっても、保険契約者や被保険者の故意・重過失による場合や被保険者の犯罪行為による場合、薬物依存による場合など一定の場合は、給付金の支払いは免責されるものと定められており、これらの免責事由に該当した場合には給付金は支払われません。

③　保険契約が消滅する場合

　保険契約申込時に行う告知において、事実と異なる内容の告知を行った場合（告知義務違反）には、保険契約や医療特約が解除されることがあります。その場合、保険契約（医療特約）解除後の入院・手術だけでなく、保険契約（特約）解除より前に行われた入院・手術であっても、原則として給付金は支払われなくなります（ただし、解除の原因となった事実と入院・手術との間に因果関係がなく、そのことにつき請求者側で立証した場合には、給付金は支払われます）。

　また、詐欺により締結された保険契約や保険金を不法に取得する目的で締結された保険契約のため、保険契約が無効となった場合にも、給付金は支払われません。

　さらに、保険料不払のため保険契約が失効した場合、失効後の入院・手術に対する給付金は支払われません。

3　質問の回答

　今回の入院・手術の原因である疾病が責任開始期前から発病していることから、入院給付金・手術給付金の支払要件を満たしていないため、支払われません。

（小俣直弘）

78

三大疾病保険(特約)の内容

三大疾病保険(特約)の仕組みはどのようなものか

Q 三大疾病保険(特約)に加入しようと思っていますが、この保険はどのような場合に保険金が支払われるのですか。

1　三大疾病保険(特定疾病保険)の仕組み

　厚生労働省の平成17年「人口動態統計」によれば、日本人の死因の第1位は悪性新生物(がん)、第2位は心疾患、第3位は脳血管疾患となっており、この3疾患を「三大疾病」といいます。三大疾病保険(特約)[注]とは、被保険者が悪性新生物(がん)、急性心筋梗塞、脳卒中に罹患し、一定の要件を満たしたときに、被保険者の生存中に保険金を支払うことを主たる目的とした保険のことをいい、平成4年に日本で初めて発売されました。通常の保険事故(死亡・高度障害)が発生した場合にも、同額の保険金が支払われますが、先に三大疾病保険金が支払われた場合には、その後、被保険者が死亡しても死亡保険金は支払われません。

　三大疾病保険は、保険業法上は疾病保険の範疇に属するものと解されていますが、三大疾病への罹患により経済的には死亡に匹敵する状態にある被保険者に対して、その経済的ニーズを充足することを目的として被保険者の生存中に被保険者本人に保険金が支払われることから、死亡保険金の前払的な性格があるといえます。

　また近年では、死亡・高度障害の保障をなくして三大疾病保険金のみの支払いに限定することで保険料の低廉化を図った商品も登場してきています。

　　注　特定疾病保険(特約)と呼称する保険会社もある。

2　支払対象となる悪性新生物（がん）

　被保険者が責任開始期以後に、初めて「悪性新生物（がん）」に罹患したと医師によって病理組織学的所見（生検）により診断確定されたことが支払事由となります。「初めて」と規定している趣旨は、因果関係の有無を問わず、契約加入前にがんに罹患したことがある場合については支払事由に該当しないとしたものです。また、責任開始期以後に初めて発病した場合であっても、乳がんについては、その発病が契約加入後90日以内である場合は支払事由にあたらないとしているなど、不担保期間（待ち期間）が設定されていることが一般的です。

　なお、「上皮内がん」および「皮膚の悪性黒色腫以外の皮膚がん」については、非浸潤性で転移もなく早期治療により治癒する可能性が高いことから、通常は給付対象から除外されています。

3　支払対象となる急性心筋梗塞

　被保険者が責任開始期以後の疾病を原因として「急性心筋梗塞」を発病し、それにより初めて医師の診断を受けた日から60日以上、労働の制限される状態が継続していることが医師によって診断されたことが支払事由となります。ここでいう「責任開始期以後の疾病」とは、「急性心筋梗塞」ではなく、「急性心筋梗塞」の原因となる疾病を指すものと判例でも解されています。なお、「労働が制限される状態」とは、家事等の軽労働や事務等の座業はこなせるが、それ以上の活動については制限が必要とされる状態のことを指します。

　したがって、「急性心筋梗塞」と診断されただけでは、支払事由に該当したことにはなりません。

4　支払対象となる脳卒中

　被保険者が責任開始期以後の疾病を原因として「脳卒中」を発病し、それにより初めて医師の診断を受けた日から60日以上、言語障害、運動失調、麻痺等の神経学的後遺症が継続していることが医師によって診断されたことが支払事由となります。「急性心筋梗塞」の場合と同様に、ここでいう「責任開始期以後の疾病」とは、「脳卒中」の原因となる疾病を指すものと解されています。

したがって、「脳卒中」と診断されただけでは支払事由に該当したことにはなりません。

5　質問の回答

「悪性新生物（がん）」の場合は、契約加入前も含めて「初めて」がんに罹患したと診断確定されることが支払事由となりますが、「乳がん」についてはその発病が契約加入後90日以内である場合は支払事由にあたらないとしていること、また「上皮内がん」および「皮膚の悪性黒色腫以外の皮膚がん」については、非浸潤性で転移もなく早期治療により治癒する可能性が高いことから、通常は給付対象から除外されていることに留意が必要です。

また、「急性心筋梗塞」については、「医師の診断を受けた日から60日以上、労働の制限される状態が継続していること」、「脳卒中」についても「医師の診断を受けた日から60日以上、言語障害、運動失調、麻痺等の神経学的後遺症が継続していること」が、保険金が支払われる要件になっていることに留意が必要です。

（柳楽陽介）

79 リビングニーズ商品（特約）

リビングニーズ商品（特約）の商品内容、仕組み

Q 医師から「余命わずかである」と診断された場合、先に死亡保険金を受け取ることができると聞いたことがあります。どのような場合に受け取れるのかを教えてください。

1　リビングニーズ商品（特約）の商品内容

　リビングニーズ商品（特約）とは、この商品（特約）が付加された保険契約の被保険者が、病気やケガなどの原因に関わらず医師の診断により「余命6か月以内」と診断された場合に、「特定状態保険金」として、生存中にその保険契約の死亡保険金の一部、または全部を前倒しで受け取ることのできる商品（特約）です。

　この商品は1992年10月にプルデンシャル生命保険会社が発売し、現在ではほぼすべての生命保険会社が取り扱っています^注。

　　注　取扱いの詳細については、各生命保険会社に確認ください。この商品（特約）の保険料は不要で、1被保険者につき、1契約のみ付加することができます。

2　リビングニーズ商品（特約）の仕組み

　支払金額は、主契約の死亡保険金額について被保険者が指定した金額になります。指定できる保険金額は保険会社によって多少の違いがありますが、多くの会社が上限3,000万円の範囲内で10万円単位で指定できる仕組みになっています。

　主契約の死亡保険金額に年金払いの部分がある場合の指定保険金額は、特約年金の現価相当額（特定状態保険金の請求日から起算して6か月後の月単位の

応当日における特約年金の現価相当額）が限度となります。

　また、主契約の死亡保険金額に逓減部分がある場合の死亡保険金額は、請求日から起算して6か月後の月単位の応当日における特約保険金額が限度となります。

　支払いの際には、請求日から6か月分の利息および6か月後の契約応当日までの保険料の現価を差し引きます。

　請求できるのは1回のみです。特定状態保険金を請求できるのは被保険者ですが、被保険者が自身の健康状態が余命6か月以内であることを知らない場合など、被保険者が請求できない特別な事情がある場合は、あらかじめ指定した指定代理請求人が被保険者の代理人として請求することができます。

　この指定代理請求人になることができるのは、
① 請求時において、被保険者と同居し、または、被保険者と生計を一にしている被保険者の戸籍上の配偶者

もしくは、
② 請求時において、被保険者と同居し、または、被保険者と生計を一にしている被保険者の戸籍上の3親等内の親族

に限られます。

　特定状態保険金の支払い後は、主契約および死亡保障性特約について、請求日を基準として、それぞれ指定保険金額分が消滅します。支払い後も契約が存続する場合には、災害疾病関係特約はそのままの金額で継続します。全部請求の場合は、主契約および付加されている特約はすべて消滅します。

3　質問の回答

　被保険者の余命が6か月以内と判断される医師の書類の提出が必要であり、かつ、保険会社がそれを認めた場合に、リビングニーズ特約の「特定状態保険金」が支払われます。

（片岡昌志）

80

医療保険の内容

医療保険の仕組み、給付金が支払われない場合

> **Q** 私は酒気帯び運転で事故を起こし、ケガで2か月入院しました。医療保険に加入しているので、保険会社に給付金の請求をしたところ、免責事由にあたるので支払われないといわれました。そのようなことがあるのでしょうか。

1　医療保険の仕組み

　医療保険（単品商品。以下同じ）は、平成8年の改正保険業法の施行前においては、中小・外資系生保のみに認められていましたが、規制緩和の進展により、平成13年には損保系生保および大手生保にもその販売が解禁されました。現在では、損保本体も含め、生損保の多くの会社が医療保険を取り扱っています。

　取扱会社によってその内容は異なりますが、入院給付金や手術給付金を主たる給付として、各種の給付が盛り込まれています。最近の医療保険の商品開発の傾向としては、保険期間の終身化、1入院限度の短期化、手術給付金の対象となる手術の種類の拡大、無事故給付金の設定、死亡給付金・解約返還金をなくすことによる保険料の低廉化などが挙げられます。各社で取り扱っている医療保険の主な内容については次頁の表のとおりです。

2　医療保険の給付金が支払われない場合

（1）　免責事由

　入院給付金や手術給付金（以下「給付金」という）の支払事由に該当しても給付金が支払われない場合（「免責事由」という）には、つぎのような場合

医療保険の主な内容

項　　目		種　　類
保険期間		定期タイプと終身タイプがある。定期タイプの場合は5年・10年など
入院給付金	支払事由（対象となる入院）	日帰り入院、1泊2日入院、継続5日入院（4日不担保）など
	1入院限度	60日、120日、240日など
	通算限度	700日、1000日など
手術給付金	支払事由（対象となる手術）	約款に定める88種類の手術（手術給付金額は手術の種類に応じて入院給付金日額の所定の倍率）。入院を伴う公的健康保険の対象手術（手術給付金額は入院給付金日額の所定の倍率）
無事故給付金	支払事由（入院や手術をしなかったとき）	無事故給付金の算定期間は5年・10年など。無事故給付金額は入院給付金日額の所定の倍率
死亡給付金		あるタイプとないタイプがある
解約返還金		あるタイプとないタイプがある

があります。
　ア、保険契約者または被保険者の故意または重大な過失
　イ、被保険者の犯罪行為
　ウ、被保険者の精神障害または泥酔の状態を原因とする事故
　エ、被保険者が法令に定める運転資格を持たないで運転している間に生じた事故
　オ、被保険者が法令に定める酒気帯び運転またはこれに相当する運転をしている間に生じた事故
　カ、被保険者の薬物依存
　キ、地震、噴火または津波
　ク、戦争その他変乱

(2)　その他、給付金が支払われない場合

　給付金の支払いの対象とならない場合の例としては、たとえば入院給付金について、約款に定める「入院」の定義に該当しない場合があります。約款に定める「入院」とは、医師による治療が必要であり、かつ、自宅等での治療が困難なため、病院または診療所に入り、常に医師の管理下において治療に専念することをいいます。したがって、美容上の処置、正常分娩、疾病を

直接の原因としない不妊手術、治療処置を伴わない人間ドック検査のための入院などは、治療を目的とした入院でないため、支払いの対象外です。

また、責任開始期前の傷害または疾病を原因とする入院や手術も支払いの対象外です。ただし、責任開始期より2年経過した後に開始した入院や手術については支払いの対象となります。

上記のほか、給付金が支払われない場合としては、告知義務違反による解除、重大事由による解除、詐欺による無効などがあります。

3 質問の回答

免責事由にあたるので給付金が支払われないとのことですが、たとえば「法令に定める運転資格を持たないで運転している間に生じた事故」や「法令に定める酒気帯び運転またはこれに相当する運転をしている間に生じた事故」により入院や手術をした場合は、給付金が支払われないことになります。そのほかにも、上記のとおり、給付金が支払われない場合がありますので、もう一度、保険会社に免責事由について照会するとともに、「ご契約のしおり」や約款で確認することが必要です。

(中岫　司)

81

がん保険の内容

がん保険の仕組み、給付金が支払われない場合

Q 私は現在、がん保険に加入していますが、パンフレットに「がん診断給付金以外は上皮内新生物でも支払います」との記載があります。がん保険では「がん」といわれるものには何でも支払われるのでしょうか。

1　がん保険の給付内容

　がん保険といっても、商品によってその給付内容はさまざまです。がん保険では一般的にがんと診断されたときに一時金で支払われる診断給付金、その治療を目的とする入院・手術・通院をしたときに支払われる入院給付金・手術給付金・通院給付金、また、がんにより死亡したときに支払われる死亡給付金などの支払いがあります。がん保険のような疾病に関する保険は、保険業法上は疾病保険に分類されますが、がん保険はその中でもがんという特定の疾病のみを支払対象とする代表的な商品です。

　がん入院給付金については、あらかじめ定めた入院給付金日額を入院日数分支払う仕組みが一般的ですが、その支払いを無制限としている商品もあります。また、がん診断給付金については、再発した場合にも改めて給付金を支払うような商品もあります。

　いずれの給付も「がん」を直接の原因として生じた事象に対して支払うものであり、がん以外の疾病では支払対象外となります。ただし、がん以外で死亡した場合にがん死亡給付金より少額の給付金を支払うとしているものもあります。

がん保険の主な給付内容

給付金	給付内容
がん診断（治療）給付金 がんと診断されたときに支払われる。	・保険期間を通じて1回のみ支払われる商品と、複数回支払われる商品がある。 ・給付金を受け取れる期間は、がん診断確定時、入院開始時、治療開始時など、会社によって取り扱いが異なる。
がん入院給付金 がんで入院したときに、入院日数に応じて支払われる。	・入院給付日数に制限がないため何日間入院しても、何回入院しても入院日数分の入院給付金を支払われる。
がん手術給付金 がんで所定の手術を受けたとき、手術の種類に応じて支払われる。	・一般的に、支払われる給付金額は手術の種類により、入院給付金日額の10倍・20倍・40倍となっている。
がんの死亡保険金 死亡保険金 死亡したときに支払われる。	・がんで死亡したとき支払われる保険金額は、がん入院給付金日額の100倍など、一般的に少額。 ・がん以外で死亡したとき支払われる保険金額は、がん入院給付金日額の10倍、既に払い込んだ保険料相当額、など一般的にさらに少額。

* その他、がんで所定の期間入院し、退院後通院したときに支払われる「がん通院給付金」やがんで所定の期間入院し、その後退院したときに支払われる「がん退院（在宅療養）給付金」を取り扱っている会社もあります。

出典　（財）生命保険文化センター「生命保険Q＆A」を基に作成

2 対象となる「がん」

　がん保険は「悪性新生物」と診断されたときや入院したときなどを支払対象とするもので、たとえば子宮筋腫などの「良性新生物」は対象外となっています。また、「上皮内がん」のような軽度のがんを約款上では「上皮内新生物」として定め、「悪性新生物」とは別物と整理している商品もありますが、近年では、この「上皮内新生物」を支払対象としている商品も発売されてきています。なお、「悪性新生物」および「上皮内新生物」の定義については約款で定められています。

3 契約日から90日間の不担保規定

　がん保険において、がんにかかわる給付については、契約日から90日間経過した後から責任が開始される（待ち期間）としているものが一般的です。したがって、このような規定を設けているがん保険は、契約日後にがんと診

断されても、診断日が契約日から90日経過していない場合には給付金の支払いは対象となりません。一方、がん保険の給付の中でも、がん以外の死亡等を支払事由とする給付が組み込まれている場合は、契約日から90日間の不担保期間はなく、契約日から保障をしていますので、契約日から90日間の不担保規定はがん給付のみに適用される規定といえます。

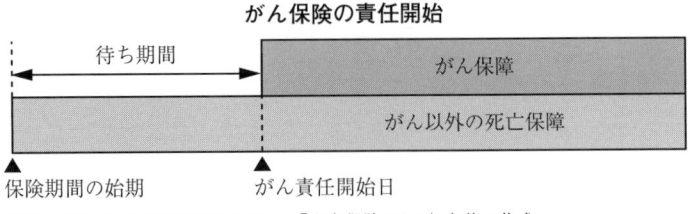

がん保険の責任開始

	待ち期間	がん保障
	がん以外の死亡保障	

▲保険期間の始期　　▲がん責任開始日

出典　（財）生命保険文化センター「生命保険Q&A」を基に作成

4　質問の回答

　がん保険は、がんに対する給付金の支払いについて、支払事由となる疾病を「悪性新生物」に限定し、「上皮内新生物」は対象外としているものがあります。また、「上皮内新生物」について、支払対象ではあるが、「悪性新生物」と比較して給付割合を低くしている商品もあります。

　このほか、責任が開始される日が、契約日から90日経過後と約款上に定められているものもあります。この場合、たとえば「加入してから1か月後にがんと診断された場合」は、保険契約の責任が開始される前の支払事由の発生ということになりますので、給付金の支払対象とはなりません。

（中村徳子）

82

介護保険・介護年金の内容

生命保険会社が取り扱う介護保険・介護年金にはどのようなものがあるか

Q 生命保険会社が取り扱っている介護保険・介護年金はどのような状態になると保険金・年金が支払われるのですか。また、公的介護保険との関係はどのようになっていますか。

1　介護保険・介護年金の発売

　近年、わが国では高齢社会の進展と医療技術の進歩を背景に、介護を必要とする高齢者が急増しており、大きな社会問題となってきています。
　寝たきりや認知症等により介護が必要な状態になった場合、介護人を雇用すると治療費以外に多額の費用を要し、在宅介護の場合にも、自宅のバリアフリー化のためのリフォーム費用等が必要となってきます。
　そこで、このような費用をまかなうことを目的として、昭和60年1月に認知症による要介護状態に対する保障を行う保険が発売され、昭和60年9月には寝たきり状態に対する保障を行う保険が発売されました。
　さらに、昭和63年6月、終身保険の保険料払込期間満了後の責任準備金等を活用し、終身保障の全部または一部を介護保障に移行する商品が発売されました。この制度の支払事由は寝たきりと認知症の両方を対象とし、従来よりも軽度の介護状態を保障するといった特徴をもっており、これ以降、各社ともこの支払事由に追随する形で、介護保険・介護年金を発売しました。
　また、平成12年4月より、公的介護保険制度が導入されたことに伴い、介護保険へのニーズがいっそう増大し、これを機にこれまで画一的であった各社の介護保険・介護年金についても、多様な支払事由を有する商品が発売されるようになってきました。

2 介護保険・介護年金の仕組み

　介護保険・介護年金は、寝たきりや認知症によって介護が必要な状態となり、かつ、その状態が一定の期間継続したときに保険金・年金が支払われます。保険金が一時金で支払われるタイプの商品を介護保険、そして年金で支払われるタイプの商品を介護年金といいます。また、保険金と年金の両方が支払われるタイプの商品もあります。

　従来は寝たきりや認知症による重度の要介護状態を保障する商品が一般的でしたが、平成12年4月の公的介護保険制度の導入以降、この公的介護保険の要介護度を基準とした商品開発が進み、寝たきりではなく杖をつけば歩けるような軽度の要介護状態から保障する商品や、公的介護保険の要介護認定に完全に連動した商品が発売されています。

　また、対象となる被保険者はこれまで本人であることが一般的でしたが、平成12年11月に、被保険者（本人）の親を被保険者とする商品も発売されています。

　一方、介護保険・介護年金の場合には、金銭給付にとどまらずサービス自体の給付を期待するケースもあるため、会社によっては、介護人派遣の紹介・取次サービスを実施しているところもあります。

　そのほか、商品のタイプには主契約タイプ・特約タイプ、保険期間についても定期保険タイプ・終身保険タイプがあります。

3 質問の回答

　生命保険会社が取り扱っている介護保険・介護年金には、公的介護保険の要介護度を基準としたものや、なかには完全に連動した商品などがあります。また、要介護状態も、寝たきりではなく杖をつけば歩けるような軽度の要介護状態から保障する商品もありますので、自らのニーズに合った介護保険・介護年金を選択するのがよいでしょう。

（山本武司）

第11章 その他の保険

83

アカウント型保険の内容

アカウント型（口座型）保険の仕組み

Q アカウント型（口座型）保険に加入しようと思っていますが、従来の生命保険とはどのように違うのですか。

1 アカウント型（口座型）保険の概要

　アカウント型（口座型）保険については、平成12年4月に日本ではじめて発売され、現在ではいくつかの会社が取り扱っています。

　取扱会社によってその内容は異なりますが、アカウント型保険の最大の特徴は、いわゆるアカウントと呼ばれる積立金部分と保障部分が明確に分離されているところです。アカウント部分と保障部分は、アカウント部分が主契約で保障部分は特約としている会社や、アカウント部分をはじめ保障部分についてもそれぞれ単品商品（主契約）の組み合わせとしている会社もあります。

2 アカウント型（口座型）保険の特徴

アカウント型保険の主な特徴については以下のとおりです。
① 保険料払込みの自在性
　契約者より払い込まれた保険料のうち、必要な保障のための特約保険料に充当された残余分が、アカウント部分に利息を付されたうえで積み立てられます。アカウント部分からは、経過年数など一定の条件のもと、一時金の出し入れや保険料を見直しすることも可能です。
② 保険料払込期間
　アカウント型保険の保険料払込期間については、有期で第1保険期間（保

険料払込期間と同一）と第2保険期間（第1保険期間満了日の翌日からアカウントに蓄積された積立金をもとに終身保険や年金保険などへ移行）に分けられているものと、保険料払込期間が終身で、アカウント部分が一生涯継続（契約途中で終身保険などへの移行も可能）するものがあります。

③ アカウント部分の保障内容

アカウント部分の保障内容については、被保険者が不慮の事故から180日以内に死亡したときには、災害死亡給付金として積立金相当額の1.1倍（商品によっては1.5倍）が支払われ、災害以外で死亡したときには死亡給付金として積立金相当額が支払われます。

④ アカウント部分に適用される予定利率

アカウント部分に適用される予定利率については、国債の過去の平均利回りなどを基準として各社が設定していますが、各社とも金利動向にかかわらず、最低保証利率が定められています。また、予定利率を何年ごとに見直すかなどについても各社それぞれ基準が異なります。

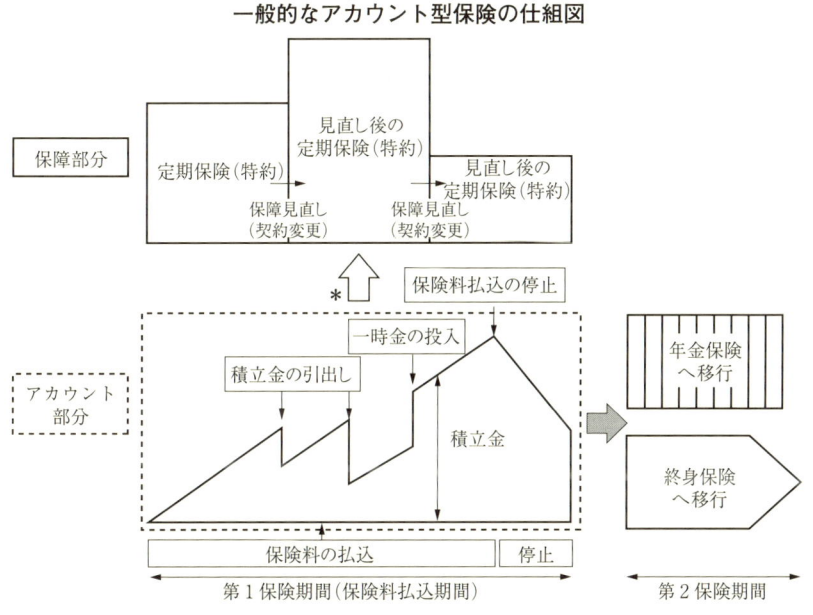

一般的なアカウント型保険の仕組図

* アカウント部分（積立部分）の一部を保障部分の保険料に振り替える。

3 　質問の回答

　アカウント型保険は、一般に「利率変動型積立終身保険」あるいは「利率変動型積立保険」などの名称で販売されています。

　アカウント型保険では、いわゆるアカウントと呼ばれる積立金部分と保障部分が明確に分離されているため、貯蓄と保障を効率よく準備できます。また、資金の出し入れが自由で、保険料払込みの自在性が確保されていることが大きな特徴となっています。

（上野浩章）

84 個人年金保険の内容

個人年金保険にはどのようなものがあるか

Q 個人年金保険の内容・仕組みはどのようなものですか。また、加入後に契約内容の変更はできますか。実際に年金を受け取るときの請求手続について教えてください。

1　個人年金保険の仕組み

　個人年金保険は、契約時に定めた年齢から年金を支払う保険で、年金支払開始前に被保険者が死亡した場合には死亡給付金が支払われます。定額年金の場合には、保険期間を通じて一定の予定利率等が適用される「利率固定タイプ」と予定利率等の利率が市中金利に応じて一定期間ごとに変動する「利率変動タイプ」があります。また、入院関係特約等の各種特約の付加が可能な商品もあります。

2　個人年金保険の給付内容

　個人年金保険の具体的な給付内容は、以下のとおりです。

(1)　年金支払開始前の給付内容

　被保険者が死亡した場合には死亡給付金が支払われます。死亡給付金額は取扱会社によって異なりますが、死亡時の①責任準備金額、②払込保険料累計額、③年金原資の一定割合等があります。

(2)　年金支払開始後の給付内容

　年金種類に応じて、以下のとおり年金が支払われます。

年金の種類と給付内容

年金種類	年金支払	年金支払期間中の被保険者死亡時の取扱い
保証期間付終身年金	被保険者が生存している限り終身にわたり年金を支払う	保証期間中に被保険者が死亡した場合は残存保証期間の未払年金現価を支払う
保証期間付有期年金	被保険者が生存している限り年金支払期間中にわたり年金を支払う	保証期間中に被保険者が死亡した場合は残存保証期間の未払年金現価を支払う
有期年金	被保険者が生存している限り年金支払期間中にわたり年金を支払う	被保険者が死亡した場合の支払いはない
確定年金	被保険者が生存している限り年金支払期間中にわたり年金を支払う	年金支払期間中に被保険者が死亡した場合は残存年金支払期間の未払年金現価を支払う

＊　有期年金、確定年金の年金支払期間、保証期間には、5年、10年、15年等があります。

　また、上記に加え、夫婦のいずれかが生存しているかぎり年金を支払う「夫婦年金」や、被保険者が所定の要介護状態に該当した場合に割増年金を支払う「介護年金」等があります。

　年金額については、年金支払期間中、年金額が一定である「定額型」、年金額が一定の水準で増加していく「逓増型」等があります。

3　契約内容の変更や請求手続

（1）　契約内容の変更

　加入後、年金支払開始日前までにかぎり、年金額の減額、年金種類の変更、年金支払期間の変更などの契約内容の変更が可能です。年金支払開始後の契約内容の変更はできません。ただし、年金支払開始後でも、確定年金の場合の残存年金支払期間の未払年金現価の一括受取りや保証期間付年金の場合の残存保証期間の未払年金現価の一括受取りは可能であり、年金受取人の変更も被保険者の同意があれば可能です。

（2）　請求手続

　一般的には、年金支払開始の数か月前から1か月前の間に年金受取人に会社から請求の案内が送付されます。年金受取人はその案内に従い、所定の期限までに必要な書類を提出して、初回年金の請求を行います。

請求に必要な書類例は以下のとおりです。また、会社は請求受理後、年金支払開始日に年金を支払いますが、同時に年金証書を発行し、年金受取人に年金の内容を通知します。
●請求に必要な書類例
　・会社所定の請求書
　・被保険者の住民票
　・年金受取人の戸籍抄本
　・年金受取人の印鑑証明書
　・保険証券

2回目以降に支払われる年金の請求についても、初回年金の請求手続とほぼ同様となりますが、請求に必要な書類は被保険者が生存していることの証明がある書類のみであることが一般的です。

4　質問の回答

個人年金保険は、上記のとおり、年金支払開始前の死亡給付金の金額の水準や年金支払開始後の年金の種類によって、さまざまなタイプがあります。また、年金が始まってしまうと契約内容の変更はできませんので、注意が必要です。年金の請求は保険会社からの案内に従い、請求手続を行ってください。

（谷口智則）

85

変額保険・変額年金保険の内容・仕組みと説明義務

変額保険・変額年金の内容・仕組みはどのようなものか

> **Q** 私は老後の備えを考えて、最近新聞等で宣伝されている変額年金保険に関心があります。変額保険や変額年金保険は一般の生命保険や年金保険と具体的にどう違うのですか。また、保険会社は顧客に対し、どのような事項を説明しなければならないのでしょうか。

1　変額保険の特徴・仕組みについて

　変額保険は、保険料を一般の生命保険（「定額保険」という）の保険料とは区分して「特別勘定」で管理し、株式や債券などの有価証券に投資して運用します。この運用実績に応じて保険金額や解約返還金額が変動（上下）します。死亡保険金額が運用実績に連動して決まることからインフレ・ヘッジができるという特徴があります。

　定額保険の場合には、加入時に保険会社が約束した死亡保険金・解約返還金が保証されます。これに対し、変額保険の場合には、運用実績の成果が契約者にそのまま帰属します。したがって、運用実績がよい場合には、解約返還金が払い込んだ保険料を相当上回ることがありますし、死亡保険金も増加します。しかし、運用実績が悪い場合には、解約返還金が払い込んだ保険料を下回ることになります。

　ただし、死亡保険金については、基本保険金額が定められていますので、運用実績が悪い場合でも加入時に定められた基本保険金額は保証されることになります。

　なお、この変額保険には、満期のある「養老保険」タイプと、保障が一生

涯続く「終身保険」タイプがあります。

　上記の「特別勘定」については、契約者の資産形成のニーズに応じて複数の「特別勘定」の中から選択することができる商品もあります。

2　変額年金保険の特徴・仕組みについて

　変額年金保険は、公的年金の補完としての自助努力の必要性および現在のような低金利下における資産形成の必要性等から注目を集めている商品です。

　一般の年金保険（「定額個人年金保険」）は、保険会社が加入時に約束した年金額が保証されます。最近では、保険料の積立利率が変動する個人年金保険もありますが、積立利率が変動しても加入時に約束した一定の積立利率は保証されます。

　これに対し、変額年金保険は、変額保険と同様、保険料を「特別勘定」で運用します（保険会社が特別勘定を直接運用する商品もあれば、保険料を「投資信託」に投資して運用する商品もあります）。

　したがって、基本的には、年金原資が保証されていません。運用実績が悪い場合には、年金原資が払い込んだ保険料を下回ることもあります。ただし、年金受取り開始時の年金原資について、運用実績が悪くても払込保険料合計額を保証（元本保証）する商品もあります（この場合には元本保証の保証料が保険料から控除されます）。

　年金受取りが開始した以降は、年金原資を定額保険と同様に「一般勘定」で運用するため、開始時に定めた年金額は保証されます。保険料払込期間中または保険料が一時払いで年金受取りが開始するまでの間（運用期間中）に被保険者が死亡した場合には、払込保険料累計額が最低保証されています。

　なお、変額年金保険の場合、保険契約の維持・運営等にかかる費用（死亡保障や年金原資を最低保証するための費用など）が積立金などから控除されるほか、「特別勘定」の維持・運営にかかる費用も積立金などから控除されます。

3　変額保険・変額年金保険に関する保険会社の説明義務

　保険会社は、変額保険・変額年金保険につき顧客に対してどのような説明義務を負うのでしょうか。

　保険業法100条の2、同法施行規則53条1項1号の規定により、保険会社

は、変額保険、変額年金保険につき顧客に対して書面を交付して、①特別勘定資産の種類および評価の方法、②資産の運用方針、③資産の運用実績により将来における保険金額等が不確実であることを説明しなければなりません。

また、金融商品の販売等に関する法律3条1項1号の規定により、変額保険を販売する業者は、運用実績により元本割れが生ずるおそれがあることを説明する義務を負っています。

なお、保険会社では、これらの説明事項等を加入申込みにあたっての重要事項として記載した「重要事項説明書」等の名称の書面を顧客に交付して説明を行うのが一般的です。

いわゆるバブル期に「相続税対策」として変額保険に加入した契約者が、バブル崩壊後の運用実績の低迷により、保険会社等に損害賠償を求める訴えが数多く提起されました。これらの裁判例（【東京高判平成12・4・27判時1714・73】【東京地判平成9・1・31判例集未登載】【大阪地判平成7・10・17文研変額保険判例集1・246】等多数）では、「変額保険を勧誘するに際して、保険金額および解約返還金額が特別勘定の運用実績に応じて変動するものであり、終身保険の場合の基本保険金額を除いては最低保証されているものではないということ、および特別勘定は株式・公社債等に投資して運用することを説明する義務が信義則上要求されており、この説明義務をつくしたか否かは、保険契約者の職業・年齢・知識経験・財産状態・具体的勧誘方法等その他の勧誘時の具体的状況に照らして判断されるべきもの」と判示しています。

4　質問の回答

変額保険は上記のとおり、「特別勘定」の運用実績が契約者に帰属し、死亡保障の最低保険金額を除いては保証されていないハイリスク・ハイリターン商品です。変額年金保険も、払込保険料合計相当額が保証されている商品もありますが、年金原資は「特別勘定」の運用実績次第であり、年金額が変動する商品です。この基本的な仕組みはしっかりと理解しておく必要があります。保険会社などからは、これらの保険のパンフレット、保障設計プランおよび重要事項説明書などに基づいて説明を受けることになりますが、これらに記載されている事項は契約内容の重要事項に該当しますので、納得のいくまで質問をし、説明を受けるべきでしょう。

(山崎啓司)

第12章
保険金の請求

86

死亡保険金請求権と相続

死亡保険金請求権は相続財産に含まれるか

> **Q** 私の夫は私を保険金受取人と指定した生命保険に加入していましたが、多額の負債を抱えたまま死亡しました。夫の債権者は、私が保険金請求権を相続したものとして差押えようとしています。この差押えは許されるのでしょうか。

1 保険金受取人の権利取得の固有権性

　生命保険契約では、保険会社は保険事故発生の場合に保険金の支払義務を負うことになりますが、この保険金額を受け取るべき者を保険金受取人といいます。誰を保険金受取人に指定するかは保険契約者だけが決定できます。保険契約者自身が受取人になる場合を「自己のためにする生命保険契約」といいます。また保険契約者は自己以外の第三者を保険金受取人とすることもできます（商683条１項、647条）。この場合を「他人のためにする生命保険契約」といいます。質問の生命保険契約は、「他人のためにする生命保険契約」ということになります。この他人のためにする生命保険契約では、保険契約者が別段の意思を表示しないかぎり、保険金受取人は、受益の意思表示を必要とせず、当然に保険契約の利益を享受することになります（商675条１項）。一般に、この保険金受取人の権利取得は、保険契約者がいったん取得した権利を承継的に取得するのではなく、受取人に指定されることにより自己固有の権利として原始的に取得するものです。したがって、保険契約者が被保険者の相続人を受取人に指定した場合にも、保険金受取人は保険金請求権を自己の固有の権利として取得するのであって、相続によって取得するものではありません。保険金請求権は保険金受取人の固有財産に属するものであって、

相続財産には属しないと解されています。

2 判例の立場

これまでの裁判例をみますと、【大判昭和11・5・13民集15・877】がリーディング・ケースといえます。事案は、保険契約者兼被保険者であった父の死亡により保険金受取人として死亡保険金請求権を取得した長男が、限定相続したにもかかわらず、父の債権者がその死亡保険金請求権を差押え・転付命令を得て、保険会社から債権額の弁済を受けたことから、長男が債権者にその返還を求めたというものです。大審院は、保険金受取人の保険金請求権取得の固有権性を理由に、保険金請求権の差押えはできないとして長男の請求を認めています。最高裁の判例も同様の立場であり【最決昭和40・2・2民集19・1・1】【最判平成14・11・5民集56・8・2069】【最判平成16・10・29民集58・7・1979】、今日では異論のない考え方といえます。

3 質問の回答

このいわば定説によりますと、保険金受取人である相続人が相続につき限定承認（民922条）または相続放棄（民938条）のいずれを行った場合でも、保険金受取人の取得する保険金請求権は相続債権者の追及を逃れることができることになります。したがって、質問の件については、死亡保険金請求権はあなたの固有財産ということになるので、夫の債権者が差押えることはできなく、許されないといえます。

（出口正義）

87

保険金請求権と特別受益

保険金請求権は相続における特別受益の持戻しの対象となるか

> **Q** 夫は妻の私を保険金受取人とする死亡保険金額3,000万円の生命保険に加入していましたが、病気で死亡しました。夫には預金等の財産が4,000万円ほどあります。私の子供は、保険金も相続財産に加えなければおかしいと言い張ります。子供の言い分は正しいのでしょうか。

1 保険金請求権の特別受益性

　質問のような問題は、遺産分割の実務では少なからずみられるものです。この問題は、一般的にいいますと、被相続人が自己を保険契約者兼被保険者として、共同相続人の1人または一部の者を保険金受取人として締結した生命保険契約に基づく死亡保険金請求権は、民法903条1項に規定する遺贈または贈与にかかる財産にあたるかどうか、という問題といえるでしょう。あたるということになりますと、保険金請求権はいわゆる特別受益として被相続人が相続開始時に有した財産の価額に加えることになります。この操作を「持戻し」といいます。仮に保険金の特別受益性が認められ、持戻し額が保険金額ということになりますと、質問の場合には、夫の相続財産は合計7,000万円とみなされることになります。ただ、この持戻し額がいくらかについては、保険金額、支払保険料の総額または解約返戻金等いろいろ意見が分かれています。もっとも、特別受益性が認められなければ持戻しの問題も生じないことはいうまでもありません。

2 判例の立場

　これまでの下級審の審判例・裁判例では見解が分かれています。一方で、いわゆる保険金請求権取得の固有権性を理由に、特別受益性が否定されています（【広島高岡山支決昭和48・10・3家月26・3・43】【東京家審昭和55・2・12家月32・5・46】【高松高決平成11・3・5家月51・8・48】等）。他方で、固有権性は認めながらも相続人間の公平という民法903条の規定の趣旨を理由に、特別受益性が肯定されています（【大阪家審昭和51・11・25家月29・6・27】【福島家審昭和55・9・16家月33・1・78】【宇都宮家栃木支審平成2・12・25家月43・8・64】【長野家審平成4・11・6家月46・1・128】【神戸家審平成11・4・30家月51・10・135】等）。

　このような状況において、最近、【最決平成16・10・29民集58・7・1979】ではじめてこの問題について判断しています。最高裁は、保険金受取人の保険金請求権取得の固有権性と、保険金請求権の保険契約者・被保険者の財産への非帰属性を理由に、原則として死亡保険金請求権の特別受益性を否定しています。ただ相続人間の不公平が到底是認できないほど著しいものと評価すべき「特段の事情がある場合」には、いわば例外的に特別受益に準じて持戻しの対象にすべきであるとしています。そしてこの特段の事情の有無については、保険金の額、この額の遺産の総額に対する比率のほか、同居の有無、被相続人の介護等に対する貢献の度合いなどの保険金受取人である相続人および他の相続人と被相続人との関係、各相続人の生活実態等の諸般の事情を総合考慮して判断されるべきとしています。

　この最高裁の決定が今後の遺産分割協議の実務に与える影響は大きいと思われます。とくに本決定が挙げる諸般の事情の中でも、保険金の額およびこの額と遺産総額との比率が基本とされ、これに諸事情をあわせ考慮されることになるといわれています。ただ、特段の事情が認められる場合であっても、実際に特別受益に準じて持戻し額をどのように考えるべきかについては、本決定からは明らかではありません。持戻し額は保険金額を基本とするのが妥当との見解もありますが、結果として死亡保険金請求権が相続財産に属していたかのような持戻しの処理が妥当かどうかは議論の余地があるように思われます。

3 質問の回答

さて、質問についてですが、上記最高裁の決定によりますと、あなたが受取人となっている3,000万円の保険金は民法903条1項の遺贈または贈与に係る財産に当らないことになり、特別受益に準じた持戻しの対象とはならないといえます。また、保険金の額が3,000万円で、夫の遺産の総額も4,000万円ということですので、最高裁のいう特段の事情があるとはいえないように思われます。したがいまして、あなたの子供の言い分は正しいとはいえないでしょう。

なお、質問のケースで、たとえば夫の財産がまったくないような場合には、上記最高裁のいう「特段の事情がある場合」にあたり、例外的に保険金が特別受益に準じて持戻しの対象となると解される余地があります。ただこの場合でも、持戻し額をいくらにするべきかは別問題と思われます。

(出口正義)

88

保険金請求権の消滅時効の起算点

約款に定める時効期間が経過した後に保険金請求が認められることはあるか

Q 夫は数年前に行方不明となり、先日山中にて遺体で発見されました。生命保険金を請求しましたところ、すでに時効期間を経過しているとして支払いを拒絶されました。保険事故が発生していることを知らなかったときでも、保険金の請求は認められないのでしょうか。

1　生命保険金請求権の消滅時効の起算点

　商法では、保険金請求権の消滅時効期間を2年と定めていますが（商663条、683条1項）、この期間がいつから開始するかは規定がなく、民法166条1項の一般原則によることになります。同条は、「権利を行使することができる時」から時効期間が開始すると規定していますので、保険金請求権が法律上行使できるようになった時点、つまり保険事故が発生して法律上保険金を請求できるようになったときから開始することになります（通説）。生命保険の各種約款では、消滅時効期間を3年に伸長するとともに、約款に定める支払事由の生じた日の翌日から開始すると規定していますが、基本的な考え方は同じです。

　それでは、支払事由が生じたものの、なんらかの事情で請求できないでいるうちに時効期間が経過してしまったという場合、保険金を請求できないのでしょうか。民法166条1項の解釈としては、時効期間の進行を妨げるのは「法律上の障害」だけで、「事実上の障害」は含まれませんので、保険金受取人などに発生した個人的な事情は考慮されません。そもそも保険金請求権について短期の消滅時効期間が定められたのは、保険が多数の保険契約者との

契約から成り立っており、法律関係を早期に安定させることが望ましいことや、時間の経過により事実関係が不明となって、被保険者の自殺等の免責事由に該当して保険金を支払うべきでない場合でも、そのための立証ができず、結果として支払いを余儀なくされるおそれがあるからであり、時効の起算点を考える場合もこのような事情が重視されます。

2 判例の立場

これまでの裁判例においても、たとえば保険金受取人に指定されていた者が自分が保険金受取人であることを知らなかったケース【長崎地判平成4・2・24文研生命保険判例集7・29】や、約款所定の免責事由に該当すると思っていたのに、実は該当していないことが後で判明したケース【旭川地判平成3・9・25文研生命保険判例集6・388】など、いずれも時効の進行を妨げるものではないとして保険金の請求が認められませんでした。これに対して、【最判平成15・12・11民集57・11・2196】は、生命保険の被保険者が自動車を運転して自宅を出たまま帰宅せず、行方不明となって3年7か月が経過してから当時すでに死亡していたことが判明したケースで、「当時の客観的事情に照らし、その時からの権利行使が現実に期待できないような特段の事情が存する場合についてまでも、支払事由発生の時をもって消滅時効の起算点とする趣旨ではない」と述べて、保険金受取人による死亡保険金の請求を認めています。

3 質問の回答

従来の裁判例および最高裁の考え方によると、保険金請求者側に生じた個別具体的な事情は原則として考慮されないのですが、被保険者が行方不明となっていたために、すでに被保険者の死亡という支払事由が発生していたことをまったく知り得なかったというように、客観的にみて保険金請求権の行使を現実に期待することができなかった場合は、時効期間の進行が認められません。したがって、質問のケースでは、保険会社は保険金の支払いを拒むことはできず、保険金請求が認められると考えられます。

(遠山　聡)

89

保険金請求権の放棄

保険金の請求権を放棄することはできるか

Q 私の父は、自らを保険契約者兼被保険者、前妻の子を保険金受取人と指定した生命保険に加入していましたが、父の死亡後、前妻の子は死亡保険金請求権を放棄しました。この場合、私が保険金を受け取ることができるのでしょうか。

1 保険金受取人による権利取得

　生命保険契約では、保険会社は保険事故発生の場合に保険金の支払義務を負うことになり、この保険金を受け取るべき者を保険金受取人といいます。保険契約者自身が受取人になる場合を「自己のためにする生命保険契約」、保険契約者が自己以外の第三者を受取人とする場合を「他人のためにする生命保険契約」といいます。質問の生命保険は他人のためにする生命保険ということになります。他人のためにする生命保険契約においては、保険金受取人は受益の意思表示なくして当然に権利を取得するものとされています（商675条1項）。保険金受取人の指定変更権が留保されていない場合には、保険金受取人は指定時から直ちに権利を取得します。指定変更権が留保されている場合であっても、保険金受取人は条件付権利を取得するものと解され、保険事故の発生前でも保険金請求権について譲渡・質入が可能です（商674条2項・3項）。もっとも、保険金受取人に指定された者が、その権利を放棄することはさしつかえなく、その場合には指定時にさかのぼって権利の取得はなかったことになり、自己のためにする生命保険契約となります。保険事故が発生した後は、具体化した保険金請求権が通常の金銭債権として、保険金受取人の固有財産となり（商675条1項）、保険金受取人は自由にこれを譲

渡・質入という処分ができるとされています【最判昭和45・2・27判時588・91】。保険金請求権は保険金受取人の固有財産であって、保険契約者の遺産より離脱しているものと解されます。他方、相続放棄をしたとしても、保険金の請求は可能であることになります。

2　判例の立場

　被保険者死亡後に保険金受取人が保険会社に対して保険金請求権を放棄するということは実際上通例ではありませんが、これまでこの点を問題とする裁判例としては、【京都地判平成11・3・1金商1064・40】と、その控訴審判決である【大阪高判平成11・12・21金商1084・44】があります。質問と同様の事例で、被保険者の死亡後に保険金受取人が保険金請求権を放棄した場合、保険契約は保険金受取人の指定がなくなり、保険契約者が保険金受取人となる自己のためにする契約となり、保険契約者の相続人が保険契約上の地位を承継したとして、保険金を請求したものです。裁判所は、被保険者の死亡により、保険金受取人の権利は確定的な金銭債権となり、保険金受取人が取得した保険金請求権を放棄した場合には、保険金請求権は確定的に消滅することになると判示し、請求を棄却しました。ただし、学説では、保険金受取人が権利を放棄する場合には、自己のためにする生命保険契約となるとの見解も有力に主張されています。この見解は、保険契約者の合理的意思として、もともと保険金受取人として指定された者が権利を放棄する場合には、保険契約者を保険金受取人とする趣旨であると解されること、保険金受取人の保険金請求権放棄において遺贈の放棄の規定を適用することを理由として挙げています。

3　質問の回答

　質問の件ですが、上記判例の立場によると、保険契約者死亡後に保険金受取人が保険金請求権を放棄した場合には、この保険金請求権は消滅することになり、したがって、保険契約者の相続財産となることはありませんので、保険金受取人に指定された者以外の相続人が保険金を受け取ることはできないということになります。

（小野寺千世）

90

保険金・給付金の請求手続

死亡・満期・高度障害保険金、災害・疾病・介護関係給付金の請求手続はどのようにすればよいか

> **Q** 私の夫は、自身が契約者かつ被保険者である保険契約に加入しております。3年ほど前から脳卒中で倒れて以来ずっと病院での入院生活を送っております。最近は、自分で食物を口に運ぶことができないばかりか、入浴、排せつやその後始末など日常生活にかかわるあらゆることを自分ではできなくなり、私がすべて介護しております。入院や介護にかかわる費用は莫大な金額となるため、保険金や給付金を請求しようと思っておりますが、どのような保険金や給付金の対象となるのかよくわかりません。保険金や給付金の請求手続はどのようにすればよいのでしょうか。

1　保険金・給付金の種類

　保険種類にもよりますが、一般的な生命保険契約の場合、死亡保険金や高度障害保険金は主契約自体で保障されています。また、さまざまな特約を付加することで、入院や手術を受けた場合や所定の要介護状態になった場合にも一定額の給付金を受けることができます。なお、養老保険のように満期を迎えた場合に満期保険金を受け取ることができる保険商品もあります。
　それぞれの保険種類と請求権者をまとめると、つぎの表のとおりになります。

保険の種類と請求権者

保険種類	保障範囲	請求権者
死亡保険金	死亡した場合	死亡保険金受取人
高度障害保険金	所定の高度障害状態になった場合	主契約の被保険者
入院給付金	病気やけがで所定の日数入院した場合	主契約の被保険者
介護関係給付金	所定の要介護状態になった場合	主契約の被保険者
満期保険金	満期まで生存していた場合	保険契約者

2　保険金・給付金の請求手続

　加入している生命保険会社によって、具体的な手続方法や取扱いが異なる場合がありますが、一般的には以下の2つの請求手続方法があります。

①　請求方式
　保険種類に応じて必要な請求書類や所定の診断書を提出したうえで、保険金や給付金の支払い可否を検討する場合。

②　事前打診方式
　事前に所定の診断書を提出したうえで、保険金や給付金の支払い可否を検討する場合。支払いが可能な場合は必要な請求書類を案内される。

　死亡保険金や入院給付金のように、死亡したことや入院したことが明らかな場合は①の請求方式となりますが、高度障害保険金や介護関係給付金のように所定の身体障害に該当するか否か、被保険者に意思能力があるか否か、によって支払い可否や請求相手方が異なる可能性がある場合は、②の事前打診方式が取られていることが一般的のようです。

　また、保険金額・入院日数・加入年数によっては、所定の診断書や必要書類の一部を提出しなくても、病院発行の診断書・入院報告書などの診断書の代用書類が認められる場合や、戸籍や印鑑証明書などの必要書類の一部が省略される場合もあります。

保険の種類と請求手続、必要書類

保険種類	請求手続	必要書類（代表例）
死亡保険金	請求方式	請求書・所定の死亡診断書・保険証券・死亡事実記載のある住民票・死亡保険金受取人との関係がわかる戸籍など
高度障害保険金	事前打診方式	所定の障害診断書など
入院給付金	請求方式	請求書・所定の入院診断書等など
介護関係給付金	事前打診方式	所定の介護診断書など
満期保険金	請求方式	請求書・保険証券など

＊　災害の場合は別途事故状況報告書が必要となります。

3　質問の回答

　質問のケースでは、加入している保険種類にもよりますが、入院給付金をはじめとして、介護関連給付金や高度障害保険金に該当する可能性がありますので、まずは加入している生命保険会社に夫の身体障害状態をなるべく詳細に説明して、請求手続方法や請求に必要な書類を確認することが大切です。

　加入している生命保険会社によって、具体的な請求手続方法や必要書類の取扱いが異なる場合もありますので、必ず会社の説明にしたがって対応してください。

（佐々木英行）

91

保険金・給付金の請求と事実の確認

保険会社は事実の確認が必要であるとの理由で保険金・給付金の支払いを拒めるか

> **Q** 私の夫は、自分を被保険者とし、死亡保険金受取人を私とする生命保険契約に加入していましたが、1年以上前に自宅の駐車場の自動車の中で何者かに射殺されました。すぐに生命保険金の請求書を提出しましたが、保険会社は事実の確認が終わっていないといって、未だに保険金を払ってくれません。どうしたらよいのでしょうか。

1 保険金の支払時期

　生命保険会社の保険金支払義務は、保険事故の発生（被保険者の死亡）によって具体化しますが、法律上は支払期限について格別の規定がないため、期限の定めのない債務と考えられ、特約がなければ、履行の請求があった時が履行期となり、その時から保険会社は履行遅滞の責めを負うことになります（民412条3項）。

　しかし、生命保険会社の普通保険約款には、会社により表現は異なりますが、「保険金等の支払金は、必要な書類が会社の本社に着いた日の翌日から起算して5日以内に、会社の本社または会社の指定した支社で支払います。ただし、事実の確認が必要なときは、5日を過ぎることがあります」という趣旨の規定がありますので、保険会社が支払いのために必要な事実（免責事由の有無等）の確認を終わった時が履行期となります。事実の確認に必要な日数がどれだけかについては、事案の内容によって異なり、一律に定めることはできませんが、確認内容に応じて客観的に妥当な日数は判断できると考えられます。現実に、大半は1か月程度で確認は終わっており、通常は、確

認に要した日数の当否は問題になることはありませんが、犯罪行為により保険事故が発生した疑いがある場合には、刑事事件の進行状況を見定めないと事実確認が終わらず、確認に要する期間が長期にわたり、その期間の長さの妥当性が問題になることがあります。

2 保険会社は事実の確認が必要であることを理由に保険金・給付金支払を拒めるか

　上記生命保険会社の普通保険約款の規定によれば、保険会社は事実の確認が必要な期間は保険金・給付金の支払いを拒めることになると考えられますが、これを否定した裁判例があります。【福岡高判平成16・7・13判タ1166・216】は、「甚だ微妙なところではあるが、やはり本件約款の本文が保険金支払の猶予期間を定めたものであり、同ただし書は、保険会社と保険契約者等との間の法律上の権利義務の内容を定めた特約ではなく、保険会社において、所定の調査を終えることができない場合であっても、速やかにこれを終えて保険金を支払うべき旨の事務処理上の準則を明らかにしたものと解するのが相当である。この点において、『保険契約者等が保険の目的について損害が発生したことを通知し、所定の書類を提出した日から30日以内に保険金を支払う。ただし、保険会社がその期間内に必要な調査を終えることができないときは、これを終えた後遅滞なく保険金を支払う』旨の火災保険契約の約款の解釈につき、『その30日の経過により保険金支払いの履行期が到来することを定めたものであり、保険会社はその期間内に必要な調査を終えることができなかったとしても、期間経過後は保険金の支払いについて遅滞の責めを免れない』とした前記最高裁判決の判示は、本件約款の解釈にも妥当するものということができる」と述べています。

　しかしながら、本判決が引用する最高裁判決【最判平成9・3・25民集51・3・1565】は損害保険に関するもので、かつ、事案の内容も異なるものであり、その射程が本判決の事案に及ぶものであるかは疑問があります。

　また、本判決は、保険金支払後に遅延損害金のみを請求する事案に関するものですが、保険金請求書類が提出された5日後に保険金支払請求訴訟が提起された場合に、ただちに請求認容の判決となったかは疑問があります。

3 事実確認に要する日数と遅延利息

　生命保険金の支払いに際しては、告知義務違反や免責事由の有無の確認は不可欠のものです。また、災害保険金については保険事故が約款に定める不慮の事故によるものか否かの確認も必要です。従来の裁判例では、適正な事実確認のための合理的な期間については、保険会社の支払義務履行は猶予され、保険会社は履行遅滞に陥らないものとされてきました（【札幌地判平成3・11・28文研生命保険判例集6・444】【高知地判平成6・5・30文研生命保険判例集7・367】【福岡高判平成8・2・14文研生命保険判例集8・356】など）。このような考え方からは、事実確認に要する合理的な日数については遅延利息は発生しないことになります。前記福岡高裁判決は、これらの判決に比べ保険会社に厳しいものとなっていますが、判決自体「甚だ微妙であるが」といっているように、この考え方が事案の異なる他の案件についてもそのまま妥当するかは疑問があると考えられます。

4 質問の回答

　事故の内容から、死亡保険金の免責事由である受取人による殺害の有無や、災害保険金の免責事由である自殺（嘱託殺人を含む）の有無の確認が必要と思われますので、刑事事件捜査の進展によっては確認に長期間を要することも考えられます。確認の内容および進捗状況を確認し、納得ができなければ訴訟を提起することも考えられます。

　　　　　　　　　　　　　　　　　　　　　　　　　　（片山利弘）

92

生命保険をめぐる紛争解決方法

紛争を解決するにはどのような手段があるか

> **Q** 保険に加入してから半年後に夫が事故で死亡しましたが、夫に重過失があったとのことで災害保険金が支払われません。訴訟を提起しようと思いますが、どこの裁判所に訴えを提起することになりますか。また、裁判以外の解決方法はありますか。

1　生命保険普通保険約款による裁判管轄

　多くの生命保険会社は、約款において、保険金の支払場所を会社の本社（会社によっては支社）と定めています。保険金支払可否の判断（審査）は本社で行われていること、大量の保険金支払を持参払いとすることは現実的でないこと等の理由から設けられた条項ですが、この支払地指定条項によって、支払義務の履行地は本社になり、本社の所在地に特別裁判籍が生じることになります。

　本社所在地での裁判は、遠隔地に住む受取人には大きな負担になることから、昭和58年に約款が改正されて、管轄裁判所条項（「会社の本社または受取人の住所地を管轄する地方裁判所を合意による裁判所とする。ただし契約日から１年以内に発生した保険金に関する訴訟は会社の本社の所在地を管轄する地方裁判所のみをもって合意による裁判所とする」）が設けられました。これにより加入後１年以内の事件を除き、受取人の所在地の地方裁判所に訴えを提起できることになりました。

　なお、入院給付金などの特約についても、大部分の会社においては当該特約の特約条項で主約款を準用するとされていますので保険金と同様に管轄合

意がなされていることになります。

また、保険金や給付金以外の訴訟については、民事訴訟法の管轄規定に従うことになります。

2 判例の立場

裁判管轄をめぐる争いの多くは、約款の支払地指定条項に関しての争いでした。裁判例では、保険金の支払決定権は本社にあり、支社にないことを判断の根拠にして保険会社の移送申立を認容した事例【大阪高決平成8・6・24金商1009・28】【福岡高決昭和50・9・12判時805・76】、反対に、契約者に不利な条項をしかも契約者が理解しないでなされたと推測されるので条項は効力を有しないとして却下した事例【高松高決昭和62・10・13高民40・3・198】と判断が分かれています。

また、管轄裁判所条項に関しては、1年以内の保険事故発生に関してのただし書き部分が問題になりますが、移送を認めた事例、前掲【大阪高決平成8・6・24金商1009・28】【大阪高決昭和62・6・17判例集未登載】、認めなかった事例【広島高決平成9・3・18判タ962・246】とこちらも判断が分かれています。

3 質問の回答

●裁判所への提訴

質問の事例で訴訟を提起する場合は、上記のとおり、契約日から1年を経過しての保険事故発生であれば死亡保険金受取人の住所地を管轄する地方裁判所に、契約日から1年以内であれば会社の本社の所在地を管轄する地方裁判所に提訴することになります。

●ADR（裁判外紛争解決手段）の利用

裁判以外の解決方法として、裁判所の調停や各地弁護士会のあっせん・仲裁センターなどのADRを利用することが考えられます。ただし、質問のような事例では事実認定の問題となりますので、ADRで解決をはかることは困難なことが予想されます。

生命保険を専門とするADR機関として、（社）生命保険協会に設置されている生命保険相談所があります。生命保険相談所では、保険契約者等から生命保険に関する相談や苦情を受付け、必要な助言や会社に解決依頼などを

行います。相談所が苦情を受付けて当事者間で充分な話し合いが行われても１か月以上解決しない場合には、保険契約者等は裁定の申立てをすることができます。この申立てがあったときは、弁護士、消費生活相談員、生命保険相談室長の三者で構成される相談所内の「裁定審査会」に付託され裁定の手続が行われます。なお、裁定審査会が取扱う事案は、主に個人保険に関するものとし、次の各号の事案については、裁定を行わないとしています。

① 生命保険契約に関するものでないとき
② 保険契約者等による申立てでないとき
③ 訴訟や民事調停が進行中もしくは終了した事案
④ 不当な目的でみだりに裁定の申立てをしたと認められる事案
⑤ 生命保険会社の経営方針や、職員個人にかかわる事項、事実認定が困難な事項など、申立て内容がその性質上裁定を行うのに適当でない事案

●生命保険相談所の連絡先を掲載しますので、詳しくは直接照会ください。

生命保険相談所
〒100-0005　千代田区丸の内3-4-1　新国際ビル3階（生命保険協会内）
電話　03-3286-2648

（中村洋一）

COLUMN　ADRについて

　ADR（Alternative Dispute Resolution）とは、紛争当事者が、任意に合意した裁判以外の解決方法により、紛争を解決する手段をいいます。代表的なADRとしては「あっせん」「調停」「仲裁」があります。
　○あっせん…あっせん人が、紛争当事者の話し合いが円滑に進むよう両者の間を取り持つ。しかし、当事者の自主的な話し合いが中心。
　○調停…調停人の仲介によって、紛争当事者間の交渉が行われ、その過程で調停人から解決策が提示される。しかし、この解決策には強制力はなく、従うか否かは当事者の自由。
　○仲裁…仲裁は当事者間の仲裁合意に基づき、仲裁人が審理・判断を行い、当事者は仲裁人の提示する解決策に従う。

代表的なADRの特徴

		手続開始に相手の同意が必要か	第三者を選ぶ自由があるか	解決策の提示があるか	解決策受け入れの自由があるか	解決策を相手に強制できるか
あっせん	交渉型	○	○ あっせん人	×	—	—
調停	交渉型	○	○ 調停人	○ 調停案	○	×
仲裁	裁断型	○	○ 仲裁人	○ 仲裁判断	×	○
裁判	裁断型	×	× 裁判官	○ 判決	×	○

　なお、ADRによる紛争解決を促進するため、平成19年4月には「裁判外紛争解決手続きの利用の促進に関する法律（ADR法）」が施行されます。ADR法では、業界団体などの民間事業者は取り扱う紛争の分野等を定めて申請すると、法務省が内容を審査して認証します。認証されたADR機関を利用した場合、「時効の中断」が認められます。

（中村洋一）

93

失踪宣告と認定死亡

被保険者が生死不明の場合、死亡保険金を請求できるか

> **Q** 私の夫が被保険者で、私が死亡保険金の受取人となっている生命保険契約があります。ある日、夫が散歩に行くと出て行ったまま帰宅しませんでした。警察に捜索願いを出すとともに、親戚、友人に照会するなど行方を捜しましたが、現在に至るまで行方不明のままです。このまま夫の生死が不明の場合、この保険の請求はできるのでしょうか。

1　人の死にかかわる法制度

　人の生死が不明であるという状態が長期間継続すると、残された家族にさまざまな不都合（婚姻や相続等）が生じることから、法は以下に説明するように、その不在者を死亡したと「みなし」たり、あるいは、死亡したと「推定（認定）」するなどして、その不在者を中心とする法律関係を確定する制度を設けています。

（1）　失踪宣告

　不在者の生死不明の状態が一定の期間（失踪期間）継続した場合に、利害関係人の請求により家庭裁判所が一定の条件のもとでその不在者を死亡した者とみなすことを失踪宣告といいます（民30条・31条）。

　この宣告を受けた者は、ある時期をもって死亡とみなされ、戸籍が抹消されるとともに、相続が開始されたり、婚姻を解消することができます。民法は以下のように、普通失踪と特別失踪（危難失踪）の2種類の失踪を定めています。

失踪の種類と推定の時期

失踪の種類	要　件	死亡とみなされる時期
普通失踪	不在者の生死が7年間不明のとき	生死不明となった時より7年間の期間満了により死亡とみなされる
特別失踪 （危難失踪）	・戦地に臨んだ者が戦争の止んだ後 ・沈没した船内にあった者が沈没後 ・その他生命の危険を伴う危難*に遭遇した者が危険の去った後1年間生死が不明のとき	危難が去った時に遡って死亡とみなされる

＊　震災、火災、洪水、炭鉱爆発、雪崩等

　上記の通り、普通失踪か特別失踪かで、その要件や死亡とみなされる時期が異なります。なお、「死亡とみなす」とは「死亡と推定する」こととは異なるので、たとえ死亡していなくとも、失踪宣告が取り消されるまでは、法律上死亡したものとして取り扱われます。

(2)　認定死亡

　質問の場合にはあてはまりませんが、水難・火災・震災・航空機事故・炭鉱爆発などの事変があり、死体の確認ができないなど、確証はないものの周囲の状況からみて死亡したことが確実であるとみられる場合には、その事変の取調べにあたった官庁または公署（警察や消防、海上保安庁等）がこれを死亡と認定して死亡地の市町村長に報告する戸籍法上の手続規定があります（戸籍89条）。上記 **(1)** の失踪宣告を補う規定で、失踪宣告より簡易に死亡の効果は発生しますが（戸籍は抹消されます）、その効力は失踪宣告よりは弱いものといえます（死亡の推定）。

　また、事変における官公署の取調べがない場合でも、たとえば、山津波や洪水のため家屋が埋没（流失）したことの近隣の証明書や、海難による行方不明者についての死亡の現認書等、死亡の事実を証明する書面があれば、死亡診断書や死体検案書に代えて市町村長に死亡届を提出することができます（戸籍86条3項）。ただし、この場合、市町村長は、監督庁である法務局の指示を受けたうえでなければ、死亡の届出を受理することはできませんので、死亡に疑義のある場合には受理されないこともあります。

2　質問の回答

　さて、質問についてですが、失踪宣告は法律上の死であり、約款に定める支払事由にあたると考えられるので、失踪宣告を受けた後は保険金の請求が可能となります。また、生命保険会社は通常、約款にて被保険者の生死が不明の場合でも、会社が死亡したものと認めた場合には死亡保険金を支払う旨定めています。したがって、認定死亡にて死亡が推定される場合にも、保険金の請求は可能と考えられます。

　夫の行方不明時の状況は、特別失踪や認定死亡における危難・事変にはあたらないと考えられるので、失踪後7年間経過の後に普通失踪宣告の申立てを家庭裁判所に行い、被保険者である夫が法的に死亡とみなされた後に、保険会社に保険金を請求することになるでしょう。

　ただし、以下の点に注意することも必要です。

ア、普通失踪宣告の場合、失踪より7年経過後が「死亡日」となるので、失踪宣告を受けるまでは契約が失効することのないよう保険料の払込みが必要。

イ、普通失踪宣告では、通常の災害死亡としての取扱いはされないことから、普通死亡保険金が支払いの対象となる。

ウ、失踪宣告後に不明者の生存が確認された場合、失踪宣告の取消しがなされる場合もある。

　なお、加入している生命保険会社によって、具体的な請求手続方法や必要書類の取扱いが異なる場合もありますので、必ず当該会社からの説明にしたがって対応してください。

（竹内康恭）

94

指定代理人による請求

被保険者に意思能力がない場合の高度障害保険金請求

> **Q** 私の夫は、本人が契約者かつ被保険者である保険契約に加入しています。昨年、夫は脳梗塞を発症し、一命は取り止めたものの現在も意識がないままの状態です。保険会社に診断書を提出したところ、高度障害状態であるので保険金請求するようにといわれましたが、請求者である夫は意識のない状態が続いており、請求することができません。どうしたらよいでしょうか。

1　代理請求制度とは

　高度障害保険金の受取人は、加入している生命保険の約款を確認する必要がありますが、一部の法人契約を除き、一般に、主契約の被保険者となっています。本事例では、夫が高度障害保険金の受取人として請求権者になっているため、夫が自身の意思で請求をすることが原則となります。

　しかし、請求者が自身の高度障害状態について請求を行うので、質問の事例のように請求者に意思能力がない状態である場合があり、本人に代わって別の者が請求できないと保険金は支払われないことになります。そこで、本人に代わり請求することのできる制度として、約款に基づく代理請求制度と民法の成年後見制度を利用することが考えられます。

（1）　代理請求制度について

　加入している生命保険の約款により多少の差異はありますが、一般的には、本来の請求者が請求できない特別な事情がある場合には、請求時に被保険者と同居し、または生計を同じくしている被保険者の戸籍上の配偶者や3親等

内の親族など、特定の人が代わりに請求することができます。なお、生命保険加入時などにあらかじめ指定する必要があり、また生命保険の内容によっては指定できないこともあります。上記条件に該当するような特定の人がいない場合には、死亡保険金受取人が代わりに請求することができます。

　この制度ができるまでは、この事例のような場合、原則として成年後見の審判手続を依頼し、成年後見人より代理請求する実務が一般的にとられていました（民法上の制度）。しかしながら、少額の場合であっても裁判所の手続を経なければ請求できないことや、改正前の民法が規定していた禁治産宣告手続では、戸籍に禁治産である旨の記載がなされることから、契約者がなかなか手続に踏み込みにくいなどといった事情があり、保険会社と契約者との間においてトラブルとなることも少なくありませんでした。そこで、近年の約款改正によってこの制度が導入されました。以前から加入している契約については、本制度は設けられていませんが、本制度（代理請求特約）を中途付加することが可能となっています。

（2）　成年後見制度について

　成年後見制度とは、判断能力の不十分な成年者に対して、家庭裁判所が選任した後見人等の保護者をつけることにより、その不十分な判断能力を補い、本人を保護する民法上の制度です。平成12年の民法改正に伴い、従来の禁治産・準禁治産・保佐人制度に取って代わるものとして登場しました。意思能力がなく「精神上の障害により判断能力を欠く常況にある者」と家庭裁判所が認めるときは、成年後見人が法定後見人として選任されることとなります。なお、その旨の登録は、従来の禁治産制度等とは異なり戸籍への記載はされず、新たな登記制度が設けられ、東京法務局においてのみ登記されることになります。また、東京法務局に出頭する必要はなく、郵送でも各種申請を行えます。

2　質問の回答

　あなたの夫の場合、成年後見がすでに開始されていれば、成年後見人が高度障害保険金を請求することができます。

　そうでない場合には、まず、加入している生命保険に代理請求制度があるかどうか調べてみましょう。もし代理請求制度を利用できる場合には、代理制度代理人が請求することができます。指定代理請求人としてあなたが指定

されている場合や、(指定代理請求人が誰も指定されていないなど) 該当する指定代理請求人が不存在の場合で、死亡保険金受取人があなたとなっている場合には、あなたが請求すればよいわけです（あなたの夫と同居または生計を同じにしていることが必要です）。

　また、代理請求制度が利用できなくても、生命保険会社によっては、ある一定の条件を充たす場合には、事実上の後見人であるあなたからの請求を受け付ける場合もありますので、生命保険会社に相談してみてください。

　それ以外の場合には成年後見制度を活用することになります。お近くの家庭裁判所に相談してください。

(岩田昌樹)

第13章

団体保険・団体年金

95

総合福祉団体定期保険の内容と被保険者同意

総合福祉団体定期保険の内容と仕組み、被保険者の同意

Q 「総合福祉団体定期保険」とは、どのような保険でしょうか。

1　総合福祉団体定期保険発売の経緯

　総合福祉団体定期保険は、企業等における死亡退職金・弔慰金の財源となることで福利厚生制度の安定運営に資するとともに、企業等の従業員およびその遺族の生活保障を確保することを目的とする、企業等を契約者とし全従業員（健康状態から保険加入できない者を除きます）を被保険者とする全員加入方式の団体定期保険です。

　旧来の全員加入型団体定期保険（以下「旧Aグループ保険」という）では、死亡退職金等の財源として活用される保険金部分と従業員の死亡により生ずる企業等の経済的損失の補てんに充てられる保険金部分とが区別されておらず、また、「他人の生命の保険契約」における被保険者同意（商674条1項）について、その確認方法に不十分な点がありました。このため、従業員の遺族の生活保障に活用されるべき生命保険であるにもかかわらず、企業等がその保険金額・内容を十分に知らせることなく従業員を保険に加入させ、従業員の死亡時にその保険金を企業が受け取ったうえ、遺族へ渡さなかったり、少額の死亡退職金等を遺族へ支払い、差額を自らの懐に入れたりするというトラブルが頻発したことから、旧Aグループ保険に代わるものとして、総合福祉団体定期保険は平成8年11月に発売されました。これにより、旧Aグループ保険は総合福祉団体定期保険へ切り替えられました［⇨**23**・**24**］。

2　総合福祉団体定期保険の商品内容

　総合福祉団体定期保険は、旧Aグループ保険が抱えていた問題点、すなわち、①1つの契約の中に遺族保障部分と企業の経済的損失補てん部分とが混在している、②保険金のうち遺族保障に充てられる部分まで企業等が受領している、③被保険者同意の確認方法が不明確、という点を解消すべく、以下のとおりの商品内容となっています。

　遺族保障部分と企業等の損失補てん部分という目的を異にする保険金が混在していた点に対し、総合福祉団体定期保険では、企業等の損失補てんに充てられる部分をヒューマン・ヴァリュー特約として分離し、従業員の死亡退職金等の財源となる主契約とは独立して設定することとなっています。また、分離を実効あるものにするため、主契約保険金額は死亡退職金等を超える金額の設定はできません。さらに、保険金支払時においても、規程により支払われる死亡退職金等の金額が当該被保険者における設定保険金額よりも下回ることとなった場合には、死亡退職金等の金額まで自動的に保険金額が減額されて支払われます。

　つぎに、保険金の受領に関しては、企業等の損失補てん部分であるヒューマン・ヴァリュー特約部分については当該企業等が受取人となる一方、遺族保障部分である主契約部分については、原則として従業員の遺族（死亡退職金等の受給者）が受取人となります。契約者である企業等は、被保険者の同意を得たうえで主契約の保険金受取人を他の者に指定ないし変更することは可能ですが、その場合には、保険金の支払請求時において死亡退職金等の受給者が請求内容を了知していることを要することとし、請求内容・金額を遺族が把握することができる仕組みとなっています（この点は、ヒューマン・ヴァリュー特約においても同様となっています）。このことにより、保険金支払いに関して遺族がその内容を知らないということはなくなりました。

3　総合福祉団体定期保険における被保険者同意の確認方法

　旧Aグループ保険においては「他人の生命の保険契約」であるにもかかわらず被保険者同意の確認方法について定めがなく、従業員において、保険に加入していることやその内容・金額に関し自覚・認識が薄いケースがあった点に対し、総合福祉団体定期保険では、つぎのいずれかの方法により被保険

者の同意を確認することとし、被保険者同意がより確実になされるように手立てが講じられています。

① 被保険者となることに同意した者全員の署名または記名押印のある名簿を保険会社へ提出する方法
② 保険契約者となるべき者が、被保険者となるべき者全員に保険契約の内容を通知したうえで、通知したことに関する保険契約者となるべき者および被保険者となるべき者の代表者の署名または記名押印のある確認書、ならびに被保険者となることに同意しなかった者の名簿を保険会社へ提出する方法（いわゆる包括同意取付方式）

なお、ヒューマン・ヴァリュー特約を付加した保険契約の場合は、企業等が保険金を受け取ることから、被保険者となることに同意する旨の署名または記名押印のある書面を個別に取り付けるか、または上記①の方法により確認することとしています。

4 質問の回答

企業における死亡退職金・弔慰金制度の財源の裏付けとして活用される保険で、企業等が契約者となり全従業員を被保険者とする全員加入方式の団体定期保険です。

(小俣直弘)

96 団体信用生命保険

団体信用生命保険の仕組みと内容

Q 住宅ローンを借りる際に団体信用生命保険に加入しました。団体信用生命保険に加入した債務者が死亡した場合、金融機関等から残債務返済の請求を受けた債務者の相続人は生命保険会社に直接保険金を請求することができるのですか。

1 団体信用生命保険の仕組み

　団体信用生命保険とは、金融機関等を保険契約者兼保険金受取人とし、ローン債務者を被保険者とする生命保険です。被保険者である債務者が死亡または所定の高度障害状態となった場合に保険金が支払われますが、その保険金は債務の返済に充てられます。団体信用生命保険の保険金額は、住宅ローン等の債務の額と同額とするのが一般的ですので、保険金が支払われると、債務者またはその相続人は、金融機関等に対し残債務の返済が不要となります。すなわち、団体信用生命保険は、金融機関等にとっては債権回収を確保するものであり、債務者またはその相続人にとっては生活保障となるものです。

　この団体信用生命保険の保険料は、金融機関等が生命保険会社に支払っていますが、その保険料は債務者が支払うローンの利息または保証料の中に含まれており、債務者に保険料負担が実質的に転嫁されています。

　ただし、団体信用生命保険に加入していても、加入時に告知した内容が事実と相違する告知義務違反があったことを理由に、その被保険者についての部分が解除されたときや、自殺免責期間（団体信用生命保険の場合、加入日か

ら1年）内に生じた自殺等の場合は保険金が支払われません。

なお、団体信用生命保険によっては、がんなどの三大疾病または七大疾病になった場合や、国民年金の障害1級とほぼ同程度の身体障害状態となった場合などについても保険金が支払われるものがあります。

2 団体信用生命保険と住宅ローン債務の関係

被保険者死亡により団体信用生命保険の保険金請求権が具体化することとなりますが、それに伴い住宅ローン債務がいつ消滅するかについては、見解が分かれています。

すなわち、被保険者死亡という保険事故が発生し、保険金請求権が具体化した時点で住宅ローン債務が消滅するとする保険事故発生時消滅説と、実際に金融機関等が保険金を受領した時点で住宅ローン債務が消滅するとする保険金受領時消滅説があり、裁判例は保険金受領時消滅説を採っています【福岡高宮崎支判昭和59・12・26判タ549・197】【大阪地判平成10・2・19判時1645・149】。

すると、金融機関等が保険金を受領するまでは住宅ローン債務も存在することになりますが、金融機関等が保険金を受領できる場合にそれを受領せず、債務者の相続人に返済を求めることはできないと解されています。そして、債務者の相続人は、かかる場合に債務返済を拒むことができるのであるから、それ以上に、生命保険会社に対し直接保険金を請求する権利を認めることはできないとされています【大阪高判昭和59・4・18判タ530・161】。

3 質問の回答

団体信用生命保険に加入した債務者が死亡した場合、債務者の相続人が金融機関等から残債務返済の請求を受けたとしても、団体信用生命保険の保険金が支払われることを理由に、返済の請求を拒むことができます。もっとも、債務者の相続人は団体信用生命保険の保険金受取人ではありませんので、生命保険会社に保険金を直接請求することはできません。また、あくまでも保険金が支払われることが前提ですので、告知義務違反による解除などにより保険金が支払われない場合は、債務者の相続人は返済の請求を拒むことはできません。

（輿石　進）

97

団体年金保険と年金の差押え

団体年金保険の仕組みと種類、差押えの可否

Q 私は数年前、勤務先企業を退職し、適格退職年金の引受保険会社から毎月退職年金を受給していますが、多額の借金があり、最近はその支払いに苦労しています。万一、借金の返済ができなった場合、債権者にこの退職年金を全額差し押さえられてしまうのでしょうか。

1　団体年金保険の種類

　企業が従業員向けの福利厚生として採用する年金制度には、適格退職年金、厚生年金基金制度、確定給付企業年金、確定拠出年金などがあります。従来、わが国の企業年金については、法人税法所定の要件を充たし、国税庁長官の承認を得ることにより税制優遇措置が認められる適格退職年金および厚生年金に独自給付の上乗せを行う厚生年金基金制度がその中心的な制度でしたが、最近は年金受給権保護が強化された確定給付企業年金（平成14年4月施行）や将来の給付が実際の運用成果により定まる確定拠出年金（企業型につき平成13年10月施行）を導入する企業が急増しています（なお、適格退職年金は平成24年3月末日をもって廃止されることとなっており、今後の適格退職年金新設は認められていません。現在、適格退職年金を採用している企業においては他の企業年金制度へ移行するなどの対応が必要となります）。

　生命保険会社は、これら企業年金の原資積立手段として、「新企業年金保険」、「厚生年金基金保険」、「確定給付企業年金保険」、「利率保証型積立生命保険」（確定拠出年金向けに提供する運用商品）といった団体年金保険を取り扱っています（団体年金保険にはこれらのほか、企業の従業員が任意に加入し、

自ら保険料を拠出する「拠出型企業年金保険」、国民年金基金の年金資産運用の受け皿として利用される「国民年金基金保険」、国家公務員共済組合や地方公務員共済組合の年金資産運用の受け皿として利用される「団体生存保険」などがあります）。

2 団体年金保険の仕組み

　代表的な団体年金保険である新企業年金保険、厚生年金基金保険および確定給付企業年金保険の仕組みはつぎのとおりです。

① 新企業年金保険

　原則として企業が保険契約者、従業員が被保険者兼受取人となり、従業員の退職時に年金または一時金の形で保険給付が行われる保険であり、通常は企業が保険料を負担します。主として適格退職年金を採用する企業に利用されています。

② 厚生年金基金保険

　厚生年金保険法に基づき設立された厚生年金基金が保険契約者兼受取人、基金加入員（厚生年金保険の被保険者全員）が被保険者となります。本保険は、厚生年金保険（報酬比例部分）の代行および企業独自の上乗せ給付の受け皿となる保険であり、支払事由が生じるたびに、生命保険会社から基金に対して保険給付が行われ、基金経由で基金加入員に年金または一時金が支払われます。

③ 確定給付企業年金保険

　本保険は、確定給付企業年金の受皿商品です。確定給付企業年金には、企業がその年金規約に基づき制度運営を担う「規約型」と、企業によって設立された企業年金基金が基金の年金規約に基づき制度運営を担う「基金型」とがあり、本保険においては、企業または基金が保険料を負担します。規約型の場合、企業が保険契約者、従業員が被保険者兼受取人となり、生命保険会社から従業員に対して直接保険給付（年金または一時金の支払い）が行われますが、基金型の場合には、企業年金基金が保険契約者兼受取人、基金加入者（原則として厚生年金保険などの被用者年金被保険者全員）が被保険者となり、支払事由発生のつど、基金経由で基金加入者に年金または一時金の支払いが行われます。

3　団体年金保険に基づき支払われる年金の差押え

　企業年金における年金受給権については、まず、特別法により差押えが全面的に禁じられている場合があります。具体的には、厚生年金基金から給付を受ける権利（厚生年金保険法136条、41条1項）、確定給付企業年金に基づく受給権（確定給付企業年金法34条1項）および確定拠出年金に基づく受給権（確定拠出年金法32条1項）が挙げられます。したがって、これらの企業年金の受け皿として利用されている団体年金保険契約に基づき直接または間接的に年金受給権者に支払われる年金、一時金は、その全額を差し押さえることができないと考えられます。

　また、これらに該当しない場合であっても、民事執行法上、つぎのいずれかに該当する場合には差押えは行えません。

① 「債務者が国及び地方公共団体以外の者から生計を維持するために支給を受ける継続的給付に係る債権」のうち、支払期に受けるべき給付の4分の3に相当する額（ただし、債権者が夫婦間における協力扶助義務などに基づく定期金債権の履行を求めて差押えを行う場合は2分の1に相当する額）と政令で定める額（月払いの場合は33万円、年払いの場合は396万円）のいずれか小さい額に対する差押え（民執152条1項1号・3項）

② 「給与、賃金、俸給、退職年金及び賞与並びにこれらの性質を有する給与に係る債権」のうち、支払期に受けるべき給付の4分の3に相当する額と政令で定める額（月払いの場合は33万円、年払いの場合は396万円）のいずれか小さい額に対する差押え（同条項2号）

③ 「退職手当及びその性質を有する給与に係る債権」のうち給付額の4分の3に相当する額に対する差押え（同条2項）

　上記②、③における「退職年金（手当）並びにこれらの性質を有する給与に係る債権」については、団体年金保険に基づく生命保険会社からの直接支払いのケースを含むか否か問題となりますが、そもそも団体年金保険は企業による退職金または退職年金の原資積立手段として活用される性格を有すること、また国税徴収法77条1項も滞納処分としての差押えを禁ずる「退職年金（手当）及びその性質を有する給与に係る債権」に適格退職年金契約に基づく退職年金（一時金）債権等を含めていることから、これを肯定すべきものと思われます。したがって、新企業年金保険などに基づく年金受給権者へ

の給付についても、それが年金として支払われる場合は①または②、一時金として支払われる場合は③によって、それぞれ差押えが制限されることになると考えられます。

4　質問の回答

　質問の退職年金は、新企業年金保険に基づき月払いで支払われる年金であると思われます。その受給が生計維持のためであるか定かではありませんが、いずれにせよ、民事執行法152条1項により年金月額の4分の3または33万円のいずれか小さい額につき、差押えが禁止されると考えられます。

（豊田泰徳）

98

団体保険・団体年金における保険金等の請求手続

団体保険・団体年金における保険金等を請求するには

> **Q** 私の夫は勤務先で保険料を自己負担とする団体保険（団体定期保険）・団体年金（拠出型企業年金保険）に加入していました。このたび夫が死亡しましたが、遺族として保険金等の請求手続をどのようにして行えばよいのでしょうか。

1　団体保険金・団体年金の請求手続

　保険金等の請求手続は、原則として契約者（勤務先）経由で行うこととなります。したがって、まず死亡の事実を契約者へ伝え、請求に必要な書類を入手します。そして必要な書類を作成・取り揃えたうえで契約者へ提出し、契約者経由保険会社へ請求することとなります。団体定期保険と拠出型企業年金保険とでは商品の特性の違いにより手続に必要な書類等が相違するため、以下商品ごとに説明します。

2　団体定期保険の死亡保険金請求手続

　団体定期保険における死亡保険金の請求手続に必要となる書類は、一般的にはつぎのようなものがあります。
・支払請求書
・所定の死亡証明書
・加入者の死亡による除籍が確認できる戸籍謄本（抄本）・住民票
・死亡保険金受取人の戸籍謄本、印鑑証明書
・代表受取人選定書（受取人が複数の場合）
それ以外にも、事故等による死亡の場合には、事故状況の報告書が必要で

あったり、受取人が個別に指定されていない契約（たとえば「法定相続人」が受け取るといった定めのある契約など）については被保険者と死亡保険金受取人との関係を示す戸籍謄本等を求めるなど、上記以外にも別途書類の提出を求められる場合があります。

　請求手続書類が契約者（勤務先）より保険会社へ提出されたのち、保険会社の支払可否詮議を経て、後日死亡保険金受取人あてに保険会社より保険金を支払うこととなります。

　なお、提出書類のみでは支払可否の判断に至らなかった場合には、事実の確認を行う場合があります。

3　拠出型企業年金保険の請求手続

　拠出型企業年金保険の給付事由は大別して、①「定年退職（掛金払込満了）」による年金・一時金支払、②「中途退職（脱退）」による年金・一時金支払、③「死亡退職（脱退）」による年金・一時金支払の3種類があります。

　質問の事例の場合は上記③に該当し、死亡した加入者の遺族より所定の請求手続をすることになります。

　なお、遺族の受取順位についてはおおよそ一般的には労働基準法施行規則42条から45条までの規定を準用することが多いのですが、契約者（勤務先）との契約内容により相違することもあるため、遺族は事前に契約者（勤務先）へ十分に確認することが必要です。

　請求手続に必要となる書類は、一般的にはつぎのようなものがあります。

・給付金請求書
・加入者の死亡による除籍が確認できる戸籍謄本（抄本）
・加入者の住民票謄本
・受取人の戸籍謄本、印鑑証明書
・代表受取人届（同順位の受取人が複数の場合）

　以上の請求手続書類が契約者（勤務先）より保険会社へ提出されたのち、保険会社の請求処理を経て、後日、遺族あてに給付金が支払われることとなります。

4　質問の回答

　加入している団体定期保険、拠出型企業年金それぞれ上記❷および❸に挙

げた書類を取り揃え、契約者（勤務先）に提出することとなります。

　団体定期保険と拠出型企業年金保険のいずれにも共通することですが、死亡の場合、請求に必要となる書類は複数である場合が大半ですので、事前に契約者（勤務先）へ確認する必要があります。

　なお、必要書類については、保険会社によって一部書類の名称等が相違する場合があり、また、契約の形態や保険会社の判断によって必要書類も変わる場合がありますので、契約者（勤務先）へ確認してください。

（土屋達哉・石川　徹）

99

財形保険・年金の内容と請求手続

財形保険・年金の内容および仕組みはどのようなものか。財形保険・年金の請求手続はどうしたらよいか

> **Q** 財形貯蓄の種類と内容および仕組みを教えてください。
> また、急に資金が必要になった場合の請求手続、勤務する会社が変わった場合の手続について教えてください。

1 生命保険の財形貯蓄の種類と内容および仕組みについて

　勤労者財産形成促進制度（財形制度）は、勤労者財産形成促進法に基づき、国や事業主が勤労者の財産づくりを援助しようという趣旨の制度で、「一般財形貯蓄」「財形年金貯蓄」「財形住宅貯蓄」があります。

　税制上利子非課税の優遇措置は、財形年金貯蓄と財形住宅貯蓄についてのみ適用されます。利子が途中で元本に組み入れられない保険等（生命保険、損害保険、生命共済等）は、財形年金貯蓄は元本385万円まで、財形住宅貯蓄は元本550万円まで（財形年金貯蓄、財形住宅貯蓄を併用の場合は、元本550万円まで）が利子非課税となります。また、利子が途中で元本に組み入れられる預貯金等（期日指定定期、定期預金、金銭信託、利付債、株式投資信託、国債等）では、財形年金貯蓄は元利合計550万円まで、財形住宅貯蓄は元利合計550万円まで（財形年金貯蓄、財形住宅貯蓄を併用の場合は、あわせて元利合計550万円）までが利子非課税となります。

　財形年金貯蓄、財形住宅貯蓄はそれぞれ1人1契約が条件となります。非課税限度額の範囲であれば、商品によって異種貯蓄取扱金融機関でも申込みができます。

　一般財形貯蓄は、税制上利子非課税の優遇措置は適用されないため、1人何契約でも積み立てることができます。

災害で死亡・高度障害の場合、事故発生の日における払込保険料累計額の5倍の死亡・高度障害保障がついています。

① 一般財形貯蓄

積立目的は自由で、3年以上の期間にわたって、毎月の給与または賞与時（あるいは給与・賞与併用）ごとに、定期的に賃金からの天引きにより積立てを行い、必要に応じて一部払出しをすることができます。ただし、税制上利子非課税の優遇措置は適用されないため、一部払出しや解約、満期の払出時に差益の20％が源泉分離課税の対象となります。

② 財形年金貯蓄

55歳未満の勤労者で、5年以上の期間にわたって、定期的に賃金からの天引きにより積立てを行い、60歳以降、5年以上の期間にわたって定期的に年金の支払いを受ける仕組みの貯蓄です。受け取る年金は税制上非課税となり、この優遇措置は退職後、年金受取終了まで継続して適用されます。

③ 財形住宅貯蓄

住宅取得等（一定の増改築等を含みます）の資金作りのための貯蓄です。55歳未満の勤労者で、5年以上の期間にわたって、定期的に賃金からの天引きにより積立てを行います。住宅取得等の費用に充てることを条件として利子非課税の優遇措置が適用されます。契約上の積立期間は5年以上ですが、所定の住宅取得等のためなら5年以内に払い出すこともできます。

2　各支払請求手続について

① 一般財形貯蓄

一部払出しと解約、満期による支払いができます。いずれも「支払請求書」を提出することにより支払われます。

非課税商品ではないため、支払時には差益に対して20％の源泉分離課税が行われます。

② 財形年金貯蓄

解約と年金支払の支払いができ、一部払出しはできません。いずれも「支払請求書」を提出することにより支払われます。

60歳以降に年金として受け取ることを条件に利子非課税となっている商品ですので、年金支払以外の払出し（解約）については、一時所得扱いとなります。

③ 財形住宅貯蓄

解約と住宅取得（増改築）のための支払請求による支払いができます。いずれも「支払請求書」と法令で定められた《必要書類》を提出することにより支払われます。

住宅取得（増改築）を目的に利子非課税となっている商品ですので、目的外の払出し（解約）は、支払時に差益の20％が源泉分離課税が行われます。住宅取得（増改築）のための支払請求には、非課税での払出要件が満たされているかの確認のため、下記のとおり必要書類が定められています（払出要件および基本的必要書類）。

●払出要件
1 取得する住宅の床面積は50m²以上
2 中古住宅の場合は、取得する住宅の築後年数が規定内であること
3 取得する住宅に勤労者本人の所有名義があること
4 勤労者本人が居住すること
5 増改築の場合は、費用が75万円超であること

＜住宅取得前＞
・住宅の売買契約書（写）または工事請負契約書（写）

＜住宅取得後＞
・建物の登記簿謄本または抄本
・住民票

＜増改築前＞
・増改築等の工事請負契約書（写）

＜増改築後＞
・建物の登記簿謄本または抄本
・建築確認済証（写）、検査済証（写）か増改築等工事証明書（写）

＜法定書式＞
・住民票

3 勤務先が変更になった場合

(1) 退職日から２年以内※に転職した場合

勤労者財産形成促進法においては、所定の期間内に転職した場合、財形貯蓄を継続できる取扱いがあります。その場合、新しい勤務先において、これ

まで加入していた取扱金融機関の財形制度の採用有無により手続が異なります。

① 新しい勤務先がこれまで加入していた金融機関の財形制度を採用している場合

新しい勤務先を経由し、取扱金融機関に所定の申込書を提出した場合、当該取扱機関との財形貯蓄契約を継続することが可能です。

なお、前職を退職後2年以内に転職の手続をしなかった場合は、退職日から2年を経過した日に契約は解約されたものとみなされます。

② 新しい勤務先がこれまで加入していた金融機関の財形制度を採用していない場合

新しい勤務先が取り扱っている他の金融機関に新しい勤務先を経由して必要な書類を提出し、新たに契約することにより、財形貯蓄契約を継続できます。

財形年金貯蓄・財形住宅貯蓄の場合は、これまで加入していた金融機関の財形貯蓄契約の残高が、非課税で新たな契約の保険料等に充当されます。

一般財形貯蓄の場合は、税引後の残高が新たな契約の保険料等に充当されます。

(2) 退職日から2年以内に転職しなかった場合

退職した日から2年を経過した日に、契約は解約したものとみなされます。

注 退職日が平成16年3月31日以前の場合は「前職を退職後1年以内」。

4 質問の回答

以上、説明のとおりです。本文を参照してください。

（勝又輝子）

第14章 生命保険と税金

100

生命保険と税金

生命保険料控除・生命保険金等への課税

Q 保険料を支払ったとき、保険金を受け取ったとき、途中で解約したとき、また配当を受け取ったときの課税関係を教えてください。
また、保険会社は支払調書をどのようなときに発行するのでしょうか。

1　保険料と税金

　支払った生命保険料については、その一定額がその年の所得から控除され所得税や住民税が軽減されます。これを「生命保険料控除」（所得控除）といいます。

（1）　所得税の生命保険料控除

　①一般の生命保険料および②個人年金保険料のそれぞれについて、下表の金額が生命保険料控除の対象となります。ただし、①②の両方がある場合には、合算した金額が生命保険料控除の対象となります。

年間払込保険料額	控除される金額
25,000円以下のとき	払込保険料全額
25000円を超え50,000円以下のとき	（払込保険料×1/2）＋12,500円
50,000円を超え100,000円以下のとき	（払込保険料×1/4）＋25,000円
100,000円を超えるとき	一律50,000円

（2） 地方税の生命保険料控除

①一般の生命保険料および②個人年金保険料のそれぞれについて下表の金額が生命保険料控除の対象となります。ただし、①②の両方がある場合には、合算した金額が生命保険料控除の対象となります。

年間払込保険料額	控除される金額
15,000円以下のとき	払込保険料全額
15000円を超え 40,000円以下のとき	（払込保険料×1/2）＋7,500円
40,000円を超え 70,000円以下のとき	（払込保険料×1/4）＋17,500円
70,000円を超えるとき	一律35,000円

●一般の生命保険料控除の対象となる保険の範囲

保険金受取人が契約者あるいは配偶者・その他の親族（6親等以内の血族および3親等以内の姻族）である生命保険。

・財形保険および保険期間5年未満の貯蓄保険は控除対象から除外。
・第3分野の保険（医療保険、がん保険、介護保険など）については、契約先が生命保険会社か損害保険会社の如何にかかわらず生命保険料控除の対象に、傷害保険などは損害保険料控除の対象となる。

●個人年金保険料控除の対象となる保険の範囲

「個人年金保険料税制適格特約」を付加した個人年金保険の保険料。

・「個人年金保険料税制適格特約」を付加するためにはつぎの4条件を満たすことが必要。

　ア、年金受取人：契約者または配偶者のいずれか

　イ、年金受取人：被保険者と同一人

　ウ、保険料払込期間：10年以上

　エ、確定年金、有期年金の場合：年金開始日の被保険者年齢が60歳以上、かつ年金受取期間が10年以上

・「個人年金保険料税制適格特約」を付加していない個人年金や変額個人年金（一部商品は除く）の保険料は一般の生命保険料控除の対象となる。

・年金保険に付加されている災害疾病関係特約の保険料は一般の生命保険料控除の対象となる。

2 保険金・年金等と税金

(1) 死亡保険金の課税関係

契約者	被保険者	死亡保険金受取人	税金の種類	備考
A	A	B	相続税	相続人が保険金を受け取った場合には、「500万円×法定相続人数」が非課税金額となる
A	B	A	所得税・住民税	(受取保険金額〈配当金を含む〉－払込保険料総額－特別控除50万円)×1/2＝課税所得
A	B	C	贈与税	保険金を含め贈与を受けた者1人につき年間110万円の基礎控除がある

(2) 満期保険金の課税関係

契約者	被保険者	満期保険金受取人	税金の種類	備考
A	A	A	所得税(一時所得)住民税 または20％源泉分離課税	・(受取保険金額〈配当金を含む〉－払込保険料総額－特別控除50万円)×1/2＝課税所得 ・保険期間5年以下の一時払養老保険などの**金融類似商品**(＊1)は、満期保険金(配当金を含む)と払込保険料の差額に20％の源泉分離課税が行われる
A	B	A		
A	A	B	贈与税	保険金を含め贈与を受けた者一人につき年間110万円の基礎控除がある
A	B	B		
A	B	C		

＊1 金融類似商品の要件
　次の①～③の3条件をすべて満たすことが必要。
① 保険期間：5年以下(保険期間が5年を超える契約で5年以内に解約されたものを含む)
② 保険料払込方法：つぎのいずれかに該当するもの
・一時払い
・契約日から1年以内に保険料総額の50％以上が払い込まれるもの
・契約日から2年以内に保険料総額の75％以上が払い込まれるもの
③ 保障倍率：次の2条件を満たすもの
・(災害死亡保険金)＋(入院・通院日額×支払限度日数)＜満期保険金額×5

・普通死亡保険金額＜満期保険金額

(3) 高度障害保険金や入院給付金等の課税関係

ケガや疾病を原因として受け取る高度障害保険金（給付金）や障害給付金、入院給付金、通院給付金、手術給付金、介護給付金（一時金、年金）などは、非課税です。この場合、障害を被った本人のほか、その配偶者、直系血族または生計を一にするその他の親族が受け取った場合にも非課税となります（所得税法施行令30条1号、所得税基本通達9-19、9-20）。

(4) 個人年金の課税関係

契約者	被保険者	年金受取人	税金の種類	備考
A	AまたはB	A	受け取る年金に対し所得税(雑所得)	・総収入金額（毎年の受取年金額）－必要経費（年金年額×払込保険料の合計額/年金の総支給見込額（＊2））
A	AまたはB	B	年金開始時の**年金権利評価額**(＊3)に贈与税。毎年受け取る年金に対し所得税（雑所得）	

＊2　年金の総支給見込額は年金の種類によって異なる。

　ア、終身年金の場合……年金年額×余命年数（下表）

　イ、確定年金の場合……年金年額×支給期間

　ウ、保証期間付終身年金の場合……年金年額×（余命年数（下表）と保証期間年数とのいずれか長い年数）

　エ、有期年金の場合……年金年額×（支給期間と余命年数（下表）のいずれか短い年数）

年齢別余命年数（抜粋）

年齢	55歳	60歳	61歳	62歳	63歳	64歳	65歳	70歳
男	23	19	18	17	17	16	15	12
女	27	23	22	21	20	19	18	14

＊3　年金受給権の権利評価額
ア、終身年金の場合

権利取得時の年齢	評　価　額
25歳以下	年金支給額×11
25歳超～40歳以下	年金支給額×8
40歳超～50歳以下	年金支給額×6
50歳超～60歳以下	年金支給額×4
60歳超～70歳以下	年金支給額×2
70歳超	年金支給額×1

イ、確定年金の場合

残　存　期　間	評　価　額
5年以下	年金総額×0.7
5年超～10年以下	年金総額×0.6
10年超～15年以下	年金総額×0.5
15年超～25年以下	年金総額×0.4
25年超～35年以下	年金総額×0.3
35年超～	年金総額×0.2

ウ、保証期間付終身年金の場合……保証期間（確定年金）の権利評価額と終身年金の権利評価額とのいずれか大きい金額

エ、有期年金の場合……確定年金の権利評価額と終身年金の権利評価額とのいずれか小さい金額

3　解約返還金、配当金と税金

(1)　解約返還金の課税関係

解約返還金（返戻金）は契約者が受け取りますが、受け取った解約返還金は、一時所得として所得税の課税対象となります。

（受取解約返還金額〈配当金を含む〉－払込保険料総額－特別控除50万円）×1/2＝課税所得

なお、前記の5年以下の一時払養老保険等の金融類似商品については、解約返還金と払込保険料の差額の20%が源泉分離課税されます。

(2) 配当金の課税関係

　積立配当金を保険金、解約返還金と合わせ受け取った場合には、前記のとおり保険金と合算して課税されますが、保険期間の途中で引き出した場合には、払込保険料の合計額を超えるまで課税されません。

4　支払調書の発行

　保険会社はつぎの場合、支払調書を税務署へ提出することを義務づけられています（様式については次頁以下参照。所得税法施行規則別表より）。

	税金の種類・支払調書・発行時期	提出する範囲
満期保険金 死亡保険金 解約返戻金 祝金 　等の一時金 （所得税法225条１項４号、相続税法59条１項１号）	・所得税（一時所得）となる場合 ・「生命保険契約等の一時金の支払調書」 ・翌年の１月31日	１回の支払金額が100万円を超えるもの
	・相続税・贈与税となる場合 ・「生命保険金・共済金受取人別支払調書」 ・翌月15日	支払われる保険金が100万円を超えるもの
年金 （所得税法225条１項４号）	・所得税（雑所得） ・「生命保険契約等の年金の支払調書」 ・翌年の１月31日	その年中の支払金額が20万円を超えるもの

5　質問の回答

　質問のそれぞれの場合に、上記の通りの課税関係が発生します。
　また、保険会社は、満期保険金、死亡保険金、解約返戻金、祝金等の一時金を支払ったとき、および年金を支払ったときは、所定の支払調書の発行が義務づけられています。

（平澤宗夫）

別表第五(十一)

平成　年分　生命保険契約等の一時金の支払調書

保険金等受取人	住所(居所)又は所在地		氏名又は名称	
保険契約者等(又は保険料等払込人)				
被保険者等				

保険金額等	増加又は割増保険金額等	未払利益配当金等	貸付金額、同未収利息
千　円	千　円	千　円	千　円

未払込保険料等	前納保険料等払戻金	差引支払保険金額等	既払込保険料等
千　円	千　円	千　円	千　円

保険事故等	保険事故等の発生年月日	年　月　日	(摘要)
保険等の種類	保険金等の支払年月日	年　月　日	

保険会社等	所在地	
	名称	

(用紙　日本工業規格　A6)

備　考
1　この支払調書は、居住者及び内国法人に支払う法第225条第1項第4号に規定する給付並びに非居住者及び外国法人に支払う法第161条第10号に規定する給付のうち一時金について使用すること。
2　この支払調書の記載の要領は、次による。
(1)　「住所(居所)又は所在地」の欄には、支払調書を作成する日の現況による住所若しくは居所又は本店若しくは主たる事務所の所在地を記載すること。
(2)　「未払利益配当金等」の項には、その一時金に係る第86条第1項第3号に掲げる剰余金または割戻金の額を記載すること。
(3)　「既払込保険料等」の項には、その一時金に係る第86条第1項に規定する生命保険金等に係る契約(以下この表において「生命保険契約等」という。)に基づき分配又は割戻しを受けた剰余金又は割戻金の額を控除した生命保険料等の金額を記載すること。
(4)　「保険事故等」の欄には、死亡、満期、解約その他その一時金の支払事由を記載すること。
(5)　「保険等の種類」の欄には、生命保険契約等の種類を記載すること。この場合において、勤労者財産形成促進法(昭和46年法律第92号)第6条第2項に規定する勤労者財産形成年金貯蓄契約に基づく租税特別措置法施行令第2条の28第1項に規定する解約返戻金で租税特別措置法第4条の3第1項の規定の適用がないものについては、「財形年金等」と記載すること。
(6)　契約者以外の者が保険料等の払込みをしていることが明らかなものについては、「保険契約者等」の欄にその保険料等の払込人を記載すること。
(7)　解約の場合には、解約返戻金相当額を「保険金額等」の欄に記載すること。
(8)　保険金受取人が非居住者又は外国法人である場合には、「摘要」の欄に㊁と記載すること。
3　合計表をこの様式に準じて作成し添附すること。

別表第五（十二）

平成　年分　生命保険契約等の年金の支払調書				
支払を受ける者	住所又は居所			
	氏　名			
年金の種類	年金の支払金額	年金の支払金額に対応する掛金額	差引金額	源泉徴収税額
	千　円	千　円	千　円	千　円
契約者	住所(居所)又は所在地		氏名又は名称	
(摘要)				
支払者	所在地			
	名　称			

（用紙　日本工業規格　A6）

備　考
1　この支払調書は、居住者に支払う法第225条第1項第4号に規定する給付及び非居住者に支払う法第161条第10号に規定する給付（令第287条に規定する生命保険契約等に基づくものに限る。）のうち年金について使用すること。
2　この支払調書の記載の要領は、次による。
（1）「住所又は居所」の欄には、支払調書を作成する日の現況による住所又は居所を記載すること。
（2）「年金の種類」の欄には、終身年金、有期年金等の種類を記載すること。
（3）「年金の支払金額」の項には、その年中に支払の確定したものを記載し、支払調書を作成する日においてまだ支払っていないものについては、これを内書すること。
（4）「年金の支払金額に対応する掛金額」の項には、その年金に係る令第326条第2項第1号の規定により計算した金額を記載すること。
（5）「源泉徴収税額」の項には、その徴収される税額を記載すること。
（6）その年金に係る第86条第1項第3号に掲げる剰余金又は割戻金の額がある場合には、その金額を「年金の支払金額」の欄に外書すること。
（7）支払を受ける者が非居住者である場合には、「摘要」の欄に㊋と記載すること。
3　合計表をこの様式に準じて作成し添附すること。

第五号書式

生命保険金・共済金受取人別支払調書				
保 険 金 等 受 取 人	住所又は居所		氏名又は名称	
保 険 契 約 者 等 （又は保険料等払込人）	^		^	
被 保 険 者 等	^		^	
保 険 金 額 等	増加又は割増保険金額等	未払利益配当金等	貸付金額、同未収利息	
千　円	千　円	千　円	千　円	
未 払 込 保 険 料 等	前納保険料等払戻金	差引支払保険金額等	既 払 込 保 険 料 等	
千　円	千　円	千　円	千　円	
保　険 事故等		保険事故等の発生年月日	年　　月　　日	（摘要）
保険等 の種類		保険金等の支払年月日	年　　月　　日	（平成　　年　　月　　日提出）
保険会社等	所 在 地			
^	名　　称			

（用紙　日本工業規格　A6）

備　考
一　保険事故等欄には、死亡、満期、解約等保険金又は共済金（これらに係る解約返戻金を含み、退職手当金等として支給されるものを除く。以下同じ。）の支払事由を記載すること。
二　解約の場合には、解約返戻金相当額を保険金額等欄に記載すること。
三　契約者以外の者が保険料又は共済掛金の払込みをしていることの明らかなものについては、保険契約者等欄に保険料払込人又は共済掛金払込人を記載すること。
四　生命保険契約又は相続税法第３条第１項第１号に規定する生命保険契約に類する共済に係る契約に基づき分配又は割戻しを受けた剰余金又は割戻金があるときは、当該剰余金又は割戻金の金額を既払込保険料等欄に外書すること。
五　保険金又は共済金を年金として支払うものについては、当該保険金又は共済金につき相続税法第24条の規定により評価した金額を保険金額等欄に、当該保険金又は共済金を年金として支払うものである旨及びその評価の根拠その他参考となるべき事項を摘要欄に、それぞれ記載すること。

■参考文献
＜保険法の体系書＞
石井照久著＝鴻常夫増補『海商法・保険法』（勁草書房、1976年）
石田満『商法Ⅳ（保険法）［改訂版］』（青林書院、1997年）
江頭憲治郎『商取引法第3版』（弘文堂、2002年）
大森忠夫『保険法［補訂版］』（有斐閣、1985年）
坂口光男『保険法』（文眞堂、1991年）
西島梅治『保険法［第三版］』（悠々社、1998年）
山下友信『保険法』（有斐閣、2005年）
＜保険業法関係＞
竹内昭夫編『保険業法の在り方』上巻・下巻（有斐閣、1992年）
石田満『保険業法』［全訂第2版］（（財）損害保険事業総合研究所、2004年）
東京海上火災保険株式会社編『損害保険実務講座補巻・保険業法』（有斐閣、1997年）
鴻常夫監修『保険募集の取締に関する法律』コンメンタール（（財）安田火災記念財団、1993年）
＜判例解説、判例集＞
鴻常夫編『生命保険判例百選（増補版）』（有斐閣、1988年）
生命保険文化センター編・保険事例研究会レポート
中西正明監修『文研生命保険判例集1巻～7巻』（（財）生命保険文化研究所、1993～1999年）
山下友信監修『生命保険判例集（8巻～10巻）』（（財）生命保険文化センター、2004～2006年）
長谷川仁彦ほか『生命保険契約法―最新実務判例集成・改訂増補版』（保険毎日新聞、1998年）
西嶋梅治ほか『生命保険契約法―続・最新実務判例集』（保険毎日新聞社、2001年）
＜保険論・保険学＞
近見正彦ほか『現代保険学』有斐閣アルマ（有斐閣、1998年）
鈴木辰紀編著『新保険論――暮らしと保険（第2版）』（成文堂、2005年）
刀禰俊雄ほか『現代の生命保険（第2版）』（東京大学出版会、1997年）
＜論文集等＞
山下友信『現代の生命・傷害保険法』（弘文堂、1999年）
塩崎勤ほか編『保険関係訴訟法』新裁判実務体系19（青林書院、2005年）
＜保険商品その他＞
日本生命保険生命保険研究会『生命保険の法務と実務』（（社）金融財政事情研究会、2004年）
（財）生命保険文化センター『生命保険Q＆A』（2006年）
（財）生命保険文化センター『医療保障ガイド』（2006年）
（財）生命保険文化センター『介護保障ガイド』（2005年）
（財）生命保険文化センター『ねんきんガイド』（2005年）
新日本保険新聞社『主力保険のすべて』（2006年）
新日本保険新聞社『第三分野商品のすべて』（2006年）
＜税金＞
（財）生命保険文化センター『生命保険と税金の知識』（2006年）
新日本保険新聞社『保険税務のすべて』（2006年）

判例索引

大判明治40・10・4民録13・939	108、110
大判明治45・5・15民録18・492	115
東京地判大正4・5・4新聞1024・21	94
大判大正4・12・24民録21・2182	11
大判大正5・2・7民録22・83	120
大判大正5・2・12民録22・234	227
大判大正5・10・21民録22・1959	112
大判大正5・11・21民録22・2105	5
大判大正6・5・12評論全集6巻商法259	109
大判大正6・10・26民録23・1612	104
大判大正6・12・14民録23・2112	124、215
東京控判大正7・12・16評論全集7巻商法871	226
大判大正8・8・28民録25・1529	140
東京控判大正11・5・24新聞2031・15	118
大判大正11・8・28民集1・501	136
東京控判大正13・11・25新聞2361・18	133
大判昭和3・11・28新聞2946・11	140
大判昭和4・12・11新聞3090・14	118
大判昭和6・2・20新聞3244・10	170
大判昭和7・8・17新聞3456・15	133
大判昭和11・5・13民集15・877	289
大判昭和14・3・17民集18・156	118
大判昭和15・2・21民集19・273	5
大判昭和17・5・20新聞4782・15	133
東京地判昭和25・9・6下民集1・9・1402	133
神戸地判昭和26・2・21下民集2・2・245	67
東京地判昭和28・11・27下民集4・11・1770	227
東京高判昭和29・2・22高刑7・2・144	59
東京地判昭和37・2・12判時305・29	112、115
最判昭和37・9・21民集16・9・2041	140
福岡高判昭和38・1・11判時355・67	133
東京高判昭和38・11・5生命保険協会会報45・1・80	59
最判昭和39・9・25民集18・7・1528	259
最判昭和40・2・2民集19・1・1	164、173、289
東京地判昭和40・3・30判夕176・188	116
最判昭和42・1・31民集21・1・77	233

最判昭和44・12・18民集23・12・2476	100
最判昭和45・2・27裁判集民98・313	196
最判昭和45・2・27判時588・91	296
最判昭和45・12・24民集24・13・2187	12
広島高判昭和46・10・19判時690・83	140
福岡地小倉支判昭和46・12・16判夕279・342	116
大阪地判昭和47・11・13判夕291・344	112、115
大阪地判昭和48・2・12判夕302・278	227
広島高岡山支決昭和48・10・3家月26・3・43	291
広島地呉支判昭和49・6・7判時770・97	140
福岡高決昭和50・9・12判時805・76	304
大阪家審昭和51・11・25家月29・6・27	291
東京高判昭和53・3・28判時889・91	86
東京地判昭和53・3・31判時924・120	120
東京地判昭和53・8・29文研生命保険判例集2・210	136
大阪地判昭和54・4・13判夕391・130	227
東京家審昭和55・2・12家月32・5・46	291
最判昭和55・5・1判時971・102	259
福岡地判昭和55・6・24文研生命保険判例集2・296	227
神戸地尼崎支判昭和55・7・24生命保険協会会報62・1・82	139
福島家審昭和55・9・16家月33・1・78	291
熊本地判昭和56・3・31判時1028・108	110
東京地判昭和56・4・30判時1004・115	12
大阪地判昭和56・6・30判夕457・120	226
東京地判昭和56・10・29判夕473・247	256
名古屋高金沢支判昭和57・3・3判夕473・237	226
名古屋高判昭和57・5・31判夕473・237	227
札幌地判昭和57・7・22生命保険判例百選〔増補版〕218	176
福岡地判昭和57・9・22文研生命保険判例集3・247	227
神戸地判昭和58・3・16文研生命保険判例集3・305	133
東京地判昭和58・4・28文研生命保険判例集3・331	94
札幌高判昭和58・6・14判夕506・191	104
最判昭和58・9・8民集37・7・918	161
名古屋地判昭和58・9・26判夕525・287	172
神戸地判昭和58・11・29文研生命保険判例集3・425	227
大阪地判昭和58・12・27判時1120・128	119
東京地判昭和59・1・24文研生命保険判例集4・1	134
横浜地判昭和59・2・29判夕530・218	227
大阪高判昭和59・4・18判夕530・161	318
名古屋地判昭和59・8・8判時1168・148	236

東京地判昭和59・9・4文研生命保険判例集4・82	136
高知地判昭和59・9・27文研生命保険判例集4・87	172
福岡高宮崎支判昭和59・12・26判タ549・197	318
東京地判昭和60・6・18文研生命保険判例集4・196	226
東京高判昭和60・9・26金法1138・37	170
東京地判昭和61・1・28判時1229・147	119
大阪地判昭和61・3・25文研生命保険判例集4・313	226
大阪地判昭和61・3・31判タ608・115	226
神戸地姫路支判昭和61・9・11文研生命保険判例集4・378	136
大阪地判昭和61・9・22文研生命保険判例集4・382	226
大阪地判昭和61・10・13文研生命保険判例集4・409	226
東京高判昭和61・11・12判時1220・131	109
大阪地判昭和62・2・27判時1238・143	215、223
名古屋地判昭和62・3・31文研生命保険判例集5・48	227
神戸地判昭和62・5・27判タ657・200	226
大阪高決昭和62・6・17判例集未登載	304
名古屋高金沢支判昭和62・9・2文研生命保険判例集5・110	226
高松高決昭和62・10・13高民40・3・198	304
東京地判昭和62・10・26判時1298・126	207
最判昭和62・10・29民集41・7・1527	170
札幌地判昭和63・1・29文研生命保険判例集5・222	227
東京高判昭和63・5・18最新実務判例集成〔改訂増補版〕91	109
東京地判昭和63・5・23判時1297・129	217
大阪地判昭和63・8・30文研生命保険判例集5・312	136
東京地判昭和63・9・26判時1299・141	172
東京地判昭和63・12・23最新実務判例集成〔改訂増補版〕75〜76	112
札幌地判平成2・3・26判時1348・142	216、219
大阪高判平成2・11・27判タ752・216	194
横浜地判平成2・12・20最新実務判例集成〔改訂増補版〕89	109
宇都宮家栃木支審平成2・12・25家月43・8・64	291
大阪地判平成3・3・26文研生命保険判例集6・307	215
東京地判平成3・4・17判タ770・254	109
東京高判平成3・6・6判タ767・236	59
大阪地判平成3・8・26文研生命保険判例集6・380	172
旭川地判平成3・9・25文研生命保険判例集6・388	294
札幌地判平成3・10・28文研生命保険判例集6・404	216
水戸地判平成3・11・7文研生命保険判例集6・424	226
札幌地判平成3・11・28文研生命保険判例集6・444	302
広島高松江支判平成3・12・13文研生命保険判例集6・447	226
東京地判平成4・2・3文研生命保険判例集7・16	227

長崎地判平成4・2・24文研生命保険判例集7・29	294
東京簡判平成4・2・28文研生命保険判例集7・31	241
札幌地判平成4・7・13文研生命保険判例集7・101	226
東京高判平成4・7・20文研生命保険判例集7・116	227
仙台地判平成4・8・20判時1455・155	226
東京地判平成4・10・27金商941・26	59
津地四日市支判平成4・10・29最新実務判例集成〔改訂増補版〕75～76	112
長野家審平成4・11・6家月46・1・128	291
東京地判平成4・11・26判時1468・154	223、229
福井地武生支判平成5・1・22判夕822・261	257
福井地判平成5・2・1文研生命保険判例集7・214	136
最判平成5・7・20損保企画536・8	125
最判平成5・9・7民集47・7・4740	167
東京高判平成5・11・24文研生命保険判例集7・289	230
東京地判平成6・3・11判時1509・139	67
大阪地判平成6・5・13文研生命保険判例集7・360	226
高知地判平成6・5・30文研生命保険判例集7・367	302
福岡地判平成6・6・15文研生命保険判例集7・370	226
大阪高判平成6・6・22文研生命保険判例集7・382	217
最判平成6・7・18民集48・5・1233	165
福岡地小倉支判平成6・10・6最新実務判例集成〔改訂増補版〕83～84	113
東京地判平成7・1・13最新実務判例集成〔改訂増補版〕89	109
名古屋地判平成7・1・24判時1534・131	91
東京高判平成7・1・25判夕886・279	115
最判平成7・4・27生命保険判例集8・123	194
鹿児島地判平成7・6・23文研生命保険判例集8・156	227
大阪地判平成7・10・17文研変額保険判例集1・246	286
東京高判平成8・1・30判時1580・111	65
福岡高判平成8・2・14生命保険判例集8・356	302
東京地判平成8・3・1金商1008・34	164
広島地判平成8・4・10判夕931・273	241
福岡地判平成8・5・17判夕920・251	193
大阪高決平成8・6・24金商1009・28	304
東京地判平成8・7・10判時1576・61	21
大阪高判平成8・12・5金法1471・86	21
大分地日田支判平成8・12・6生命保険判例集8・704	226
東京地判平成9・1・22判夕966・252	113
東京地判平成9・1・31判例集未登載	286
東京地判平成9・2・3判夕952・272	256
東京地判平成9・2・17生命保険判例集9・85	226

判例	頁
東京地判平成9・2・25判時1624・136	256
広島高決平成9・3・18判タ962・246	304
最判平成9・3・25民集51・3・1565	301
広島地尾道支判平成9・3・28最新実務判例集成〔改訂増補版〕64	115
最判平成9・4・24民集51・4・1991	206
名古屋地判平成9・5・12判時1611・127	91
最判平成9・6・17民集51・5・2154	119、121
仙台高決平成9・7・25判時1626・139	172
広島地福山支判平成9・8・25最新実務判例集成〔改訂増補版〕83〜84	113
東京地判平成9・9・30金商1029・28	170
名古屋地判平成9・9・30最新実務判例集成〔改訂増補版〕83〜84	113
岡山地判平成9・10・28生命保険判例集9・467	68
東京地判平成9・10・31最新実務判例集成〔改訂増補版〕88	109
大阪高判平成9・12・24生命保険判例集9・591	229
大阪地判平成10・2・19判時1645・149	318
東京高判平成10・3・25判タ968・129	170
東京地判平成10・3・30判タ985・267	91
名古屋高判平成10・6・30判タ1026・269	256
東京地判平成10・10・23続・最新実務判例集33	113
岡山地判平成11・1・27金法1554・90	231
山口地判平成11・2・9判時1681・152	232
京都地判平成11・3・1金商1064・40	296
高松高決平成11・3・5家月51・8・48	291
東京高判平成11・3・10続・最新実務判例集10	116
奈良地判平成11・4・26金商1070・34	59
神戸家審平成11・4・30家月51・10・135	291
東京地判平成11・7・28判タ1008・296	220
最判平成11・9・9民集53・7・1173	197
東京高判平成11・9・21金商1080・30	157
札幌地判平成11・10・5金商1079・32	236
東京地判平成11・10・7判タ1023・251	236
東京地判平成11・12・1判タ1032・246	124
大阪高判平成11・12・21金商1084・44	296
東京高判平成12・2・23判例集未登載	220、223
高松高判平成12・2・25続・最新実務判例集223	232
岐阜地判平成12・3・23金商1131・43	217
東京高判平成12・4・27判時1714・73	286
札幌高判平成13・1・30（平成12（ネ）312）	241
最判平成13・4・20民集55・3・682	256
最判平成14・10・3民集56・8・1702	236

最判平成14・11・5民集56・8・2069 ……………………………………174、289
東京地判平成14・11・26（平成13（ワ）21740）………………………………94
大阪高判平成15・2・21金商1166・2 ……………………………………………227
神戸地判平成15・6・18金商1198・55……………………………………………107
最判平成15・12・11民集57・11・2196 …………………………………………294
福岡地判平成15・12・26（平成14（ワ）787）…………………………………241
最判平成16・3・25民集58・3・753………………………………………………232
大阪高判平成16・5・27金商1198・48……………………………………………107
福岡高判平成16・7・13判タ1166・216 …………………………………………301
東京地判平成16・9・6判タ1167・263……………………………………………232
最決平成16・10・29民集58・7・1979 ……………………………………289、291
大阪高判平成16・12・15保険事例研究会レポート202・1 ………………………60
最判平成17・4・21判時1895・50…………………………………………………157
東京地判平成17・11・17金商1230・11 …………………………………………204
東京高判平成18・3・22金商1240・6 ……………………………………………204
最判平成18・4・11（平成14（受）1358）………………………………………87

事項索引

【あ】

アカウント型（口座型）保険　278
悪意　114
悪性新生物　265
意向確認書面　64
遺産分割　290
意思能力のない者　225
遺贈　173
著しい過大　242
一般財形貯蓄　326
一般先取特権　40
遺伝子情報　106
遺留分減殺　173
遺留分減殺請求　173,174
医療特約　260
医療保険　269
因果関係不存在　118
インターネットを利用した加入　72
受取人による被保険者故殺　233

【か】

海外渡航　218
外国生命保険会社　33
介護年金　275
介護保険　275
会社の実質的支配者　236
解除　222
解除権　117
　──阻却事由　117
　──の行使　120
解除原因了知の時期　119
解約　99
解約権　197
解約返戻金（返還金）　99,192,197,336
　──請求権　196
　──返還債務　193

外来性　255
替え玉殺人　238
価格変動リスク　20,21
確定給付企業年金保険　320
確定年金　4,282
仮取締役の選任　121
間接的媒介行為　47
監督指針　89
がん保険　272
元本欠損額　22
元本割れのリスク　23
勧誘行為　48
企業年金保険　4
危険測定上の重要事実　103
危険の著増　216,219,223,229
危険の変更または増加　218
機微情報　25,26
欺罔（ぎもう）　215
急激性　255
急性心筋梗塞　265
給付金額等の過大　241
共済　35
共通錯誤　215
共通の動機の錯誤　223
拠出型企業年金保険　324
禁止行為　58
金融商品販売業者　20
金融商品販売法　20
金融庁ガイドライン　24
金融類似商品　334
偶然性　255
偶然性の立証責任　256
クーリングオフ　96
クーリングオフ期間　57
クレジットカード払い　142
契約解除の意思表示の相手方　120
契約者貸付　195,197

——元利金の精算 …………………195	財形年金貯蓄 ……………………326
——金 …………………………195	財形保険・年金 …………………326
——条項 ………………………195	債権者 ……………………………289
保険—— ………………………205	債権者代位権 ………………197,200
契約締結の代理権 …………………71	再指定権 …………………………166
契約内容照会制度 …………………76	最大善意の契約 …………………238
契約内容登録制度 ………26,27,76,217	詐害行為取消権 …………………175
契約のしおり ………………………98	詐欺 ……………………92,123,214
契約の無効 ………………………124	詐欺無効 ……………………215,222
決闘その他の犯罪 ………………224	削減法 ………………………………81
減額 ………………………………186	錯誤 ……………………………124,214
権利取得割合 ……………………167	錯誤無効 …………………………124
権利の放棄 ………………………295	差押え …………………………196,289
故意 ………………………………251	差押禁止債権 ……………………196
口座振替扱い ……………………128	差押債権者 ………………………234
公序良俗違反 …………215,216,232	三大疾病保険（特約）……………264
公序良俗違反による無効 ………223	恣意的な将来予測等の禁止行為………63
更生特例法 …………………………40	死因贈与 …………………………173
厚生年金基金保険 ………………4,320	事業保険 ……………………………89
高度障害状態 ……………………244	死刑の執行 ………………………224
高度障害保険金 …………………244	時効期間の経過 …………………293
小切手・手形による保険料支払い ……139	時効期間の進行 …………………293
告知義務 ……………………102,107	時効の起算点 ……………………293
——違反	自己のためにする生命保険契約 …167,169
…………60,93,102,104,108,111,114,123,214	死差益 ……………………………208
——違反による解除 ……………223	自殺 ……………………………225,235
——者 …………………………103	自殺教唆 …………………………234
告知受領権 ………………………72,72	自殺の立証責任 …………………226
告知受領権者 ……………………111,119	自殺幇助 …………………………234
告知書 …………………………103,104	自殺免責 ………………………225,231
個人情報保護法 ……………………24	——期間 ……………………230,231
個人年金保険 ……………………4,281	——条項 ……………………230,231
固有権性 ………………………173,288	事実の確認 ………………………300
固有財産 …………………………289	質権 ………………………………199
固有の権利 ………………164,166,173	質権者 …………………………122,234
	質権設定 …………………………199
【さ】	質権設定契約書〈ひな形〉………201
災害関係特約 ……………………253	失効 ………………………135,146,218
災害保険金 ………………………248	失踪宣告 …………………………307
財形住宅貯蓄 ……………………326	疾病入院関係特約 ………………260

349

質問表	109
支払査定時照会制度	26,77,217
死亡の推定	308
死亡保険	3
死亡保険金	4
射倖契約	238
住居変更	218
集金扱い	129
集金担当者	132
終身年金	4
終身保険	3,3
定期付——	3
利率変動型積立——	280
重大事由	238
重大事由による解除	88,217,224,241
重大事由による特別解約権	238
重大な過失	251
集団扱い	129
集中加入	242
重要事実	108
重要な事項	59
重要な事項についての不実告知	104
重要な事実についての不告知	103
主契約	239
主務官庁の認可	9
障害給付金	249
紹介代理店	47
傷害特約	248,255
少額短期保険業者	33,37,43
証券記載事項	14
証拠証券	14
使用者責任	67
承諾義務	80
承諾前死亡	80
消費者契約法	17
消費者取引	17
商品比較	61
消滅時効の起算点	293
職業変更	218
嘱託殺人	229,234
所属保険会社の責任	67
新企業年金保険	320
診査医	72,111,119
診査医の過失	114
心神喪失中	225
親族主義	86
身体検査	72
信用リスク	20,21
新リスク商品	20
生死混合保険	4
精神障害中	225
精神病	225
精神病による自殺	227
生前贈与	173
生存給付金付定期保険	3
生存保険	4
生損保兼営禁止	3
性同一性障害	183
性同一性障害者特例法	183
成年後見制度	311
性別変更	183
生命保険会社の代理人	46
生命保険会社の倒産	39
生命保険株式会社	32
生命保険契約者保護機構	42
生命保険相互会社	32
生命保険の買取り	202
生命保険の加入方法	70
生命保険募集人	47,49,55,71
生命保険募集人の権限	50
生命保険面接士	98,111
生命保険料控除	332
責任開始	225
責任開始期	79
責任財産の減少	175
責任遡及条項	79
責任能力	234
説明義務	21
センシティブ情報	25,26
戦争その他の変乱	224

送金扱い	129
総合福祉団体定期保険	87,314
相殺の合理的担保的期待	193
相続財産	164,173,288
相続人	160,163
相続人以外の者に変更	174
相続人の範囲	163
相続放棄	296
損益相殺	258
損害額の推定	22
損害保険	2

【た】

第1回保険料相当額	132
第三分野の保険	2
代襲相続人	165
大数の法則	8
代表取締役の被保険者故殺	236
代理権	46
代理請求制度	310
立替払い	132
他人のためにする生命保険契約	85,156,166,169
他の保険契約との重複	241
他保険契約	78
団体扱い	129
団体信用生命保険	317
団体定期保険	3
団体年金保険	319
断定的判断	61
断定的判断の提供	18,63
直接的媒介行為	47
妻	160
定期延長保険への変更	186
定期保険	3
適合性原則	23,64
転換	188
——価格	188
——後の自殺	190
——制度	188

店頭扱い	129
転付債権者	121
転付命令	289
同意主義	85
同意の相手方	86
同意の確認	86
同意の時期	86
同意の撤回	87
動機の錯誤	125,215
投資性・貯蓄性保険商品	64
同時廃止	193
道徳的危険の増加	219
道徳的危険の著増	218
特段の事情	232
特定疾病保険	264
特別解約権	238,238
特別解約権による解除	217
特別勘定	284,285
特別失踪（危難失踪）	308
特別受益	174,290
特別受益性	290
特別条件	81
特別の利益の提供	133
特約	239
取立権	197

【な】

内縁の妻	164
内閣総理大臣の認可	9
内妻	157
日常家事代理権	100
任意規定	5
認定死亡	307
年金の差押え	321
年金保険	4
脳卒中	265
乗合代理店	57
乗換え	188
乗換募集	60

【は】

媒介 …………………………………… 46
配当方式 ……………………………… 209
　5年ごと―― …………………………… 209
　毎年―― ……………………………… 209
ハイリスク・ハイリターン …………… 63
破産管財人 …………………………… 192
破産財団 ………………………… 192,194
破産者の免責 ………………………… 195
破産宣告日以降の入通院 …………… 194
破産手続 ……………………………… 192
払込期日 ……………………………… 146
払込猶予期間 ………………………… 146
払済保険への変更 …………………… 186
犯罪行為 ……………………………… 251
比較情報の提供 ……………………… 61
費差益 ………………………………… 208
被保険者故殺 ………………………… 235
被保険者の自殺 ……………………… 224
被保険者の同意 ……………………… 85
被保険利益 …………………………… 86
病名不知 ……………………………… 108
部位不担保法 ………………………… 82
フィリピン・マニラ事件 ……………… 219
不可争期間 …………………………… 117
附合契約 ……………………………… 6
不実告知 ……………………………… 18
不信行為 ……………………………… 238
不正取得の目的 ……………………… 242
不正な保険金請求 …………………… 214
不正話法 ……………………………… 59
不担保期間 …………………………… 262
普通失踪 ……………………………… 308
復活 ……………………………… 135,136,225
不当な勧誘行為 ……………………… 66
付保規定 ……………………………… 90
不利益事実の不告知 ………………… 18
不慮の事故 ……………………… 249,255
不倫関係の維持継続 ………………… 157

紛争解決方法 ………………………… 303
弊害防止措置 ………………………… 53
ベストアドバイスルール ……………… 56
変額年金保険 ………………………… 284
変額保険 ………………………… 63,284
片面的強制規定 ……………………… 5
包括遺贈 ……………………………… 165
保険会社の悪意・過失による不知 …… 118
保険会社の特別解約権 ……………… 217
保険会社の破産 ……………………… 42
保険期間の変更 ……………………… 187
保険危険事実の増加 ………………… 219
保険業法 ……………………………… 6
保険金・給付金の請求手続 ………… 297
保険金受取人 ………………………… 164
　死亡――変更 ……………………… 175
　念書による――の指定変更 ……… 170
　――による被保険者の故意による殺害
　　……………………………………… 224
　――の指定 …………… 156,160,166,169
　――の指定変更権 …………… 169,171
　――の死亡 ………………………… 166
　――の被保険者故殺 ……………… 235
　――の変更 ………………………… 173
　――の変更の方法 ………………… 170
　――変更手続 ……………………… 160
　遺言による――の指定変更 ……… 170
保険金取得目的 ……………………… 232
保険金請求権 …………………… 196,290
　死亡―― …………………………… 288
　死亡――の特別受益性 …………… 291
　条件付―― ………………………… 166
　――取得の固有権性 ……………… 291
　――の差押え …………………… 196,289
　――の消滅時効 …………………… 293
　――の放棄 ………………………… 295
保険金の支払時期 …………………… 300
保険金の不正受給目的 ……………… 215
保険金不法取得目的 ……………… 94,215
保険金不法取得目的による契約の無効 222

保険契約者等の悪意 …………………104
保険契約者等の重過失 …………………104
保険契約者による
　　被保険者の故意による殺害 …………224
保険契約者の破産 …………………………192
保険契約者の被保険者故殺 ……………235
保険契約者配当 …………………………208
保険契約者保護機構 …………………40
保険契約の過度の累積 …………………215
保険契約の失効 …………………………216
保険契約の締結の媒介 ……………47,56
保険契約の無効 ………………………92
保険事故の仮装 …………………………238
保険事故の招致 …………………………238
保険証券 ……………………………13
　　――の記載事項 …………………………14
　　――の性質 ………………………………14
保険代位 …………………………………258
保険適格体 ………………………………80
保険仲立人 ………………………………55
保険仲立人の誠実義務 …………………56
保険ブローカー …………………………55
保険募集 …………………………………46
保険募集人の禁止行為 …………………66
保険募集人の不法行為 …………………66
保険持株会社 ………………………………3
保険約款 …………………………………9
　　普通―― ……………………………9,19
　　――の記載事項 …………………………13
　　――の拘束力 ……………………………11
保険料
　　――積立金 ……………………………3
　　――の自動貸付 ………………………146
　　――の自動振替貸付 …………………197
　　――の受領権者 ………………………132
　　――の割引 ……………………………133
　　――の割戻し …………………………133
　　――払込期間の変更 …………………187
　　――払込免除 …………………………149
募集行為 …………………………………58

募集人 ……………………………………46
募集人登録情報照会制度 ………………26
保証期間付終身年金 ……………………282
保証期間付有期年金 ……………………282
保障性保険商品 …………………………64
本人確認法 ………………………………29

【ま】

待ち期間 …………………………262,273
マニラ事件 ………………………………223
満期保険金 ………………………………4
身代わり診査 ……………………………93
見込み客 …………………………………18
無効 ………………………………………222
無審査保険 ………………………………47
無認可共済 ………………………………36
無理心中 …………………………………233
免責 ………………………………………195
免責事由 ……………222,224,235,251,300
　　法定―― ……………………………235
　　保険会社の―― …………………226,235
　　保険者―― ……………………………59
持戻し ……………………………………290
モラルハザード …………………………214
モラルリスク ……………………………214,238
モラルリスク対策 ………………………216

【や】

有期年金 …………………………………282
融資一体型の変額保険 …………………64
融資への生命保険の利用 ………………157
有診査保険 ………………………………72
郵政事業の民営化 ………………………38
要素の錯誤 ………………………………125
養老保険 …………………………………3,4
　　一時払―― ……………………………4
　　定期付―― ……………………………3
予定事業費率 ……………………………208
予定死亡率 ………………………………208
予定利率 …………………………………208

353

利益主義……………………………………85
利益相反取引規制 ………………………171
履行遅滞 …………………………………302
利差益 ……………………………………208
リビングニーズ商品（特約）……………267
利率変動型積立保険 ……………………280
ロス疑惑事件 ………………………220,223
割増法………………………………………81

【A】

ADR ……………………………………304,306
　　──機関 …………………………306
　　──法 ……………………………306

━━━著者紹介━━━

■監著者
出口　正義　筑波大学大学院人文社会科学研究科　教授
　　　　　　　1948年千葉県生まれ
　　　　　　　上智大学大学院法学研究科満期退学
　　　　　著書　『株主権法理の展開』（文眞堂、1991）
　　　　　論文　「ドイツ保険監督法における責任アクチュアリーの法的地位」（筑波法政37号、2004）
　　　　　　　　「法人の機関の保険事故招致に関する一考察」（損害保険研究65巻3・4号合併号、2004）
　　　　　　　　「保険会社の破綻と国の責任」（上智法学論集41巻4号、1998）

■編著者
福田　弥夫　日本大学法学部教授　博士（法学）
　　　　　　　1958年青森県生まれ
　　　　　　　日本大学大学院法学研究科博士後期課程中退
　　　　　著書　『生命保険契約における利害調整の法理』（成文堂、2005）
　　　　　論文　「詐欺行為による保険金請求と保険者の重大事由解除」（保険学雑誌第591号、2005）
　　　　　　　　「生命保険契約の失効と復活（Ⅰ）（Ⅱ）」（生命保険論集143号、144号、2003）
　　　　　　　　「生命保険契約における解約返戻金と債権者の権利」（日本法学65巻4号、2000）

矢作健太郎　山近・矢作法律事務所所長　弁護士（東京弁護士会所属）
　　　　　　　1948年埼玉県生まれ
　　　　　　　明治大学法学部法律学科卒業
　　　　　論文　「生命保険における保険者の免責事由」現代裁判法大系25巻『生命保険・損害保険』（新日本法規、1998）
　　　　　　　　「生命保険契約の成立」新・裁判実務大系19巻『保険関係訴訟法』（青林書院、2005）
　　　　　　　　「生命保険判例集」（生命保険文化センター発行）編集委員

平澤　宗夫　第一生命保険相互会社　支配人
　　　　　　　1945年長野県生まれ
　　　　　　　東京大学法学部卒業
　　　　　論文　「相互会社」（金商986号「生命保険の法律問題」、1996）
　　　　　　　　「新成年後見制度と生命保険取引」（金法1570号、2000）
　　　　　　　　「高度障害保険」新・裁判実務体系19巻『保険関係訴訟法』（青林書院、2005）

著者紹介

■執筆者（50音順）

● 法律学者

甘利　公人（上智大学法学部教授）
石田　清彦（東海大学法学部教授）
梅津　昭彦（東北学院大学大学院法務研究科教授）
小野寺千世（東海大学法学部教授）
遠山　聡　（熊本大学法学部准教授）
潘　　阿憲（首都大学東京法科大学院教授）
山野　嘉朗（愛知学院大学法学部教授）

● 弁護士

石岡　修　（山近・矢作法律事務所）
内田　智　（山近・矢作法律事務所）
片山　利弘（山近・矢作法律事務所）
中尾　正浩（山近・矢作法律事務所）
和田　一雄（山近・矢作法律事務所）

● 第一生命保険相互会社

石川　徹　（年金事業部）
稲尾　行宣（調査部）
岩田　昌樹（保険金部）
上野　浩章（商品事業部）
内田　高弘（法務部）
小俣　直弘（法務部）
片岡　昌志（保険金部）
勝又　輝子（契約サービス部）
河添　祐司（調査部）
木目田武史（法務部）
輿石　進　（法務部）
小林三世治（医長）
佐々木英行（保険金部）
佐藤　大喜（アンダーライティング管理室）
須賀　洋　（商品事業部）
田口　城　（調査部）
竹内　章二（調査部）
竹内　康恭（保険金部）
谷口　智則（商品事業部）
土屋　達哉（団体保障事業部）
豊田　泰徳（法務部）
中岫　司　（商品事業部）
中村　徳子（商品事業部）
中村　洋一（法務部）
中山　道久（法務部）
新原　啓史（保険金部）
柳楽　陽介（商品事業部）
山崎　啓司（保険金部）
山田　修平（調査部）
山本　武司（商品事業部）

●生命保険の法律相談

2006年9月15日　初版発行
2007年8月20日　初版3刷発行

監著者　出口正義
編著者　福田弥夫、矢作健太郎、平澤宗夫
発行者　光行淳子
発行所　学陽書房

〒102-0072　東京都千代田区飯田橋1-9-3
営業／電話　03-3261-1111　FAX　03-5211-3300
　　振替　00170-4-84240
編集／電話　03-3261-1112　FAX　03-5211-3301

組版／美研プリンティング　印刷・製本／三省堂印刷
ⓒM. Deguchi, Y. Fukuda, K. Yahagi, M. Hirasawa, 2006
乱丁・落丁本は、送料小社負担にてお取り替えいたします。

ISBN 978-4-313-51144-6　C2332

民事介入暴力の法律相談

定価3990円
A5判402頁

第一東京弁護士会民事介入暴力対策委員会 編

民事介入暴力事件を数多く手がけた弁護士が、巧妙・悪質化する暴力団の手口を明らかにし、予防対策から交渉の仕方、解決までの手法などを、さまざまな具体的事例をもとに、102のQ&Aで専門的かつ実践的に解説。
弁護士、各種対策機関の担当者、行政・企業の担当者に向けた、コンプライアンス時代の民暴対策決定版。

消費者保護の法律相談 [全訂版]

定価3675円
A5判416頁

木宮高彦 監修　野辺博 編著
池本誠司・猪股正・長田淳・木宮岳志・小山裕治・福島和代 著

クレジットやローンにおける問題から、後を絶たないヤミ金融による被害、インターネット・ショッピング等の問題を多数収録。点検商法や電話勧誘販売、内職・モニター商法など、新たなマルチ商法にも対応。
弁護士、司法書士、行政書士はもとより、消費生活センター相談員や消費生活アドバイザー、企業の相談窓口担当者等に必備の書。

医療事故の法律相談 [補訂版]

定価3990円
A5判376頁

鈴木利廣・羽成守 監修　医療問題弁護団 編

医療事故の類型・訴訟件数・医師の責任・医師の注意義務・看護ミス・協力医・過失相殺・因果関係・証拠保全・訴訟・鑑定等や各科別・症例別（ガン・心疾患・糖尿病他）等の問題点と対策を138項のQ&Aでわかりやすく解説した決定版。弁護士・医師・看護師等に好評。

学陽書房　　　　　　　　　　価格はすべて消費税5％込みです。